ブルーガイド
てくてく歩き ㉛

JN011594

東北

目次 てくてく歩き —— 東北

ブルーカイド
31

青森・十和田湖・津軽

盛岡・平泉・三陸

八幡平・田沢湖・角館

本書のご利用にあたって

新型コロナウイルス（COVID-19）感染症への対応のため、本書の調査・刊行後に、予告なく各宿泊施設・店舗・観光スポット・交通機関等の営業形態や対応が大きく変わる可能性があります。必ず事前にご確認の上、ご利用くださいますようお願いいたします。

仙台・松島

てくちゃん

てくてく歩きシリーズの案内役を務めるシロアヒル。趣味は旅行。旅先でおいしいものを食べすぎてほぼ飛ぶことができなくなり、徒歩と公共交通機関を駆使して日本全国を気ままに旅しています。

米沢・山形・庄内

会津・磐梯

旅のプランニング

●宿泊施設の料金は、ホテルの場合、おもなタイプの部屋の室料（税・サービス料込み）です。食事付きの旅館などの場合は、平日1室2名利用で1名あたりの最低料金を載せています。Ⓢはシングルルーム、Ⓦはダブルルーム、Ⓣはツインルームで、ともに室料を示します。なお、温泉旅館などで入湯税が別途必要な場合もあります。

●各種料金については、税込みのおとな料金を載せています。

●店などの休みについては、原則として定休日を載せ、年末年始、お盆休みなどは省略してある場合がありますのでご注意ください。LOと表示されている時間はラストオーダーの時間です。

●鉄道やバスについては、季節などにより運行時刻や便数が極端に変わることがありますので、必ず事前にご確認ください。

●この本の各種データは2021年1月現在のものです。これらのデータは変動する可能性がありますので、お出かけ前にご確認ください。

目的地さくいん地図

東北を旅する前に、大まかなエリアと注目の観光スポットが
どこにあるのか、この地図で全体をつかんでおきましょう。

[青森]
ねぶた祭りのほか、北の
海の幸も満喫
P.14

[奥入瀬]
新緑と紅葉が見事な渓谷美
自然の中に抱かれ歩く
P.24

[盛岡]
ノスタルジックな雰囲気の
歴史と文学の街
P.52

[平泉]
藤原三代の栄華を巡る
世界文化遺産を散歩
P.65

[角館]
シックな黒板塀が続く
秋田の小京都
P.97

[仙台]
北のうまいものが集まる
緑豊かな杜の都
P.106

[米沢]
上杉家ゆかりの城下を
そぞろ歩く
P.127

[会津若松]
「八重の桜」の舞台
鶴ヶ城の城下町
P.158

新潟県

新潟市

長岡市

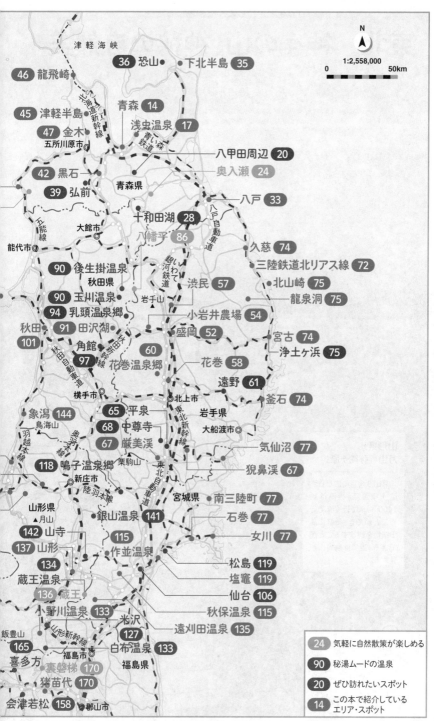

津軽海峡

N

1:2,558,000
0 ____ 50km

36 恐山 • 下北半島 35
46 龍飛崎
45 津軽半島
青森 14
47 金木
五所川原市
浅虫温泉 17
42 黒石
39 弘前
青森県
八甲田周辺 20
奥入瀬 24
八戸 33
五能線
能代市
大館市
八幡平 86
十和田湖 28
久慈 74
三陸鉄道北リアス線 72
90 後生掛温泉
秋田県
渋民 57
北山崎 75
90 玉川温泉
岩手山
龍泉洞 75
94 乳頭温泉郷
小岩井農場 54
91 田沢湖
盛岡 52
宮古 74
秋田
101
角館
97 花巻温泉郷
花巻 58
浄土ヶ浜 75
60
遠野 61
横手市
65 平泉
北上市
釜石 74
象潟 144
鳥海山
68 中尊寺
岩手県
気仙沼 77
67 厳美渓
大船渡市
羽越本線
栗駒山
118 鳴子温泉郷
猊鼻渓 67
新庄市
陸羽本線
東北自動車道
宮城県 南三陸町 77
山形県
月山
銀山温泉 141
石巻 77
142 山寺
115
女川 77
137 山形
作並温泉
松島 119
134
塩竈 119
蔵王温泉
仙台 106
136 蔵王
秋保温泉 115
小野川温泉 133
米沢
遠刈田温泉 135
127
白布温泉 133
165
福島市
裏磐梯 170
福島県
喜多方
猪苗代 170
会津若松 158 郡山市

24	気軽に自然散策が楽しめる
90	秘湯ムードの温泉
20	ぜひ訪れたいスポット
14	この本で紹介している エリア・スポット

↓いわき 82

東北　神々の山、神秘の自然美

写真・文／山本直洋

山形県・
月山　弥陀ヶ原

　月山8合目に広がる弥陀ヶ原湿原。標高は約1400m。車で近くまで行くことができ、気軽に高山植物を観賞することができる。奥には鳥海山が見える。

**山形県・
羽黒山五重塔(国宝)**

羽黒山一ノ坂登り口
に、樹齢300〜400年の
老杉に挟まれて建つ。遠
近を考慮して屋根の大き
さを層ごとにいくらか変
えているため、まとまり
と品の良さを感じる。

山形県・
蔵王の樹氷

蔵王ロープウェイからの景色。地蔵岳の中腹を越えたあたりから樹氷が見えてくる。昔は命がけで登らなければ見られなかったが、今では簡単に見ることができる。

神々のおわす山に踏み入れ
自然の霊験に畏怖する

　山形の出羽三山神社は、西の伊勢参りに対して東の奥参りと称され、多くの参拝者が訪れる。

　出羽三山神社は羽黒山、月山、湯殿山の三山の山頂に鎮座する出羽神社、月山神社、湯殿山神社の総称で、修験道の地として知られ、今でも山伏等修験者たちがこの山で修行をする。

　そのためか、山に足を踏み入れると荘厳な自然を相手に、自分を試されているような気分になり、気が引き締まる。

　羽黒山で現世を、前世を意味する月山で死と甦りの体験をし、来世の湯殿山で新しく生まれ変わる「三関三度」の信仰に思いを馳せながら一歩一歩踏みしめるように山を登る。古来からこの地で修行をしてきた山伏の気持ちが、少しだけわかった気がした。

山本直洋
（やまもと・なおひろ）
モーターパラグライダーによる空撮を中心に活動する写真家。「Earthscape」と題して、地球を感じる写真をテーマに作品を撮り続ける。TV・CM・映画等の空撮動画撮影も手がける。
http://www.naohphoto.com

9

空から見た南三陸町。写真は2012年5月に撮影したもの。現在は津波の被害を受けた建物の解体が進んでいる。写真中央左に見える防災庁舎は保存か解体かで議論が沸騰したが、現時点での判断はせず、結論は未来の人々の判断に任せることにし、2031年まで、県有化して残すことになった。

震災の爪痕、復興の息吹

写真・山本直洋

気仙沼市街地に打ち上げられた第十八共徳丸。解体が決まっている

全国から届けられた千羽鶴。南三陸町歌津地区の国道沿いに飾られている

女川町の避難所に送られたメッセージフラッグ。全国から応援メッセージが届いた

石巻門脇小学校。教員の誘導で生徒や地域住民もここから日和山へと避難した

青森
十和田湖
津軽

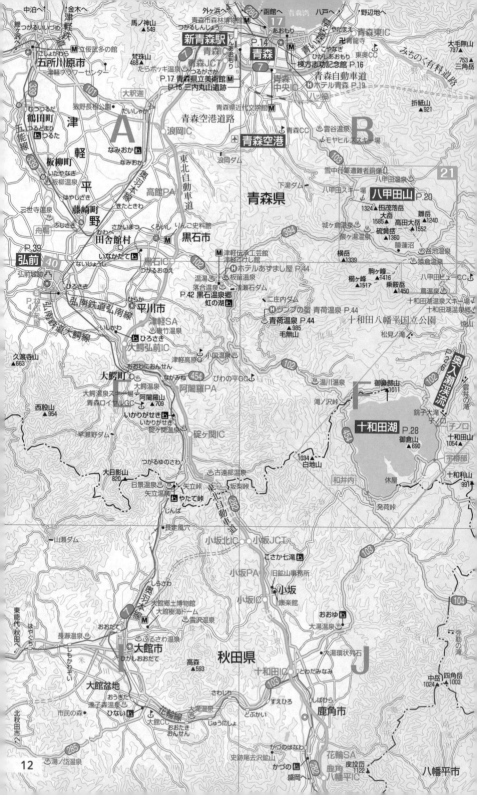

烏帽子岳
▲720

野辺地町

清水目ダム

天間ダム

ちびき

青森鉄道

七戸C

天間林温泉

七戸松並木

しちのへ

東八甲田
家族旅行村

東北町

上北温泉館

かみきたちょう

あすなろ温泉

さきた温泉C

むつ市へ

みさわ「斗南藩記念観光村」

小川原湖

歴史民俗資料館

寺山修司記念館 P.34

小川原湖ふれあい村

おがわら湖

市民の森公園

三沢航空科学館

三沢空港

三沢市

古牧温泉

星野リゾート 青森屋 P.30

三沢十和田下田IC

シルバーフェリー

八幡岳
1022

和
田
川

みちのく国際GC

稲生川

十和田国際CC

十和田市

十和田市現代美術館M

102

稲子町

45

六戸町

ろくのへ

六戸町

おいらせ町

とわだ

下田百石IC

むついちかわ

八戸北IC

八戸市水産科学館

陸復興
国立公園

奥入瀬

24-25

G

駒っこランド

五戸町

まきば温泉

454

八戸線

八戸

八戸IC

P.33

こどもの国

H

八戸

倉石温泉

新郷村

キリストの墓

大石神ピラミッド

しんごう

間木ノ平
グリーンパーク

野沢温泉

新郷温泉館

高堂山
▲539

104

きたたかいわて

とまち

南部町

八戸JCT

福地PA

モーターランドSP

なんごう

八甲田

来岳
160
▲1144

大駒ケ岳

ドコノ森
▲804

さんのへ

三戸町

さんのへ

名久井岳
▲615

南郷IC

世増ダム

階上町

大黒森
▲719

タブコプ創遊村

田子町

104

田子温泉

めとき

きんたいちおんせん

金田一温泉

軽米IC

軽米町

えぞえぞ自然のロマンの森

朝日奈岳
▲720

K

L

二戸市

銀河鉄道

とまい温泉

折爪岳
▲852

折爪SA

ビュー軽米CC

フォーリストパーク軽米

自動車道

九戸IC

595

馬仙峡

にの

九戸村

稲庭岳
▲1078

二戸IC

一戸町

いちのへ

岩手県

くのへスキー場

天台寺

浄法寺IC

二戸神社

九戸村

安代JCTへ

宮田温泉

こさ

盛岡へ

岩手戸トンネル

盛岡へ

岩泉へ

340

34

青森

東北四大祭りのひとつ、青森ねぶた祭

夏はねぶた祭で熱く、熱く盛り上がる!

　ねぶたの家ワ・ラッセやA-FACTORYで注目のベイエリアに、みちのくらしい人々の温かさが感じられる市場や路地。郊外には古代史に思いを馳せられる三内丸山遺跡や、青森県出身の作家の作品を多数所蔵する美術館がある。

 HINT

青森への行き方

　東京駅から東北・北海道新幹線を利用、新青森駅まで「はやぶさ」が所要2時間59分〜3時間24分で結んでいる。青森空港へは東京、札幌(新千歳)、名古屋(小牧)、大阪(伊丹)から便がある。p.184も参照。

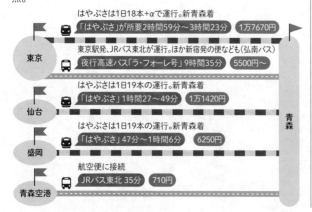

東京
はやぶさは1日18本+αで運行。新青森着
🚄「はやぶさ」が所要2時間59分〜3時間23分　1万7670円

東京駅発、JRバス東北が運行。ほか新宿発の便なども(弘南バス)
🚌 夜行高速バス「ラ・フォーレ号」9時間35分　5500円〜

仙台
はやぶさは1日19本の運行。新青森着
🚄「はやぶさ」1時間27分〜49分　1万1420円

盛岡
はやぶさは1日19本の運行。新青森着
🚄「はやぶさ」47分〜1時間6分　6250円

青森空港
航空便に接続
🚌 JRバス東北35分　710円

青森

エリアの魅力

見どころ
★★★
散策
★★
温泉
★★

旬の情報:
青森冬まつり(2月上旬〜中旬ごろ)、青森春まつり(4月下旬〜5月上旬)、青森ねぶた祭(8月2〜7日)。

問い合わせ先

青森市観光交流情報センター(青森駅前)
📞017-723-4670
青森観光コンベンション協会
📞017-723-7211
青森市観光課
📞017-734-5179、5153
青森県観光総合案内所
(アスパム内・案内業務休止中)
📞017-734-2500
青森市タクシー協会
📞017-781-4015
青森市営バス(東部)
📞017-726-5453
JRバス東北(高速バス)
📞017-773-5722

青森ベイエリア周遊券

　人気のベイエリアにある八甲田丸、アスパム、ねぶたの家ワ・ラッセの3施設をめぐるのに便利な

まわる順のヒント

観光施設や飲食店など、主な観光スポットは青森駅周辺に集中。新幹線で新青森駅到着の場合、郊外の三内丸山遺跡や県立美術館が目的地でなければ、在来線に乗り換えていったん青森駅へ向かう。駅の北側のベイエリアには観光ポイントが集中している。ねぶたの家ワ・ラッセ〜八甲田丸〜アスパムへと続く遊歩道があり、徒歩でも移動できる。

●ねぶたん号を上手に利用

新青森駅と青森駅を軸に、三内丸山遺跡と棟方志功記念館の間を2ルートで運行する観光用バス。1乗車300円、1日乗車券700円で、9時から夕方5時ごろまで1時間に1〜2本運行。新青森駅から三内丸山遺跡まで17分、棟方志功記念館まで40分。

●お得な観光タクシーを使う

青森駅、新青森駅のみどりの窓口やびゅうプラザで、小型1台2時間6000円、3時間9000円の「駅から観タクン」のタクシー券を販売。ホームページ http://www.jreast.co.jp/ekitabi/taxi/

チケット。有料コーナーを利用できる共通券で大人1380円。個別に入館料を払うと計1980円だから、3割以上お得だ。

レンタサイクル

青森駅改札を出て左に進むと、「まちなかレンタサイクル」がある。9:00〜16:00（受付）、1回300円（4月下旬〜10月31日）。♪017-771-1101

周遊バスのねぶたん号

青森

A-FACTORY
青森ベイブリッジ
Ⓑ ベイエリア
青い海公園
青森港
Ⓐ
青森駅
ねぶたの家
ワ・ラッセ
観光物産館アスパム
バス乗り場
まちなかレンタサイクル
（自転車等駐車場管理事務所）
青森警察署
Ⓒ アウガ新鮮市場
県立郷土館
旧税務署通り
柳町通り
ねぶた祭の運行コース
青森
魚菜センターⒸ
新町通り
県警本部
7日の解散地点
7日の出発地点
青森県庁
菓子工房
二階堂
NTT前
住友生命前

出発・解散地点・観覧席設置場所は毎年変わります。下記は2017年のルート

5月中旬からねぶた制作のため、青い海公園にラッセランドが作られる。7月上旬〜8月6日は見学ができる

TEKU
TEKU
COLUMN

Ⓐ 青森駅周辺

東口にバス乗り場がある。みずうみ号（p.20・25・28）は11番、三内丸山遺跡へは6番、ねぶたん号は7番乗り場に発着。

Ⓑ ベイエリア

ねぶたの家ワ・ラッセやA-FACTORYなど、主要な見どころが集中。八甲田丸と青い海公園とを結ぶ橋は歩いて渡れる。

Ⓒ 駅前の市場

アウガ新鮮市場、青森魚菜センターなどは駅から徒歩圏。青森魚菜センターののっけ丼（p.18）は朝7時から食べられる。

ねぶた祭

8月2〜7日

2〜6日は19:10に運行コース全体からねぶたが出発。7日は海上運行も。

八甲田丸※
はっこうだまる

地図 p.17-A
JR青森駅から 🚶 5分

　80年にわたり、青森と函館を結んでいた青函連絡船の「八甲田丸」を利用した、鉄道連絡船ミュージアム。船内は地下のエンジンルームや鉄道車両を輸送した車両甲板、煙突を使った展望台など、見どころ充実。

📞 017-735-8150
📍 青森県青森市柳川1-112-15
🕘 9:00～最終入館18:00(11～3月は～最終入館16:30)
❌ 11～3月の月曜(祝日の場合翌日)、3月第2週の月～金曜、12/31、1/1　💴 510円　🅿 20台

ねぶたの家 ワ・ラッセ※
ねぶたのいえ わ・らっせ

地図 p.17-A
JR青森駅から 🚶 すぐ

　青森を代表する祭り「ねぶた」の迫力を体感できる施設。いちばんの見ものは、ねぶたホールに展示された、直近の年の祭で入賞した4～5台の大型ねぶた。大型スクリーンでは祭りの映像も上映される。土・日曜、祝日は、生演奏のお囃子でハネト(踊り手)体験も。

※青森ベイエリア周遊券(八甲田丸、ワ・ラッセ、アスパムの3館共通券)は1380円

📞 017-752-1311　📍 青森県青森市安方1-1-1
🕘 9:00～18:00(5～8月は19:00まで)　❌ 8/9・10、12/31、1/1　💴 620円　🅿 100台(有料)

青森県観光物産館アスパム※
あおもりけんかんこうぶっさんかんあすぱむ

地図 p.17-A
JR青森駅から 🚶 8分

　1階はみやげコーナー。2階では十和田の自然やねぶたなどを360度のマルチスクリーンで紹介。下北半島、陸奥湾、八甲田の山々を一望できる展望台や郷土料理店などもある。

📞 017-735-5311　📍 青森県青森市安方1-1-40
🕘 9:00～22:00(店舗または季節により異なる)
❌ 12/31、臨時休館日あり
💴 入館無料(パノラマ映画館・展望台セット券850円)
🅿 150台(有料)

棟方志功記念館
むなかたしこうきねんかん

地図 p.12-B
JR青森駅から 🚌「ねぶたん号」コース1で9分、🚏棟方志功記念館前下車 🚶 すぐ。ほかバス便多数あり

　青森市生まれの板画家・棟方志功の文化勲章受章を記念して開館。代表作「釈迦十大弟子」をはじめとする版画のほか、倭画、油絵、書などの作品を展示。

📞 017-777-4567　📍 青森県青森市松原2-1-2
🕘 9:00～17:00(11～3月は9:30～)
❌ 月曜(祝日やねぶた祭期間は開館)、12/29～1/1
💴 550円　🅿 30台

三内丸山遺跡
さんないまるやまいせき

地図 p.12-A
青森駅から市バス三内丸山遺跡行き20～24分、またはねぶたん号で13分、🚏三内丸山遺跡下車 🚶 すぐ

　約5500～4000年前の縄文時代、長期にわたって定住生活が営まれていた、日本最

青森中心部

1:10,300

0 ————— 200m

周辺広域地図 P.12-13

♪徒歩4分

旅客船ターミナルへ→

M 八甲田丸 P.16　津軽海峡冬景色歌謡碑

八甲田丸とアスパムをつなぐ橋

青森港

WC　青森ラブリッジ　ねぶたラッセランド・WC　展望台

青森ベイブリッジ

A-FACTORY P.19

ねぶたの家 ワ・ラッセ P.16

青森県観光物産館アスパム P.16

みちのく料理 西むら P.18

青い海公園

START　青森市観光交流情報センター

東横イン青森駅正面口　アスパム前

甚太古

安方通り

青森駅前

ホテルルートイン青森駅前　安方

アパホテル青森駅東　安方通り　ホテルJALシティ青森　安方(二)

A　ラビナ　大黒寿司　一八寿し　アパホテル青森駅県庁通　本町(三)　青森製氷

サンルート青森　ホテルアパスト

おきな屋　一念通　善知鳥神社 P.19　津軽物産販売所 P.19　青森県立郷土館

青森市民図書館　アウガ新新鮮市場(B1) P.18　みずほ　青森県庁　アートホテル青森

GOAL　古川　新町通り　市民美術展示館　新町2　本町(二)

新町(一)　柳町通り　赤い林檎 P.18　スマイルホテル青森

古川　甘精堂本店　さくら野百貨店　桜の花びらなどを形どった照明がある　新町(二)　青森グリーンパークホテル・アネックス

青森のっけ丼 P.18

青森　味の札幌 大西 R　県庁通り　県庁舎北棟

海鮮　県警本部　青森合同庁舎　県共同ビル　常光寺　正覚寺　蓮心寺

青森センターホテル・青森まちなかおんせん

7　青森　古川　古川　8月2〜7日までねぶたが運行される通りのひとつ　青森県警　県庁舎

警察本部署

日本赤十字　青森第二合同庁舎　P出口2　新町1　本町(一)

古川　国道旭町通　県庁前　八甲田通り　県庁通り　青い森公園　長島(一)　裁判所　P.へ　本町公園

B　本町(三)

青森

N

大級の集落跡。最盛期は住居が約100棟ほどあったとされる。竪穴住居跡、墓、貯蔵穴、道路跡など、数多くの遺構が発見されている。敷地内に展示されている建物は、復元されたもの。

♪ 017-766-8282　♀ 青森県青森市三内丸山305
🕐 9:00〜17:00（GWと6〜9月は〜18:00）
無料ガイドは9:15〜16:00までの間の10〜4月は1時間に1本、5〜9月は30分ごとに案内。10〜3月は最終15:00
🈲 第4月曜（祝日の場合は翌日）、12/30〜1/1
¥ 410円　P 512台

●縄文時遊館

三内丸山遺跡の紹介映像のほか、縄文服の試着、出土した土偶や土器の展示、8種類の体験メニューがある。

♪ 017-766-8282
🕐 9:00〜17:00（GWと6〜9月は〜18:00）
🈲 第4月曜（祝日の場合は翌日）、12/30〜1/1

青森県立美術館

あおもりけんりつびじゅつかん

地図p.12-A
青森駅から市バス三内丸山遺跡行き19〜23分、またはねぶたん号で11分、♀県立美術館前下車 🚶すぐ

マルク・シャガールのバレエ「アレコ」の背景画4点をはじめ、棟方志功や奈良美智など、県出身の作家の作品を展示している。

♪ 017-783-3000
♀ 青森県青森市安田近野185
🕐 9:00〜18:00（10〜5月は9:30〜17:00）
🈲 第2・4月曜（祝日の場合は翌日）
¥ 510円（企画展は別途）　P 400台

TEKU TEKU COLUMN

浅虫温泉
あさむしおんせん　　　　　地図p.177-G

青森の奥座敷として知られ、青い森鉄道浅虫温泉駅から近いため青森観光の拠点にも便利。陸奥湾の眺めがいい旅館やホテル、民宿がある。

浅虫温泉観光協会♪017-752-3250
＊ JR青森駅から🚃青い森鉄道16〜23分、浅虫温泉駅下車。またはJR青森駅から🚌青森市営バス浅虫温泉駅行き約50分、終点下車

食べる

寿司

一八寿し
いっぱちずし

地図 p.17-A
JR青森駅から🚶8分

陸奥湾で獲れたヒラメなど握り7貫と巻物1本が付くにぎり寿し（松）2200円。ネギトロの手巻き670円。

📞 017-722-2639
📍 青森県青森市新町1-10-11
🕐 11:30〜22:00（日曜・祝日〜21:00）、LOは15分前
🈺 第2・4日曜　＊70席　🅿なし

味噌カレー牛乳ラーメン

味の札幌 大西
あじのさっぽろ おおにし

地図 p.17-A
JR青森駅から🚶8分

札幌の味噌ラーメンにその流れを持つという、味噌カレー牛乳ラーメンの老舗。味噌をベースにカレー粉、牛乳を入れた味噌カレー牛乳ラーメン880円。

📞 017-723-1036
📍 青森県青森市古川1-15-6
🕐 11:00〜21:00LO
🈺 不定（夏休みあり）
＊33席　🅿なし

郷土料理

みちのく料理 西むら
みちのくりょうり にしむら

地図 p.17-A
JR青森駅から🚶8分（アスパム10階）

青森の新鮮な魚介類と旬の食材を使った郷土料理が楽しめる。ホタテの貝焼味噌や刺身が味わえる、つがる定食1715円（14:30まで）。定食だけでなく、ほたての一品料理や地元青森の郷土料理メニューも充実している。

📞 017-734-5353
📍 青森県青森市安方1-1-40アスパム10F
🕐 11:00〜15:00、17:00〜21:00、LOは30分前
🈺 アスパムに準じる
＊80席　🅿150台

のっけ丼

青森のっけ丼
あおもりのっけどん

地図 p.17-A
JR青森駅から🚶5分

お好みで作るのっけ丼が名物。丼ぶりご飯（小1枚）に、各店で販売しているマグロやヒラメの切り身、ホタテ、ウニなど好みのタネ（1枚〜）をのせる。食事券は10枚組1500円と5枚組750円の2通りある。

📞 017-763-0085
📍 青森県青森市古川1-11-16
🕐 のっけ丼は7:00〜16:00
🈺 火曜ほか不定　＊132席　🅿なし

喫茶・りんごパイ

赤い林檎
あかいりんご

地図 p.17-B
JR青森駅から🚶15分

リンゴを使った洋菓子店で、2階が喫茶になっている。10月中旬〜6月限定の自家製りんごパイ400円が人気。

📞 017-722-7738
📍 青森県青森市新町2-6-15
🕐 10:30〜18:00（17:30LO）（ショップは9:30〜19:00）
🈺 無休　＊32席　🅿なし

買う

鮮魚・水産加工品

アウガ新鮮市場
アウガしんせんいちば

地図p.17-A
JR青森駅から🚶3分

駅前再開発ビル「フェスティバルシティ・アウガ」の地下1階にある市場。名産の青森活ホタテや本マグロ、サケ、ホヤなどの海産物や、ホッケの一夜干し、塩鮭、タラコなどの水産加工品を扱う店を中心

に、野菜・果物店、精肉店、食堂など87軒近く集まる。かつて駅前にあった市場が移転したもので、当時の活気ある雰囲気が今も変わらず感じられる。

📞 017-718-0151
📍 青森県青森市新町1-3-7
🕐 5:00～18:30
休 不定
🅿 522台

 伝統工芸品

津軽物産販賣所
つがるぶっさんはんばいしょ

地図p.17-B
JR青森駅から🚶10分

独特な斑点模様が特長の津軽塗や、オリジナルの陶器を中心に揃える。こぎん刺しセンター1100円やアケビ蔓細工1000円～などの工芸品もある。そば店も併設。

📞 017-722-2507
📍 青森県青森市新町2-6-21
🕐 11:30～15:00、18:00～21:00
休 日曜、ほか不定休あり
🅿 なし

TEKU TEKU COLUMN

港の前に立つ倉庫の中には青森の魅力が満載
A-FACTORY　　　地図p.17-A　　JR青森駅から🚶2分

倉庫のような建物内にある「アオモリシードル工房」では、シードル(発泡性リンゴ酒)を醸造している。ふじとジョナゴールドを使用したあおもりシードル各種が200ml 495円～。
このほかにも農家のこだわり野菜や果物が並ぶ「フードマルシェ」やガレット専門店「ガレッテリア ダサスィーノ」、青森産の卵を使用したタルトが人気の専門店「スキップエッグ」など、個性的なショップが集合している。イートインコーナーもある。

📞 017-752-1890
📍 青森県青森市柳川1-4-2
🕐 9:00～20:00(レストラン11:00～21:00)
休 不定
🅿 16台(有料)

宿泊ガイド

アパホテル青森駅東	📞017-722-1100／地図p.17-A／Ⓢ1万8000円～／Ⓣ3万2000円～ ●繁華街に近く、観光に便利。青森駅より徒歩4分。
ホテル青森	📞017-775-4141／地図p.12-B／Ⓢ7000円～／Ⓣ1万4000円～ ●歓楽街の近くに建つ。陸奥湾の夜景も一望できる。
南部屋・海扇閣 (なんぶや・かいせんかく)	📞017-752-4411／地図p.177-G／1泊2食付1万3200円～ ●浅虫温泉。郷土色豊かな絵画を飾る民芸調でモダンな宿。
辰巳館 (たつみかん)	📞017-752-2222／地図p.177-G／1泊2食付1万1000円～ ●浅虫温泉。青森湾に臨み、木造本館と白いリゾート風新館が建つ。

青森

19

八甲田周辺

八甲田ゴールドラインの展望台

山と高原が織りなす大自然の景観に魅せられる

　1585mの大岳を主峰として赤倉岳、硫黄岳、井戸岳など10の山々が連なる北八甲田と、櫛ヶ峯（上岳）などの6峰を指す南八甲田。これらの火山群の総称が八甲田山。湿原、沼、渓流など四季折々に姿を変える自然の宝庫だ。個性豊かな秘湯の一軒宿が点在する。

HINT　八甲田への行き方・まわる順のヒント

●バス「みずうみ号」を利用する

　八甲田へはJR青森駅前の11番乗り場から、十和田湖行きの「みずうみ号」が出ている。次の新青森駅では東口1番乗り場に停車（しない便もある）。バスのルート上に見どころが点在している。青森空港は経由しない。右ページの図のほか萱野高原（🚏萱野茶屋）まで36分〜1時間、睡蓮沼まで1時間12〜35分、猿倉温泉まで1時間15〜38分。1日4〜6往復。冬期は1日3往復（予定）で、萱野茶屋や睡蓮沼、猿倉温泉には停車せず、酸ヶ湯温泉との往復となる。所要時間も変わる。

●奥入瀬・十和田湖と組み合わせて巡る

　青森駅と十和田湖を結ぶバスのルート上に見どころがあるので、奥入瀬渓流や十和田湖観光と組み合わせて、青森駅→八甲田周辺→奥入瀬→十和田湖→八戸（または、八幡平や盛岡）というルートやその逆ルートなどが考えられる。八甲田周辺の見どころに立ち寄るなら1泊2日の行程がおすすめだが、時間がない場合は、青森市内に宿をとって、見どころをしぼってまわろう。

問い合わせ先

青森市観光課
📞017-734-5179、5153
JRバス東北青森支店（みずうみ号、おいらせ号）
📞017-723-1621
青森市観光交流情報センター（青森駅前）
📞017-723-4670

上毛無岱から見る井戸岳

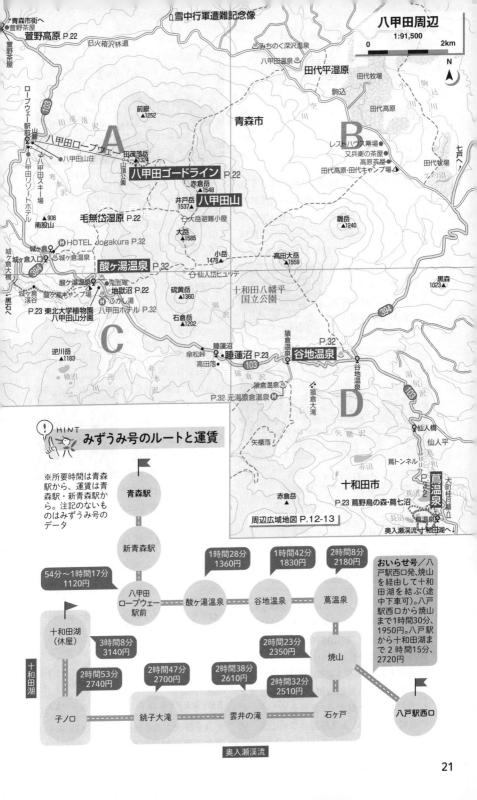

1:91,500

0　　　　2km

N

雪中行軍遭難記念像

青森市街へ
萱野茶屋
萱野高原 P.22

旧火箱沢林道

みちのく深沢温泉

八甲田温泉

田代平湿原

田代牧場

駒込

田代高原

レストハウス幕場

又兵衛の茶屋

高原茶屋

田代牧場

七戸へ

田代高原・田代キャンプ場

ロープウェー駅前
山麓

八甲田ロープウェー

田茂萢岳
▲1324

前嶽
▲1252

青森市

A

B

八甲田ゴードライン P.22

八甲田リゾートホテル

八甲田山田荘

山頂公園

八甲田スキー場

赤倉岳
▲1548

南股山
▲906

井戸岳
1537▲

八甲田山

雛岳
▲1240

毛無岱湿原 P.22

大岳避難小屋

大岳
▲1585

黒森
1023▲

HOTEL Jogakura P.32

城ヶ倉
城ヶ倉温泉

城ヶ倉大橋
城ヶ倉入口

酸ヶ湯温泉 P.32

小岳
▲1478

高田大岳
▲1559

黒石へ

城ヶ倉
深谷

酸ヶ湯キャンプ場

鬼面庵

地獄沼 P.22

谷仙人岱ヒュッテ

逆川岳
▲1183

P.23 東北大学植物園
八甲田山分園

ふかし湯

硫黄岳
▲1360

十和田八幡平
国立公園

C

横沼

八甲田ホテル P.32

石倉岳
▲1202

傘松峠

睡蓮沼

睡蓮沼 P.23

高田萢

猿倉温泉 P.32

猿倉温泉

谷地温泉

D

谷地温泉

湯ノ沢

P.32 元湯猿倉温泉 H

猿倉沢

猿倉大滝

仙人橋

仙人平

周辺広域地図 P.12-13

矢櫃沢

矢櫃滝

蔦トンネル

大町桂月碑

蔦温泉

十和田市

赤倉岳

P.23 蔦野鳥の森・蔦七沼

蔦温泉

奥入瀬渓流・十和田湖へ

！ HINT

みずうみ号のルートと運賃

※所要時間は青森
駅から、運賃は青
森駅・新青森駅か
ら。注記のないも
のはみずうみ号の
データ

青森駅

新青森駅

八甲田
ロープウェー
駅前

54分〜1時間17分
1120円

酸ヶ湯温泉

1時間28分
1360円

谷地温泉

1時間42分
1830円

蔦温泉

2時間8分
2180円

十和田湖
（休屋）

3時間8分
3140円

2時間23分
2350円

焼山

おいらせ号／八
戸駅西口発、焼山
を経由して十和田
湖を結ぶ（途中下車可）。八戸
駅西口から焼山
まで1時間30分、
1950円。八戸駅
から十和田湖ま
で2時間15分、
2720円

十和田湖

子ノ口

2時間53分
2740円

銚子大滝

2時間47分
2700円

雲井の滝

2時間38分
2610円

石ヶ戸

2時間32分
2510円

八戸駅西口

奥入瀬渓流

見る＆歩く

萱野高原
かやのこうげん

地図 p.21-A
♀ 萱野茶屋からすぐ

　十和田八幡平国立公園の北端に位置する高原。青々とした芝生が広がる。バス停前の萱野茶屋には酸ヶ湯そばや五平餅、生姜みそおでんなど、多彩なメニューが揃う。無料の休憩所もあり、「1杯飲むと3年長生きし、2杯では6年、3杯飲むと死ぬまで生きる」と人を食った三杯茶が無料で飲める（11月中旬〜4月休業）。

萱野茶屋 ♪017-738-2428
♀ 青森県青森市横内八重菊　Ｐ100台

八甲田ゴードライン
はっこうだゴードライン

地図 p.21-A
♀ ロープウェー駅前／山麓駅から八甲田ロープウェー10分、山頂公園駅下車 🚶すぐ

　八甲田ロープウェーの山頂公園駅を起点に、湿原の中を8の字を描くように整備された散策コース。高山植物などを解説した案内板も数カ所設置されている。コースの全長は1.8km、所要1時間。途中、道が交差する付近にある湿原展望台からは、湿原とその向こうにそびえる、赤倉岳や大岳などの名峰を望める。湿原展望台から山頂公園駅に戻る短縮コースは1kmで、所要30分。

青森市観光課 ♪017-734-5153、5179／
八甲田ロープウェー ♪017-738-0343
♀ 青森県青森市荒川字寒水沢1-12
🕐 ロープウェー運行は9:00〜16:20（11月中旬〜2月は15:40まで）、15〜20分ごと
🈺 無休（11月に点検休業あり）
¥ 片道1250円、往復2000円　Ｐ350台

毛無岱湿原
けなしたいしつげん

地図 p.21-A
八甲田ロープウェー山頂公園駅から 🚶1時間

　八甲田ゴードラインを1周せず、最奥の分岐点から毛無岱パラダイスラインに入り、酸ヶ湯温泉に下るコースを行くと、湿生植物の宝庫である上毛無岱、下毛無岱の湿原があ

る。湿原地帯には木道が整備されている。9月下旬〜10月中旬の紅葉の時期はことのほかすばらしい。ロープウェー山頂駅から酸ヶ湯温泉へは所要2時間30分。

八甲田ロープウェー ♪017-738-0343
♀ 青森県青森市荒川
🕐 ロープウェーの運行時間は八甲田ゴードライン参照
Ｐ 八甲田ロープウェー山麓駅　Ｐ利用350台

地獄沼
じごくぬま

地図 p.21-C
♀ 酸ヶ湯温泉から 🚶10分

　八甲田火山の名残の爆裂火口湖。今も沼底から亜硫酸ガスや熱湯が湧き出してい

る。沼の西岸は、沼とその後方の大岳を眺める絶好のビューポイント。

青森市観光交流情報センター ♪017-723-4670
♀青森県青森市荒川南荒川山国有林酸ヶ湯沢
＊見学自由 🅿酸ヶ湯公共駐車場利用160台

ミズバショウやレンゲツツジが自生。萢とは水草が生える、泡の立つ湿地帯のこと。

十和田奥入瀬観光機構 ♪0176-24-3006
♀青森県十和田市法量字谷地
＊見学自由 🅿なし

東北大学植物園八甲田山分園
とうほくだいがくしょくぶつえんはっこうださんぶんえん

地図p.21-C
♀酸ヶ湯温泉から🚶5分

　園内には八甲田に生育する植物が約600種。極楽沼と呼ばれる湿原では、ミズバショウやワタスゲ、ツルコケモモなどの湿生植物を見ることができる。見学路は1周約30分。近くには「まんじゅうふかし」と呼ばれる蒸し湯がある。

♪017-738-0621
♀青森県青森市荒川字南荒川山1-1
🕐6月1日～10月31日開園　日出～日没
🈳開園中無休 💴無料
🅿酸ヶ湯公共駐車場利用160台

睡蓮沼
すいれんぬま

地図p.21-C
♀睡蓮沼からすぐ

　国道103号線沿いの小さな沼。北八甲田山の山容を鮮やかに映し、初夏にはスイレン科のエゾヒツジグサが白い小さな花を咲かせる。付近には高田萢という湿原があり、

蔦野鳥の森・蔦七沼
つたやちょうのもり・つたななぬま

地図p.21-D
♀蔦温泉からすぐ

　蔦温泉を囲む自然林は蔦の森と呼ばれ、蔦沼をはじめとする大小6つの沼が点在し、遊歩道が整備されている。2.6km、約1時間の「沼めぐりの小路」と、分岐して再び合流する2.1km、約40分の「野鳥の小路」がある。前者は蔦沼、鏡沼、月沼、長沼、菅沼とめぐり、終点近くにはモリアオガエルが生息している瓢箪沼がある。後者は多少の起伏がある森の中の道。落葉広葉樹が茂り、オオルリやキビタキなど夏鳥が多い。

環境省十和田八幡平国立公園管理事務所
♪0176-75-2728
♀青森県十和田市奥瀬 ＊見学自由 🅿30台

奥入瀬

エリアの魅力

見どころ
★★★
散策
★★★★★
温泉
★★

奥入瀬渓流を代表する
景観の石ヶ戸の瀬

平川市
滝ノ沢展望台
黒石・弘前へ
青森県

滝ノ沢キャンプ場
滝ノ沢
津根川森

白地湿地帯
爺倉崎

御鼻部山
▲1011
御鼻部山展望台

A
寺子ノ岬
B

ミソナゲ峠
和井内神社
鉛山▲
園地
大川岱
十和田ふるさとセンター
十和田プリンスホテル P.32

小坂町
白雲亭展望台
小坂IC
十和田湖 P.29

P.32 十和田ホテル
鉛山
よどの岬

鉛山峠
現頭倉
▲885

猿鼻岬
中山崎
御門石
大畳石

見返りの松
千鳥ヶ浦
十和田湖遊覧船 P.29
小畳石

錦ヶ浦
中山半島
小町岩
中湖
日暮崎
子ノ口

セメマスふ化場
和井内
西湖(内湖)
六方岩
千丈幕 御倉山
▲690
鴫ヶ崎
五色岩
子ノ口

紫明亭展望台
生出キャンプ場
乙女の像
御倉半島
鳥帽子岩
屏風岩
東湖(外湖)

E
休屋
十和田湖
バスターミナル
千本松岩
小島ヶ浦
F

発荷峠展望台
P.30 発荷峠
発荷
十和田湖畔温泉 P.30
宇樽部キャンプ場

大平
甲品岱 中ノ平
P.30 瞰湖台
宇樽部

赤岩山▲786
下宇樽部
花烏渓谷
十和田川

秋田県
宇樽部
宇樽部

鹿角市
高山
725▲
五戸へ
十和田山
1054▲

大湯温泉・十和田ICへ

奥入瀬への行き方・まわる順のヒント

問い合わせ先

十和田奥入瀬観光機構
♪0176-24-3006
十和田湖国立公園協会
♪0176-75-2425
JRバス東北青森支店
♪017-723-1621

十和田湖の子ノ口（ねのくち）から流れ出る川が奥入瀬渓流。遊歩道が整備され、美しい流れや滝を見ながら散策できる。遊歩道は一本道なので、上流の子ノ口か、下流の焼山（やきやま）がスタート地点となる。起点を焼山にして子ノ口まで行き、その後十和田湖を観光するコースが一般的。

エリアへの交通はp.20-21を参照。青森駅からは焼山までJRバス「みずうみ号」で2時間23分、2350円。八戸からは同「おいらせ号」で1時間30分、1990円。いずれも焼山から子ノ口までの遊歩道沿いを走る。渓流は全長約14kmなので、体力に自信がなければ石ヶ戸（いしげど）や馬門岩（まかどいわ）、雲井の滝など、焼山から先のバス停で下車して、一部だけ歩くといい。

渓流の美しい流れを堪能するなら石ヶ戸〜子ノ口間。ハイライトだけなら雲井林業バス停〜銚子大滝間がおすすめ。

景観に配慮したバス停

周辺広域地図 P.12-13

十和田湖・奥入瀬

1:96,000

0　　　　2km

MAP てくさんぽ

奥入瀬渓流

おいらせけいりゅう

奥入瀬渓流は十和田湖畔の子ノ口から流れ出る、十和田湖唯一の川。子ノ口から焼山までの約14kmにおよぶ渓流は、十数の滝が集まる「瀑布街道」と呼ばれる場所や、数カ所に見られる流れなど、渓流ならではの見どころが盛りだくさん。十和田奥入瀬観光機構 ☎0176-24-3006

地図p.12-F

01	石ケ戸
↓1.6km 👟45分	
02	阿修羅の流れ
↓1.1km 👟30分	
03	雲井の滝
↓3.0km 👟1時間20分	
04	一目四滝
↓0.8km 👟20分	
05	九段の滝
↓0.5km 👟10分	
06	銚子大滝
↓1.5km 👟40分	
07	子ノ口

全長8.5km

総歩行時間
3時間45分

全長14kmの奥入瀬渓流沿いの遊歩道の中でも、景勝や名所が集まる石ケ戸〜子ノ口が特におすすめ。石ケ戸は🚏石ケ戸からすぐ。散策前に焼山の奥入瀬渓流館に立ち寄り、奥入瀬の自然や歴史を知っておこう。

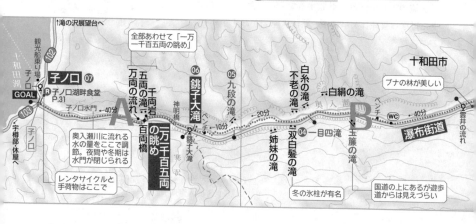

↑滝の沢展望台へ

全部あわせて「一万一千百五両の眺め」

十和田市

ブナの林が美しい

子ノ口 07　GOAL

子ノ口湖畔食堂 P.31

子ノ口水門　40分

万両の流れ

五両の滝

千両岩

一万二千百五両の眺め　百両橋

 銚子大滝 06

神明清水

 九段の滝 05

白糸の滝

不老の滝

 白絹の滝

双白髪の滝　一目四滝 04

玉簾の滝

姉妹の滝

 ベンチ WC 40分

 雲井の流れ

瀑布街道

A　B

奥入瀬川に流れる水の量をここで調節。夜間や冬期は水門が閉じられる

レンタサイクルと手荷物はここで

冬の氷柱が有名

国道の上にあるが遊歩道からは見えづらい

TEKU TEKU COLUMN

奥入瀬の自然を学ぶ・奥入瀬渓流館　地図p.25-D

奥入瀬の歴史や自然環境を学べる。詩人・大町桂月ら地元ゆかりの人物もパネルで紹介。レンタサイクルもあり、4時間1000円〜で借りられる。自転車は石ケ戸休憩所、JRバス子ノ口（☎0176-75-2244）に乗り捨てもできる。🚏焼山から👟5分

☎0176-74-1233　📍青森県十和田市奥瀬栃久保183
🕐9:00〜16:30　❌無休（2021年3月19日まで臨時休館）
💴無料　🅿50台

01　見学 10分

いしげど
石ケ戸

遊歩道わきにカツラの巨木に支えられた大きな岩があり、ここは女盗賊の根城だったという伝説が残る。近くには奥入瀬渓流唯一の休憩施設があり、展示室と売店を併設。そばなどの軽食が食べられる。

🚏石ケ戸から👟すぐ

02　見学 20分

あしゅら
阿修羅の流れ

奥入瀬渓流一の急流。激しい流れが白く泡立ち、苔むした岩の間を踊るように下っていく。その荒々しい姿から男性的な流れとされる。数多い奥入瀬渓流の写真スポットの中でも、人気のある場所のひとつ。

🚏馬門岩から👟5分

雲井の滝
くもい

遊歩道からは、並行する車道を横断して奥入瀬渓流の小さな支流を少し遡ったあたりにある。高さ25mから3段に落ちる、水量豊富な滝。

📍 雲井の滝から🚶すぐ

一目四滝
ひとめよんたき

白絹の滝、白糸の滝、不老の滝、双白髪の滝の4つの総称。白絹の滝は、束になってサラサラと落ちる様が絹のように見えることからその名がついた。白糸の滝（写真）は落差30mで、糸を垂らしたような繊細な情景。白糸の滝から上流の右手側を見ると、一度も枯れたことがないとされる滝、不老の滝が現れる。落差は80m。双白髪の滝は、幾重もの筋が黒い岩肌を滑る。冬は氷柱が見事。

📍 雲井林業から🚶40分

川の中にトクサの生える小島がある

渓流と平行して歩きやすい道が続く

このあたりの景観はすばらしい

石ヶ戸 START
奥入瀬渓流石ヶ戸無料休憩所
WC
石ヶ戸

屏風岩

馬門岩

石ヶ戸の瀬

45分

ベンチ

白銀の流れ

白布の滝

ベンチ

40分

102

雲井の滝
03
双竜の滝

裸渡ノ橋

30分

ベンチ

九十九島

馬門岩
馬門橋
馬門岩

02
阿修羅の流れ

雲井の滝から徒歩15分くらい。急坂の悪路なので注意

奥入瀬
（石ヶ戸〜子ノ口）
1:32,600
0　　　500m

周辺広域地図 P.24-25

九段の滝
くだん

奥入瀬渓流本流から少し離れた、木々の奥にある滝。複雑な地層が浸食され、段々になって流れている。水量は少ないが、岩肌を滑るように流れる様は優美な印象。落差15mほどで、上部は一条の流れ、下部は扇状に分かれている。

📍 銚子大滝から🚶10分

銚子大滝
ちょうしおおたき

奥入瀬渓流本流にかかる唯一の滝。落差7m、幅20mほどで、豊富な水が流れ落ちる様は壮観。水の壁となり、十和田湖に遡上する魚を阻み続けてきたため、「魚止めの滝」とも呼ばれる。新緑の頃には雪解けで水量が特に多くなる。

📍 銚子大滝から🚶すぐ

とわだこ　　　地図　　**p.177-K**

十和田湖

空から見た十和田湖

神秘的な湖を湖上や遊歩道から眺める

　標高400mにある、青い水をたたえる二重式カルデラ湖、十和田湖。古くは修験道の聖地として、また鉱山として拓かれ、明治時代に詩人・大町桂月によってその存在が知れわたった。新緑や紅葉の季節の美しさは、人々の心をとらえてやまない。

HINT　十和田湖への行き方・まわる順のヒント

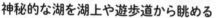

　十和田湖観光の拠点となるのは子ノ口と休屋（バス停名は十和田湖駅）。青森駅からJRバス「みずうみ号」利用で子ノ口まで2時間53分、2740円、十和田湖まで3時間8分、3140円（冬期は所要時間が異なる）。八戸駅からはJRバス「おいらせ号」で子ノ口まで2時間、2300円、十和田湖まで2時間15分、2720円（p.21参照）。

　また、弘前からは弘南バスのツアーバス「弘前⇔十和田湖周遊観光バス」が2コース出ている。毎週土・日曜、祝日の予約が入っている時のみ運行。弘前さくらまつり（4月23日〜5月5日）、弘前ねぷたまつり（8月1〜7日）期間中は予約が入っていれば毎日運行している。（弘前バスターミナルから所要3時間15分、片道3500円、往復6000円。5日前までに要予約。☎0172-38-2255）

　ビジターセンターや宿泊、飲食、みやげなどの施設が集中しているのが休屋。奥入瀬渓流散策から十和田湖に向かうと子ノ口に到着するが、ここから休屋へはJRバス「みずうみ号」「おいらせ号」で15分、610円。子ノ口〜休屋間は遊覧船も運航。所要50分、1430円。

エリアの魅力

見どころ
★★★
散策
★★
温泉
★★

旬の情報：
新緑（5月中旬〜6月上旬）、紅葉（10月上旬〜11月上旬）、十和田湖冬物語（2月）。
休屋から御前ヶ浜へは木道が続き、散策に適している。乙女の像へは砂浜を通って行く。

問い合わせ先

十和田奥入瀬観光機構
☎0176-24-3006
十和田湖国立公園協会
☎0176-75-2425
JRバス東北青森支店
☎017-723-1621
弘南バス
☎0172-38-2255
十和田観光電鉄（遊覧船）
☎0176-75-2201

レンタサイクル

　4〜10月の期間なら休屋のJRバス十和田湖駅にレンタサイクルがある。1時間500円（延長1時間ごとに400円）。
☎0176-75-2153

十和田湖バスターミナル

見る＆歩く

十和田湖遊覧船
とわだこゆうらんせん

地図 p.24-E・F、p.29-A
♀十和田湖から🚢すぐ（休屋の桟橋）、または♀子ノ口から🚢すぐ

　十和田湖の美しさを湖上から実感できる遊覧船。子ノ口と休屋を結ぶＡコースと、休屋から中湖(なかのうみ)をめぐって休屋に戻るＢコースの２つがあり、御倉半島の千丈幕や烏帽子岩(えぼし)、屏風岩などの断崖絶壁、中山半島の錦ヶ浦、見返りの松などの景観を間近に眺められる。Ｂコースの11:45、16:00発の便は十和田神社の前で船が停まり、船上から人形の和紙に願い事を書いて湖に投げ入れる、船上祈願ができる（無料）。ＡとＢの各コースとも30分〜１時間ごとの運航で、所要50分。休屋の遊覧船ターミナルには、みやげ店と軽食コーナーがある。

📞0176-75-2909（十和田湖遊覧船予約センター）
📍青森県十和田市奥瀬十和田湖畔休屋486
🕐Ａコースは７月16日〜11月９日運航
　Ｂコースは７月１日〜11月９日運航
　（2020年の例、冬期間の運航に関しては要問合せ）
💴各コースとも1430円（グリーン室はプラス500円）
🅿なし

十和田神社
とわだじんじゃ

地図 p.29-B
♀十和田湖から🚢15分

　休屋の北、杉並木の参道をたどった先にある。鎌倉時代以前から修験道の修行場として知られ、江戸時代には南部藩の霊場として発展した。

📞0176-75-2508
📍青森県十和田市奥瀬十和田湖畔休屋486
＊参拝自由　🅿なし

乙女の像
おとめのぞう

地図 p.29-B
♀十和田湖から🚢15分

　湖畔遊歩道の先に建つブロンズ裸婦像。湖面に映る姿をイメージし、２体の像が向かい合っている。昭和28（1953）年、十和田八幡平の国立公園指定15周年を記念して建立されたもので、高村光太郎生涯最後の大作。

十和田湖

十和田湖畔温泉
とわだこはんおんせん

地図 p.24-E
♀ 十和田湖から 🚶 1〜8分

　2000（平成14）年湧出の湖畔の湯。泉質はナトリウム・カルシウム─硫酸塩・塩化物炭酸水素塩温泉で、泉温は34.8度。現在、休屋の旅館15軒が温泉を引いている。日帰り入浴できる宿もある（500〜800円、時間は要問い合わせ）。

> 十和田湖国立公園協会 ☎0176-75-2425

十和田湖の展望台
とわだこのてんぼうだい

地図 p.24-E・F
瞰湖台は♀休屋から 🚶 5分
発荷峠は休屋から予約制タクシー「とくとく十和田号」で25分

　十和田湖を眺望する展望台は5カ所あるが、おすすめは瞰湖台（写真上）。御倉半島の付け根にあり、中湖に面した絶壁の上に展望所が設けられている。左手に中山半島、右手に御倉半島の屏風岩や五色岩を望める。瞰湖台から車で15分の発荷峠（写真下）も湖を見下ろすベストスポット。十和田湖の南側、標高630ｍの場所にある円形の展望台で、広葉樹林の先に広がる湖面や、は南八甲田、櫛ヶ峯を望める。

> 十和田湖国立公園協会 ☎0176-75-2425
> とくとく十和田号 ☎0186-29-2525
> ♀ 瞰湖台／青森県十和田市十和田湖畔
> ♀ 発荷峠／秋田県小坂町発荷峠
> ＊ 見学自由
> Ⓟ 瞰湖台はなし、発荷峠は50台

TEKU TEKU COLUMN

とろりとした泉質の美肌の湯
古牧温泉　星野リゾート 青森屋
こまき

　十和田湖の北東、50㎞の場所にある温泉。広大な敷地内には自然豊かな公園も整備されている。敷地内から湧出する無色透明の温泉は、美肌の湯としても評判が高い。総青森ヒバ造りの内湯と露天風呂（写真）で、ゆったり浸かりたい。

　施設内のレストランでは、こだわりの青森の食が味わえる。夕食は青森ずっぱ御膳のほか、和洋中80種類のバイキングがある。レストラン「みちのく祭りや」では、毎夜祭り囃子や津軽三味線、ハネト体験などが楽しめる。

星野リゾート 青森屋
地図p.13-D
☎ 0176-51-1116、0570-073-022（予約）
♀ 青森県三沢市古間木山56
¥ 1泊2食付1万5850円〜。元湯日帰り入浴450円　Ⓟ 200台

買う＆食べる

 和食

子ノ口湖畔食堂
ねのくちこはんしょくどう

地図p.26-A
🚶子ノ口から🚶すぐ

遊覧船乗り場のすぐ前にある食堂。ヒメマスの塩焼きのほか、ワカサギの甘露煮、山菜など、地元の素材を味わえるヒメマス定食2500円。

📞 0176-75-2226
📍 青森県十和田市奥瀬
　十和田湖畔子ノ口468
🕐 9:00〜16:30
❌ 11月中旬〜4月中旬
＊400席　🅿30台

 ヒメマス料理

十和田食堂
とわだしょくどう

地図p.29-B
🚶十和田湖から🚶7分

十和田湖産の希少なヒメマスを楽しめる食堂。ここでは4月下旬〜11月上旬なら、新鮮なヒメマスが刺身で味わえる。その日に獲れた天然物で、

脂がのってとろけるような舌触り。塩焼きは通年味わえる。ヒメマスの刺身定食1814円〜、ヒメマスの塩焼き定食1587円〜。

📞 0176-75-2768
📍 青森県十和田市奥瀬十和田湖畔休屋486
🕐 9:30〜15:30
❌ 無休（12〜3月は日曜・祝日のみ営業）
＊70席　🅿5台

 喫茶＆ボートハウス

十和田湖マリンブルー
とわだこマリンブルー

地図p.29-A
🚶十和田湖から🚶8分

十和田湖の水辺に建つ、レンタルボートハウスを兼ねたティールーム。湖を眺めながらお茶できる。りんごの「ふじ」を使ったオリジナルのアップルパイ500円が好評。コーヒー450円、缶ビール450円。

📞 0176-75-3025
📍 秋田県小坂町十和田湖休平
🕐 8:00〜18:00
❌ 4月下旬〜11月営業、期間中無休
＊16席〜　🅿10台

 伝統工芸品

暮らしのクラフトゆずりは
くらしのクラフトゆずりは

地図p.29-B
🚶十和田湖から🚶4分

青森、秋田、岩手を中心に創作活動する作家が、「日々の暮らしの中で使うもの」をテーマに作った伝統工芸品が揃う。木工や漆器、織物作品など味わいのある品々が並ぶ。陶器・漆器1100円〜、あけび手提げバッグ1万9800円。

📞 0176-75-2290
📍 青森県十和田市奥瀬
　十和田湖畔休屋486
🕐 10:00〜17:00
❌ 4月中旬〜11月中旬営業、期間中無休　🅿5台

  食事・みやげ

信州屋
しんしゅうや

地図p.29-B
🚶十和田湖から🚶5分

十和田湖畔で最大規模の売り場面積で、みちのく3県（青森・秋田・岩手）の特産品を多数取り揃える土産物店。2階はレストランで、ひめます料理、十和田牛ステーキ、稲庭うどん、比内地鶏料理等郷土色豊かなメニューが人気。十和田牛のステーキは、フィレ、サーロイン、サイコロが用意されている。

📞 0176-75-3131
📍 青森県十和田市大字奥瀬
　字十和田16
🕐 9:00〜18:00
　（冬期間11:00〜16:00）
❌ 無休（4月中旬〜11月中旬）
　冬期間は悪天候を除き営業
🅿20台

十
和
田
湖

泊まる

🔊017-738-6400
💴1泊2食付9460円～
＊133室　🅿80台

八甲田周辺

酸ヶ湯温泉旅館
すかゆおんせんりょかん

地図p.21-C
♨酸ヶ湯温泉からすぐ

八甲田山・大岳の西麓に立つ一軒宿。開湯330年の名湯は万病に効くと言われる。滞在中自炊できる湯治部もある。名物ヒバ千人風呂の湯船は160畳の広さ。

十和田湖

十和田ホテル
とわだホテル

地図p.24-A
♨十和田湖から送迎バス（予約制）15分

十和田湖西岸の高台に位置し、湖を一望できるホテル。

1938（昭和13）年築の本館は、秋田杉の巨木を使った木造3階建て。北東北の宮大工80名が集まり、腕を競った。随所に職人の技が光るが、特に吹き抜けの玄関は見物。露天風呂は眼前に十和田湖が広がる。

🔊0176-75-1122
💴1泊2食付3万7400円～
＊50室　🅿60台　冬期休業

八甲田周辺	谷地温泉 やちおんせん	🔊0176-74-1181／地図p.21-D／1泊2食付1万7130円～ ●秘湯の風情を残す宿。透明で38℃とぬるめの湯と、42℃の白濁した湯。
	蔦温泉旅館 つたおんせんりょかん	🔊0176-74-2311／地図p.21-D／1泊2食付1万7600円～ ●本館は大正7年築。浴槽の底から温泉が湧き出す。冬期休業。
	八甲田ホテル	🔊017-728-2000／地図p.21-C／1泊2食付2万2637円～ ●ログハウス風の外観。食事は本格フランス料理か和食が選べる。
	ホテル ジョウガクラ HOTEL Jogakura	🔊017-738-0658／地図p.21-A／1泊2食付1万7600円～ ●北欧風の外観で、大浴場にジャクジーやサウナを完備。
	元湯猿倉温泉 もとゆさるくらおんせん	🔊080-5227-1296／地図p.21-D／1泊2食付1万5000円～＋冬期暖房費500円 ●湯量豊富で、緑に囲まれた男女各2カ所の露天風呂が爽快。
奥入瀬	星野リゾート 奥入瀬渓流ホテル	🔊0570-073-022（予約）／地図p.25-D／1泊2食付1万8500円～ ●奥入瀬渓流沿いに立つ、唯一のリゾートホテル。岡本太郎作の巨大な暖炉がある。
	奥入瀬 森のホテル	🔊0176-70-5000／地図p.25-D／1泊2食付1万4580円～ ●県産牛や地場野菜をふんだんに使用した料理が楽しめる。
	遊魚荘 ゆうぎょそう	🔊0176-74-2202／地図p.25-D／1泊2食付9800円 ●敷地内で養殖しているニジマスを使ったニジマス三昧定食が評判。公共の宿。
	野の花焼山荘 ののはなやけやまそう	🔊0176-74-2345／地図p.25-D／1泊2食付2万8600円～ ●館内は青森産総ヒバ造り。源泉かけ流しの温泉は刺激の少ない単純泉。
十和田湖	山乃御振舞 とわだこ賑山亭 やまのおふるまい　しんざんてい	🔊0176-75-2711／地図p.29-A／1泊2食付1万5400円～ ●十和田湖畔温泉を引いた純和風旅館。夕食は炭火炉端焼きや郷土料理など。
	十和田 プリンスホテル	🔊0176-75-3111／地図p.24-A／1泊2食付1万2388円～ ●湖畔に建つ閑静なホテル。露天風呂は敷地内から湧き出す天然温泉。
	十和田湖 グランドホテル 湖畔	🔊0176-70-6515／地図p.29-A／1泊2食付8400円～ ●1泊2食付プランのほかに、朝食のみや素泊まりプランもあり。
	十和田湖 レークサイドホテル	🔊0176-75-2336／地図p.29-A／1泊2食付8800円～ ●きりたんぽ鍋やりんごおこわなど、地元の食材を使った料理が味わえる。
	十和田湖 レークビューホテル	🔊0176-75-1500／地図p.29-A／1泊2食付1万1000円～ ●湖畔に建つリゾートホテル。十和田湖名物のヒメマスを使った料理が好評。

八戸

7月31日〜8月4日の八戸三社大祭

豊富な海の幸と風光明媚な景観が楽しめる港町

総水揚げ量全国6位（2012年）の港町。市場や市内中心部の屋台村など海鮮グルメが魅力。2013（平成25）年、砂浜とリアス式海岸の境目となる種差海岸が三陸復興国立公園に指定された。

エリアの魅力

見どころ
★★★
散策
★★★
温泉
★★★

問い合わせ先

八戸市観光課
☎0178-43-9536
八戸観光コンベンション協会
☎0178-41-1661
南部バス
八戸営業所
☎0178-44-7111
市営バス
☎0178-25-5141
十和田観光電鉄八戸営業所
☎0178-43-4520

八戸への行き方・まわる順のヒント

東北新幹線「はやぶさ」で東京から八戸まで2時間45〜54分、1万6590円。バスタ新宿から高速バス「えんぶり号」で9時間35分、4500円〜。八戸市内の移動はJR八戸線、または市内中心街のターミナルから路線バスを利用。JR八戸駅から中心街ターミナルへは、東口の1・2番乗り場からバスに乗り25分。

はじめの一歩

日曜朝市循環バスいさば号（4月〜12月の毎日曜運行）は、陸奥湊駅前、館鼻岸壁、湊山手通りの朝市前を通る。JR鮫駅からうみねこ号が蕪島、種差海岸駅（4月〜11月上旬毎日、冬期は土・日曜、祝日運行）などを繋ぐ。いずれも100円。

見る　　　歩く

蕪島

かぶしま

地図 p.34-B
JR鮫駅から🚶15分

ウミネコの繁殖地として天然記念物に指定。3月上旬頃に3万〜4万羽が飛来し、8月上旬に飛び立つまでの間、産卵・子育てをする。

📍 青森県八戸市鮫町鮫56-2
＊ 見学自由（2020年3月まで神社改修のため頂上付近立入禁止）Ⓟ60台

種差海岸

たねさしかいがん

地図 p.34-B
種差天然芝生地へはJR種差海岸駅から🚶3分

蕪島を起点として、南東に続く海岸。白砂青松の風光明媚な場所で、国の名勝に指定されている。砂浜の景観と、荒々しい海岸段丘の景観がともに眺められる。広大な天然の芝生が波打ち際まで続く種差天然芝生地、砂の上を歩くと音が鳴る、鳴砂の大須賀海岸などがある。

種差海岸インフォメーションセンター ☎0178-51-8500
📍 青森県八戸市鮫町棚久保
＊ 見学自由 Ⓟ280台

八戸市街
1:24,800
0　　　　300m

P.34 割烹さんりく

P.33 蕪島

八戸市水産科学館
（マリエント）

八戸市営魚菜小売市場 P.34

P.33 種差海岸

八戸市

買う　食べる

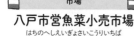

市場

八戸市営魚菜小売市場
はちのへしえいぎょさいこうりいちば

地図 p.34-B
JR陸奥湊駅から🚶すぐ

鮮魚、干物が並ぶ。焼き魚などとご飯100円や汁物を組み

合わせ、定食にしてもいい（食堂5:00〜10:00頃）。

📞 0178-33-6151
📍 青森県八戸市湊町久保38-1
🕐 3:00〜15:00（店舗により異なる）
🈺 日曜、第2土曜（お盆、年末年始は営業、朝市は第1日曜開催）
🅿 なし

郷土料理

割烹さんりく
かっぽうさんりく

地図 p.34-A
JR本八戸駅から🚶10分

三陸の海の幸を生かした郷土料理の店。八戸沖のイカを

使用した、八戸イカシャブ1500円。ウニとアワビを贅沢に使った吸物風の椀・いちご煮は、2000円。いちご煮は、ウニを熱湯につけると野いちごのように見えることからその名がつけられた。

📞 0178-43-3501
📍 青森県八戸市六日町23
🕐 11:00〜14:00、17:00〜21:00
🈺 1/1　＊190席　🅿 なし

TEKU TEKU COLUMN

三沢が生んだ奇才・寺山修司　地図P.13-D

　10代で天才歌人としてデビューした寺山修司。『家出のすすめ』で若者を挑発、劇団・天井桟敷や映画監督作では、作品発表するごとに賛否両論を巻き起こす。

　そんな寺山が少年時代を過ごした町・三沢にあるのが寺山修司記念館。大道具が並ぶ斜め舞台。モノクロームの映像が流れるスクリーン。懐中電灯を手に机の引き出し

を開けると自筆原稿が──。既成概念をことごとく突破し続けた寺山らしい、ユーモアとギミックが満載だ。

三沢駅東口からMISAWAぐるっとバス（土・日曜、祝日を中心に運行）で30分
📞 0176-59-3434
📍 青森県三沢市三沢淋代平116-2955
🕐 9:00〜17:00　🈺 月曜（祝日の場合は翌日、8月第1〜3月を除き開館）　💰 550円　🅿 70台

下北半島

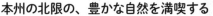
仏像を思わせる奇岩が連なる仏ヶ浦

エリアの魅力

見どころ
★★★★
散策
★★
温泉
★★★★

旬の情報：
春・秋の山菜、夏のウニ、ホタテ、イカ、秋の大間マグロ、冬のブリや鱈の白子が楽しみ。最大の見どころは恐山で、夏の例大祭と秋詣りが最も賑わう。温泉は薬研温泉や下風呂温泉、大間温泉など。

問い合わせ先

むつ市観光戦略課
♪0175-22-1111
風間浦村産業建設課
♪0175-35-2111
大間町産業振興課
♪0175-37-2111
佐井村観光協会
♪0175-38-4515
下北交通バス（むつ）
♪0175-22-3221
JRバス東北大湊営業所
♪0175-24-2146
シィライン
♪017-722-4545

本州の北限の、豊かな自然を満喫する

　本州最北端に突き出たまさかり形の半島。江戸時代には北海道、東北地方と瀬戸内海、大坂を結んだ北前船が寄港して栄えた。恐山やニホンザルの北限・脇野沢があるむつ市、マグロで知られる本州最北端の大間町、奇岩が並ぶ仏ヶ浦のある佐井村など、自然豊かな6市町村がある。

下北半島への行き方・まわる順のヒント

●東北新幹線八戸駅・新青森駅からの行き方

　八戸駅から青い森鉄道・JR大湊線直通快速しもきた（日中3本）で1時間34〜55分、2530円で下北駅、所要1時間39分〜2時間で大湊駅。青森発の快速も1本ある。また、土曜・休日に八戸〜大湊駅間に「リゾートあすなろ下北」が走る。所要1時間42〜49分、3060円、1日2往復（運転日注意）。野辺地駅からはむつバスターミナル行きの直行バスもある。所要1時間29分、1600円、1日5〜6便。
　恐山へは下北駅から下北交通のバスで43分、810円。佐井（仏ヶ浦）方面へは下北駅から同社のバスを利用。下風呂まで1時間10〜15分、1240円。大間崎まで1時間41〜46分、2030円。佐井まで2時間13〜18分、2500円、脇野沢へはJR大湊駅からJRバスで1時間5分、1700円。

●青森港からシィラインの高速船「ポーラスター」で行く

　青森港〜脇野沢港まで1時間〜1時間10分、2660円、佐井港まで2時間25〜30分、3620円。途中、鯛島や仏ヶ浦の景観が楽しめる。

下北半島

レンタカーでめぐる

　駅レンタカーは下北駅にある。恐山〜薬研温泉間にバス便はないが、車ならコース設定できる。ただし恐山への山中の道は、12月上旬〜4月下旬まで積雪のため閉鎖となる。恐山、薬研渓谷などを回る観光タクシーもある。

恐山
おそれざん

地図 p.36-A
JR下北駅から🚌下北交通バス恐山行き43分、終点下車すぐ

比叡山、高野山と並ぶ日本三大霊場のひとつ。貞観4(862)年、天台宗の僧・慈覚大師円仁が開いたという。総門をくぐると正面に地蔵殿が建ち、左手に岩肌から火山ガ

スが上がる荒々しい風景が広がっている。賭博地獄、重罪地獄などと呼ばれる場所があり、賽の河原の向こうに宇曽利山湖が横たわる。

●恐山の温泉

恐山境内には温泉が湧いている。冷抜の湯、古滝の湯、花染の湯、薬師の湯の4つの湯小屋があり、入山者なら無料で利用できる。泉質はすべて同じ塩化土類硫化水素泉。かつては、現在使われていない新滝の湯を含めて、五霊泉と呼ばれていた。

♪ 0175-22-3825
📍 青森県むつ市田名部宇曽利山
🕐 6:00〜18:00(10月中旬〜31日は〜17:00)
🈺 無休(11〜4月は休山)
💴 入山500円、宿坊1泊2食付き1万2000円
🅿 200台

薬研渓谷
やげんけいこく

地図 p.36-A
JR下北駅から🚌下北交通バス佐井行きで45〜50分、♀大畑駅下車🚗20分

　大畑川沿いに続く下北半島国定公園の一部。ヒバ林や落葉樹林が茂り、新緑や紅葉の時期の美しさは格別。全長8kmの遊歩道が延びている。イワナ、アユなどの渓流釣りも人気。

むつ市大畑庁舎産業建設課 📞0175-34-2111
📍青森県むつ市大畑町薬研　🅿200台

夫婦かっぱの湯（奥薬研温泉）
めおとかっぱのゆ（おくやげんおんせん）

地図 p.36-A
♀大畑駅から🚗25分

　薬研渓谷に面した露天風呂で、せせらぎを聞きながら入浴できる。湯は湯船の脇に湧く単純温泉。

📞0175-34-2008（奥薬研修景公園レストハウス）
📍青森県むつ市大畑町赤滝山1-3
🕐9:00〜17:00（5〜8月は18:00まで、11月11日〜3月31日は10:00〜17:00）
🈺12/30〜1/3、1〜3月の火曜
💴入浴230円　🅿30台

下風呂温泉
しもふろおんせん

地図 p.36-A
JR下北駅から🚌下北交通バス佐井行き1時間〜1時間10分、♀下風呂下車🚤すぐ

　室町時代から湯治場として賑わっていたという温泉。閉館した共同浴場新湯・大湯にかわり、海峡の湯が2020年12月にオープンした。

下風呂温泉　海峡の湯 📞0175-33-2116
📍青森県風間浦村下風呂71-1
🕐7:00〜20:30（4月〜10月）
　（11〜3月は8:00〜）
🈺第2・4火曜日、1月1日　💴450円　🅿16台

大間崎
おおまざき

地図 p.36-A
JR下北駅から🚌下北交通バス佐井行き1時間41〜46分、♀大間崎下車🚤すぐ

　本州最北端の地で、沖には弁天島とその後に北海道が見える。周辺に数軒の民宿がある。

大間町産業振興課 📞0175-37-2111
📍青森県大間町大間大間平　🅿20台

七引園地・野猿公苑
しちびきえんち・やえんこうえん

地図 p.36-C
JR大湊駅から🚌JRバス脇野沢行き1時間5分、終点下車、🚗5分（バス便もあり）

　自然に生息するニホンザルの北限地、むつ市脇野沢の公園。天然記念物指定の約70頭のサルを見ることができる。

📞0175-44-3423　📍青森県むつ市脇野沢七引201-211
🕐9:00〜16:30　🈺無休　💴200円　🅿20台

仏ヶ浦
ほとけがうら

地図 p.36-C
JR下北駅から🚌下北交通バス佐井行き2時間13〜18分、♀佐井下車。遊覧船に乗り換え30分。または♀佐井から🚗40分

　約2kmに渡り、白緑色の凝灰岩が連なる。海岸に突き出た奇岩群は、長年をかけて荒波が浸食したもの。佐井港〜仏ヶ浦を往復する高速観光船（2社各3便〜）が就航している。

佐井村観光協会 📞0175-38-4515
📍青森県佐井村長後仏ヶ浦
🕐観光船は1日3便、
　所要1時間30分（上陸30分含む）
🈺運航4月20日〜10月31日、期間中無休
💴往復2500円　🅿30台

買う＆食べる

郷土料理・和食

楠こう
なんこう

地図p.36-D
JR下北駅から🚌下北交通バス
大畑駅行き10分、🚩むつバスター
ミナル下車🚶すぐ

　総ヒバ造りの店内は、テー
ブル席のほかはすべて個室。
下北でとれる魚介を使った、
刺身や鍋物などの和食が味わ
える。味噌貝焼き、貝の浜焼
き、刺身などで海の幸を堪能
できる下北づくし御膳3300
円〜が好評。ほかに、下北うに
釜めし1100円や下北海鮮丼
2750円。

📞 0175-22-7377
📍 青森県むつ市田名部町2-5
🕐 11:30〜14:30、
　 17:00〜21:30
　 土・日曜、祝日は通し営業
🈳 水曜(祝日の場合は翌日)、
　 12/31、1/1、8/13
＊ 240席　🅿 25台

寿司

大間・浜寿司
おおま・はまずし

地図p.36-A
🚩大間から🚶1分

　極上の大間産マグロが手頃
な価格で味わえる店。特上寿
司2800円、本マグロ丼2800
円〜。

📞 0175-37-2739
📍 青森県大間町大間69-3
🕐 11:30〜21:30
🈳 不定　＊70席　🅿 20台

フランス料理

スカイレストラン

地図p.36-D
JR下北駅から🚗 8分

　シェフのおすすめランチ
1485円はメインが肉と魚か
ら選べる。むつグランドホテ
ル11階。

📞 0175-22-2331
📍 青森県むつ市田名部下道4
🕐 11:45〜14:00LO、
　 17:00〜21:00LO
🈳 無休　＊60席　🅿 150台

みやげ

大間観光土産センター
おおまかんこうみやげセンター

地図p.36-A
🚩大間崎から🚶すぐ

　本州最北端にある、オリジ
ナルの大間みやげが揃う店。
まぐろ塩辛180g860円、大間
まぐろエコバッグ800円など
が人気。

📞 0175-37-3744
📍 青森県大間町大間大間平
　 17-728
🕐 8:00〜18:00(11〜3月は
　 9:00〜17:00)
🈳 無休　🅿 有

みやげ

むつ下北観光物産館まさかりプラザ
むつしもきたかんこうぶっさんかんまさかりプラザ

地図p.36-D
🚩むつバスターミナルから🚶す
ぐ ※下北駅前店もあり

　観光情報と下北の物産品が
集まる。まな板などのヒバ材
の工芸品や、イカの塩辛、活ホ
タテといった海産加工品が多
い。

下北物産協会
📞 0175-22-9161
📍 青森県むつ市柳町1-10-25
🕐 9:30〜18:00
　 (冬期は10:00〜17:00)
🈳 無休　🅿 40台

宿泊ガイド

むつグランドホテル	📞0175-22-2331／地図p.36-D／1泊2食付9900円〜
	●むつ市内の大型ホテル。眺望抜群のレストラン・スカイレストランあり。
フォルクローロ大湊	📞0175-24-0051／地図p.36-D／Ⓢ6340円〜、Ⓣ1万2680円〜
	●JR大湊駅隣接。宿泊と無料の朝食バイキングがセットになっている。
おおま温泉 海峡保養センター	📞0175-37-4334／地図p.36-A／1泊2食付1万2000円〜
	●本州最北端・大間崎の温泉宿。入浴(8:00〜21:00)のみ380円。

38

弘前

約2600本の桜が咲く弘前公園（弘前城）

桜の時期が美しい、北の静かな城下町

　城下町の面影を残す武家屋敷や東北唯一の現存する天守を持つ弘前城など、藩政時代の姿をとどめる文化財が残る。さくらまつりや弘前ねぷたの時期は、多くの観光客で賑わう。

HINT

弘前への行き方・まわる順のヒント

　東京駅から新青森まで東北新幹線「はやぶさ」を利用。新青森から奥羽本線快速または普通に乗り換え。計3時間40分～4時間38分、1万8000円。バスタ新宿から夜行バス「パンダ号新宿」で9時間25分、4000円～。青森空港から弘南バスで55分、1200円。秋田から奥羽本線快速で2時間3～10分、2640円。盛岡から長距離バス「ヨーデル号」で2時間15分、3200円。仙台から長距離バス「キャッスル号」で4時間20～30分、5700円。

　見どころは弘前公園周辺に集中している。駅前からバス「ためのぶ号」などで津軽藩ねぷた村まで行き、武家屋敷などを見てから弘前公園に行くコースがおすすめ。帰りは追手門から市役所、市立観光館へ抜ける。1日500円のレンタサイクルもあり、りんご公園や駅の観光案内所など4～5カ所で利用できる。

●観光に便利な100円バス

　バスターミナルから駅前を通って、市役所周辺をまわる土手町循環バスは10:00～18:00（12～3月は17:00まで）まで10分間隔で運行。一律100円。「ためのぶ号」（1日4便、冬期運休、100～200円）と共通の1日乗車券500円。

エリアの魅力

見どころ
★★★★
散策
★★★★
温泉
★★

旬の情報：
弘前城雪燈籠まつり（2月上旬）、さくらまつり（4月下旬～GW）、弘前ねぷたまつり（8月1～7日）。

問い合わせ先

弘前市立観光館
☎0172-37-5501
弘前観光コンベンション協会（レンタサイクル問合せ）
☎0172-35-3131
弘前バスターミナル総合案内所
☎0172-36-5061

弘前

弘前駅前バス乗り場

④ためのぶ号⑤五所川原線、黒石線、青森空港線など。⑥弘前公園・市役所方面など。⑦土手町・亀の甲門方面など。D100土手町循環100円バス

ひろさき街歩き

　3日前までにコンベンション協会のHPに申し込むと、地元ガイドが市内各所を案内してくれる（2時間1000円～）。弘前城コース、長勝寺と禅林街コースなど全部で50コース近くある。弘前観光コンベンション協会
☎0172-35-3131

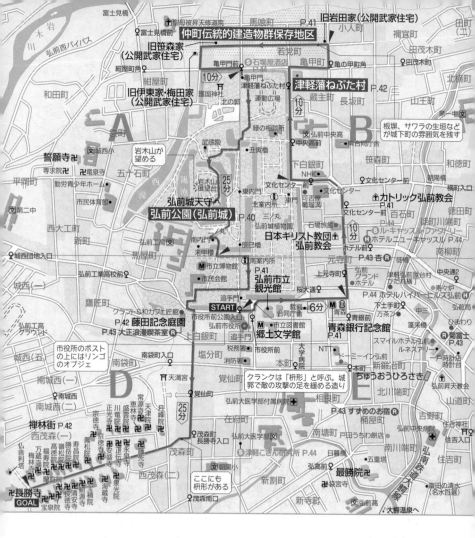

富士見橋
聖母被昇天大修道院
旧岩田家（公開武家住宅） P.41
馬喰町
小人町
仲町伝統的建造物群保存地区
田代町
弘前西バイパス
富士見橋前
紺屋町角
旧笹森家
（公開武家住宅）
若党町
田茂木町
亀甲門前
S 石場屋酒店
亀甲町
亀の甲町角
田茂木町前
10分
亀甲門
和田町
紺屋町
津軽藩ねぷた村
津軽藩ねぷた村 P.42
北横町
旧伊東家・梅田家
（公開武家住宅）
蔵主町
長坂町
北横町
運動広場
墨縄神社
10分
山王町
北の郭
緑の相談所
板塀、サワラの生垣など
が城下町の雰囲気を残す
第一中学
A
誓願寺
岩木山が
望める
武徳殿
文 弘前中央高
B
専求院
竜泉寺
市民体育館
丑寅櫓
中央高前
笹森町前
平岡町
勤労青少年ホーム
五十石町
岩木山
展望台
白雲橋前
文化センター前
和徳町
NHK
百沢庵
朝陽橋
文 第二中学
市民体育館
西大工町
新町
弘前城天守閣
弘前公園（弘前城）
P.40
北門
本丸
二の丸
三の丸
文化センター
石場旅館
カトリック弘前教会 P.41
徳田町
S ル・キャッスル・ファクトリー P.44
城西（一）
城西団地入口
弘前工高文
南内門
未申櫓
辰巳櫓
日本キリスト教団
弘前教会
ホテルニュー
キャッスル P.43
南柳町
弘前工業高校前
M 市立博物館
元寺町
P.43 杏 P.41
徒
城西（一）
M 市民会館
南案内所
弘前市立
観光館
上寺町町
弘前
グランド
ホテル
津軽藩неぷた村
中央2
寿々の
6分
鷹匠町
START
追手門
桜大通り
裁判所
青柳前
茶房
弘前昇天教会
弘前工高
グラウンド
クラフト＆和カフェ匠館
藤田記念庭園 P.42
大正浪漫喫茶室
弘前市役所前
上白銀町
M 市立図書館
郷土文学館
合同庁舎
青森銀行記念館 P.41
ちゅうおうひろさき
ホテルハイパーヒルズ弘前 P.44
下土手町
万茶ン
市役所のポストの
上にはリンゴの
オブジェ
南袋町入口
追手門
税務署
市役所前
大学病院
NTT
スマイルホテル弘前
ルネスアリー
菊富士 P.43
P.43 すずめのお宿
城西（五）
塩分町
本町
ミーミーイン弘前
新鍛冶町
下土手町
ひまわり
南城（一）
D
天満宮
覚仙町
弘前大医学部付属病院
相良町
北川端町
山道町
南城西（一）
25分
覚仙町
クランクは「枡形」と呼ぶ。城
郭で敵の攻撃の足を緩める造り
弘前中央病院
土淵川
住吉神社
禅林街 P.42
西茂森（一）
常源寺
盛雲院
日峰院
宗徳寺
在府町
弘前大医学部文
南塘町
戸田うちわ餅店
住吉入口
住吉町
仏舎利塔
万蔵寺
梅林寺
黒門
正光寺
恵林寺
朝陽小
茂森町
津軽こぎん研究所 P.44
五重塔
弘南
弘前大医学部
茂森新寺町入口
最勝院
最勝院 P.43
長勝寺
GOAL
宝泉院
海蔵寺
慈雲院
茂森南口
袋宮寺
新割町
ここにも
枡形がある
新寺町
文弘前
藤田の清水
（名水百選）
大鰐温泉駅

見る＆歩く

弘前公園（弘前城）※
ひろさきこうえんひろさきじょう

地図 p.40-A
JR弘前駅から 🚌 土手町循環バス15分、🚏 市役所前
下車 🚶 4分

慶長16（1611）年、弘前藩2代藩主・津軽
信枚（のぶひら）によって築かれ、廃藩置県までの260

年間、津軽氏の居城
として藩政の中心だ
った。天守は文化7
（1810）年に、櫓3棟
と城門5棟は築城当

時に建てられた時の姿で現存。いずれも国
指定の重要文化財。桜の名所としても有名。

弘前市公園緑地課 📞0172-33-8739
🏠 青森県弘前市下白銀町1-1
🕐 本丸・北の郭・史料館は9:00～17:00
　（さくらまつり時7:00～21:00）、
　4月1日～11月23日開館
💴 320円　🅿なし（市役所、観光館などの🅿利用）

※弘前城本丸・北の郭、弘前城植物園、藤田記念庭園への入園共通券は520円

弘前

1:15,000

0　　　　300m

周辺広域地図 P.12-13

青森へ♪

♪徒歩6分

田町(一)
宮川
宮川橋
田町
総合保健センター
●保健センター前
野田(一)
横町
ロープ
野田1
茶畑町
俵元(一)
松ヶ枝(四)
東和徳
●和徳東口
東和徳町
●和徳十文字
松ヶ枝(二)
松ヶ枝(一)
稲田(一)
萱町
●萱町
●和徳小
弘前プラザホテル
南横町
代官町
ホテル光璋
弘前プリンスホテル
弘南鉄道弘南線
ひろさき
シエモア P.43
代官町
駅前(二)
駅前
郵便局前
バスターミナル前
東横イン
弘前駅前
中央通
黒石
代官町
ルートイン
弘前駅前
イトーヨーカドー
弘前駅前
駅前
バスターミナル
虹の・マート
観光案内所
スロッサムホテル弘前
P.44 アートホテル弘前シティ
駅前(三)
弘前パークホテル
上代官町
HIRORO
大館
病院前
スーパーホテル弘前
市立病院
大町(一)
弘前東栄ホテル
大町(三)
大町2
土手町
上土手町
大町(二)
富田
品川町
裾町
大成小
羽州街道
南大町(二)
御幸町
胸肩神社
ねぷた屋 P.44へ

TEKU TEKU COLUMN

城下町に建つハイカラな洋風建築

　弘前には城下町でありながら、洋風建築が見られる。そのほとんどが明治の建築家・堀江佐吉により建てられた。当時、開拓ブームに沸く函館で建築を学んだ佐吉は、洋館が並ぶ光景に感銘を受け、弘前に戻った後、洋館を次々と建てた。代表的なものは、旧第五十五銀行（写真／現青森銀行記念館、地図p.40-E）、カトリック弘前教会（地図p.40-Bなど）。

JR弘前駅から🚌土手町循環バス10分、♀下土手町下車🚶3分で青森銀行記念館

仲町伝統的建造物群保存地区
なかちょうでんとうてきけんぞうぶつぐんほぞんちく

地図 p.40-A・B
JR弘前駅から🚌弘南バス浜の町・石渡線など16分、♀亀の甲門前下車🚶5分

　藩政時代、弘前城亀甲門の北側一帯には商家の町並みがあり、その北の地区に武家屋敷が立ち並んでいた。現在、武家屋敷だった地区は保存地区とされている。サワラの生垣や板垣塀が続く町並みは、当時の面影を残す。旧岩田家（写真）は江戸時代後期の姿を残す武家屋敷。同じく武家だった旧梅田家、旧笹森家と、代々藩医を務めた旧伊東家などは内部が公開されている。

弘前市教育委員会文化財課 ☎0172-82-1642
♀ 青森県弘前市若党町
🕐10:00～16:00　各住宅で休館日は異なる
（4～6月、ねぷたなどイベント時無休）
💴無料　🅿なし

弘前市立観光館
ひろさきしりつかんこうかん

地図p.40-E
♀市役所前から🚶1分

　観光・宿泊の総合インフォメーションコーナーのほか、物産店、レストラン、ねぷたの展示、2階に津軽塗展示コーナーなどがある。別館は山車展示館。

☎ 0172-37-5501　♀ 青森県弘前市下白銀町2-1
🕐 9:00～18:00　🈺 年末年始
💴 無料（郷土文学館は入館100円）
🅿 100台（有料）

津軽藩ねぷた村
つがるはんねぷたむら

地図 p.40-B
JR弘前駅から🚌弘南バス「ためのぶ号」15分、
🚶津軽藩ねぷた村下車👟すぐ

「弘前ねぷたの館」では高さ10mの大型ねぷたや、内部の骨組みがわかる実物大のねぷたを展示。各地のねぷたや金魚ねぷたの製作が見られる「ねぷたの間・ヤーヤ堂」、津軽三味線の生演奏を40分〜1時間ごとに聴ける「山絃堂」、津軽塗はじめ民工芸品の製作体験工房「たくみ」などの施設がある。

📞 0172-39-1511　📍 青森県弘前市亀甲町61
🕘 9:00〜最終入館17:00（一部〜16:00）
🈺 無休　💴 入館550円（体験料金別途）
🅿 200台

藤田記念庭園※
ふじたきねんていえん

地図 p.40-D
JR弘前駅から🚌土手町循環バス15分、🚶市役所前
下車👟3分

総面積2万1800㎡の庭園。洋館と書院造りの和館、匠館が建ち、6月中旬〜7月中旬には70種1500株のハナショウブが咲く。10月中旬〜11月上旬は紅葉が美しい。

📞 0172-37-5525　📍 青森県弘前市上白銀町8
🕘 9:00〜最終入園16:30
🈺 4月中旬〜11月23日開園、期間中無休、冬期は洋館・匠館・高台部庭園のみ開園
💴 入園320円（冬期無料）　🅿 60台

禅林街
ぜんりんがい

地図 p.40-D
JR弘前駅から🚌弘南バス川原、田代、大秋・相馬線などで15分、🚶茂森町長勝寺入口下車👟5分

2代目弘前藩主・津軽信枚が津軽一円から集めた曹洞宗の寺院群。津軽家の菩提寺である長勝寺を中心に、33の禅寺が立ち並ぶ。弘前城の西南に位置し、一帯には空堀と土塁が現存する。藩政時代には城の押さえとして守りに用いられる一方、城が落ちた時に逃げ込む場所であったとされる。

📞 0172-37-5501（弘前市観光館）
📍 青森県弘前市西茂森　＊見学自由
🅿 なし

歴史あるいで湯と「こみせ」の町並み・黒石
地図 p.12-A・E

こみせ（写真）とは、住居などの屋根を大きく張り出し、通路を覆った木造アーケードのこと。冬の吹雪への対策として考案されたもので、黒石市街に今も残っている。黒石市南東には黒石温泉郷があり、風光明媚な一軒宿の温川、青荷温泉のほか、温湯、板留、落合の5つの温泉地が点在する。

黒石観光協会 📞0172-52-3488
西十和田旅館組合
📞0172-59-5300（津軽伝承工芸館内）
黒石／JR弘前駅から弘南鉄道弘南線29分、黒石駅下車。黒石温泉郷／黒石駅から弘南バスぬる川行きなど25分〜1時間5分、🚶津軽伝承工芸館前、🚶下温湯、上温湯などで下車

※弘前城本丸・北の郭、弘前城植物園、藤田記念庭園への入園共通券は520円

食べる

郷土料理・津軽三味線

杏
あんず

地図p.40-E
JR弘前駅から🚌弘南バス弘前市役所方面行き10分、🚶下土手町下車🚶1分

　津軽の地酒と郷土料理を味わいながら、本場津軽三味線のライブを堪能できる。毎夜2回の演奏では、目の前で生の音色をたっぷり味わえる。

🎵 0172-32-6684
📍 青森県弘前市親方町44-1
🕐 18:00～21:00（津軽三味線のライブは19:00、21:30から30分）
㊡不定休　Ｐなし

創作和食

すずめのお宿
すずめのおやど

地図p.40-E
JR弘前駅から🚌弘南バス土手町循環バスで12分、🚶中土手下車🚶10分

　地元食材の創作和食のコースを楽しめる。山の幸、海の幸をいかした献立は、その日の仕入れによって決まる。夜のねぷたコース5500円は、刺身、焼物、煮物など全8品。

🎵 0172-35-8584
📍 青森県弘前市桶屋町55-4
🕐 12:00～14:30（14:00LO）、17:00～22:00（21:00LO）
㊡日曜（＋月1回月曜）
＊47席　Ｐ5台

そば・郷土料理

菊富士
きくふじ

地図p.40-E
JR弘前駅から🚶15分

　津軽郷土料理をベースにした創作料理の数々が楽しめる。人気は、いがめんち、けの汁などが付いた津軽の夢御膳3260円。けの汁定食は1280円。ほかには帆立の貝焼味噌720円や刺身、焼魚、天ぷらが付いた和風そばセットは1380円。

📞 0120-38-3638
📍 青森県弘前市坂本町1
🕐 11:00～15:00（14:30LO）、17:00～22:00（21:00LO）
㊡不定　＊200席　Ｐ100台

フランス料理

シェ・モア

地図p.41-F
JR弘前駅から🚶8分

　「我が家」を意味する店名通り、くつろいだ雰囲気で、旬の魚介と地場産野菜を盛り込んだフレンチが味わえる。コース料理（ランチ）1980円～。

ランチ、ディナーとも、通常のコース料理のほか、リンゴづくしの料理（3850円、6380円）もある。リンゴを丸ごと、チーズとカスタードクリーム、2種類のパイ生地で包み込んだ「まるごとりんごチーズ風味パイ」880円も人気。

🎵 0172-33-7990
📍 青森県弘前市代官町53-2
🕐 11:00～14:00LO、17:00～21:00LO
㊡月曜　＊70席
Ｐ10台

喫茶

大正浪漫喫茶室
たいしょうろまんきっさしつ

地図p.40-D
🚶市役所前から🚶5分

　藤田記念庭園の敷地内にある大正時代建築の洋館が喫茶室になっている。窓越しに庭園の新緑や紅葉などを望める。幕末当時の淹れ方を再現した藩士の珈琲550円。

🎵 0172-37-5690
📍 青森県弘前市上白銀町8-1　藤田記念庭園内
🕐 9:00～17:00（さくらまつり時延長）
㊡無休
＊36席　Ｐ60台

43

買う

スイーツ

ル・キャッスル・ファクトリー

地図 p.40-B
📍ホテルニューキャッスル前からすぐ

ホテルメイドのスイーツと焼きたてパンを販売。弘前リンゴのアップルパイ 324 円。

📞 0172-36-1211
📍青森県弘前市上鞘師町24-1
🕐 10:00〜19:00
🈲無休　🅿 80 台

伝統工芸品

ねぷた屋
ねぷたや

地図 p.12-E
JR弘前駅から🚶10 分

ねぷた絵師で、イラストレ

ーターの山内崇高さんのアトリエ兼ショップ。130 種超のオリジナル絵はがき 210 円。

📞 0172-32-2994
📍青森県弘前市松森町77
🕐 10:00〜19:00 頃
🈲無休　🅿 5 台

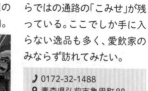

地酒

石場屋酒店
いしばやさけてん

地図 p.40-B
📍亀甲門前からすぐ

津軽を中心に青森の地酒が揃っている。江戸時代の中期に建てられた店舗兼住まいは国の重要文化財に指定されて

いて、店先にはいまも雪国ならではの通路の「こみせ」が残っている。ここでしか手に入らない逸品も多く、愛飲家のみならず訪れてみたい。

📞 0172-32-1488
📍青森県弘前市亀甲町88
🕐 9:00〜19:00
🈲不定　🅿 30 台

津軽こぎん刺し

弘前こぎん研究所
ひろさきこぎんけんきゅうしょ

地図 p.40-E
JR弘前駅から🚌弘南バス川原、田代、大秋・相馬線などで12分、📍下土手町下車🚶1 分

津軽の伝統工芸であるこぎん刺しの製作販売会社。一刺し一刺しされた珠玉の作品は、ショッピングバッグ 2 万円〜。

📞 0172-32-0595
📍青森県弘前市在府町61
🕐 9:00〜16:30
🈲土・日曜、祝日　🅿 5 台

宿泊ガイド

アートホテル弘前シティ	📞0172-37-0700／地図p.41-F／Ⓦシングルユース1万6590円〜・Ⓣ2万590円〜 ●弘前駅前に建つ。和洋の各レストランやティーラウンジなどがある。
ホテルニューキャッスル	📞0172-36-1211／地図p.40-B／Ⓢ4500円〜・Ⓣ8000円〜 ●弘前公園まで5分の場所にあり、観光に便利。
ホテルハイパーヒルズ弘前	📞0172-39-6653／地図p.40-E／Ⓢ7000円〜・Ⓣ8000円〜 ●弘前駅と弘前公園の中間地点にある。朝食・コーヒーの無料サービス。
ホテルあずまし屋	📞0172-54-8021／地図p.12-E／Ⓢ9640円〜・Ⓣ1万2400円〜（朝食付） ●黒石・板留温泉に建つ。津軽たにかわ愛情牛が味わえる。
ランプの宿 青荷温泉	📞0172-54-8588／地図p.12-F／1泊2食付1万1500円〜 ●夜はランプの灯る一軒宿。渓流沿いの露天風呂が趣深い。立ち寄り湯1350円。

津軽半島

津軽平野の田園地帯を走る津軽鉄道

エリアの魅力

見どころ
★★★
散策
★★
温泉
★★

旬の情報：
五所川原立佞武多8月4〜8日、津軽鉄道ストーブ列車12〜3月、雪国地吹雪体験1月下旬〜3月中旬。

ローカル列車に揺られて太宰治の故郷へ

　冬の厳しさ、度重なる冷害に悩まされながらも、縄文時代から海や森の幸に恵まれ、室町時代には十三湊（とさみなと）を中心に栄えた歴史を持つ。津軽鉄道は車窓から田園風景を眺められ、半島の中心部にある金木は作家・太宰治の出身地。太宰ゆかりの見どころがある。

HINT

半島内の交通・まわる順のヒント

　東側からは青森を起点に、JR津軽線三厩（みんまや）駅から龍飛崎へ。西側か

問い合わせ先

五所川原市観光物産課
☎0173-35-2111
津軽鉄道
☎0173-34-2148
弘南バス五所川原営業所
☎0173-35-3212
龍飛崎観光案内所　龍飛館
☎0174-31-8025
奥津軽観光（タクシー）
☎0174-35-3581

弘南バス

　五所川原駅〜小泊を結ぶバスは、十三湖の東と西を通る2路線。金木方面へは東側を利用、五所川原駅から金木の斜陽館前まで25分670円、津軽中里まで44分810円。

津軽半島の宿

　小泊や三厩の民宿は、素朴なたたずまいで旅情を感じさせる。龍飛崎には温泉宿・ホテル竜飛がある。

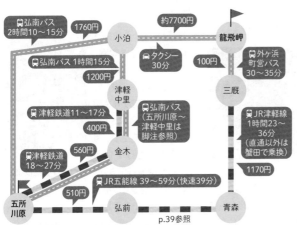

🚌弘南バス
2時間10〜15分　1760円
約7700円
🚌弘南バス 1時間15分　1200円
🚉津軽鉄道11〜17分　400円
🚉津軽鉄道18〜27分　560円
小泊
龍飛岬
🚗タクシー30分　100円
🚌外ケ浜町営バス30〜35分
津軽中里
🚌弘南バス（五所川原〜津軽中里は脚注参照）
三厩
🚉JR津軽線1時間23〜36分（直通以外は蟹田で乗換）　1170円
金木
🚆JR五能線 39〜59分（快速39分）　510円
五所川原
弘前
青森
p.39参照

※バス・鉄道いずれも本数が少ないので、事前に時刻の確認を
※いずれも片道の所要時間、料金

津軽半島

たっぴざき　地図 p.176-B

龍飛崎

津軽海峡を望む本州さいはての地

　標高100mの台地が絶壁となって海側に落ち込んでいる、津軽半島北端の岬。突端にある龍飛埼灯台は日本の灯台50選に選ばれている。

HINT 龍飛崎への行き方

　JR津軽線の三厩駅からは外ヶ浜町営バス（外ヶ浜町役場 **♪0174-31-1111**）を利用。♀三厩駅から 🚌 龍飛崎灯台行きで30〜35分、100円、終点下車すぐ。

　小泊（p.47参照）からはタクシーを利用。弘南バス終点の♀小泊にタクシーは常駐していないので、予約したほうがいい。奥津軽観光（タクシー）**♪0174-35-3581**

見る　歩く

青函トンネル記念館

せいかんトンネルきねんかん

地図 p.176-B
JR津軽線三厩駅から 🚌 町営バス龍飛崎灯台行き 30〜33分、♀青函トンネル記念館下車 🚶 すぐ

　青函トンネルは、龍飛崎と北海道の松前半島を結ぶ全長53.85km、世界最長の海底トンネル。館内ではトンネルの構想から完成までを映像などで紹介。工事坑跡に機械等を展示し、掘削作業を再現する体験坑道

もある。

♪ 0174-38-2301
📍 青森県外ヶ浜町三厩龍浜99　🕐 8:40〜17:00
🈺 4月22日〜11月7日開館、期間中は無休、冬期は展示ホールのみの見学
💰 入館料400円、体験坑道乗車券1000円、セット料金1300円　🅿 178台

龍飛埼灯台

たっぴざきとうだい

地図 p.176-B
JR津軽線三厩駅から 🚌 町営バス龍飛崎灯台行き 35分、♀終点下車 🚶 3分

　岬の断崖に立つ、高さ13mの灯台。昭和7（1932）年に造られて以来、津軽海峡を行き交う船の標になっている。岬からは北海道や小泊が見渡せるほか、かつて龍飛崎が海防の要所であったことを示す龍飛砲台跡がある。

龍飛岬観光案内所 龍飛館 **♪0174-31-8025**
📍 青森県外ヶ浜町三厩龍浜59-12
🕐 9:00〜16:00（最終入館15:30）
🈺 4〜11月無休、冬期水曜　🅿 5台

階段国道339号線

かいだんこくどう339ごうせん

地図 p.176-B
JR津軽線三厩駅から 🚌 町営バス龍飛崎方面行き 30分、♀龍飛漁港下車 🚶 3分

　龍飛漁港から龍飛埼灯台下へ至る362段、総延長388.2mの、日本で唯一の階段国道。上下の国道339号を繋ぐ。昭和49（1975）年に国道に指定され、道路標識も立っているが、車両は通行できない。階段の上には道の駅みんまや **♪0174-38-2301** があり、買い物や食事ができる。

龍飛岬観光案内所 龍飛館 **♪0174-31-8025**
📍 青森県外ヶ浜町三厩龍浜59-12　🅿 5台

かなぎ 地図 p.176-F

金木

太宰治の故郷を旅する

　津軽半島の中心部にある、太宰治生誕の地。津軽三味線発祥の地としても知られる。太宰の生家、斜陽館を中心に観光名所が集まり、半日で回ることができる。

金木への行き方

　最寄りの金木駅へはp.45参照。まず、駅近くの「金木観光物産館　マディニー」で観光情報を入手しよう。斜陽館、津軽三味線会館は駅から徒歩圏内。

見る　　歩く

太宰治記念館「斜陽館」
だざいおさむきねんかん「しゃようかん」

地図 p.47
津軽鉄道金木駅から🚶7分、または五所川原駅から🚌弘南バス25分、♀斜陽館前下車すぐ

　明治40（1907）年、太宰治の父で大地主だった津島源右衛門が建築した豪邸。敷地面積約680坪、入母屋造りで部屋数は19。明治42（1909）年、6男として生まれた太宰治は、中学進学までをこの家で過ごした。現在の建物は平成9（1997）年に修復・復元したもので、内部も公開。国指定重要文化財。太宰の資料も展示。

🎵 0173-53-2020
📍 青森県五所川原市金木町朝日山412-1
🕘 9:00～17:30（10～3月は9:00～17:00）
🈲 12月29日　💴 入館600円　🅿 50台

津軽三味線会館
つがるしゃみせんかいかん

地図 p.47
津軽鉄道金木駅から🚶7分

　津軽三味線のルーツや歴史、三味線の製造工程を展示している。津軽三味線の生演奏（1日5回、1回20分）も楽しめる。

🎵 0173-54-1616
📍 青森県五所川原市金木町朝日山189-3
🕘 9:00～16:00　🈲 12月29日　💴 入館600円
🅿 50台　※2021年3月31日まで臨時休館

龍飛崎／金木

金 木
1:31,500
0　　　300m
N

県立芦野公園
津軽中里へ
GOAL あしの
　こうえん
芦野公園前
歴史民俗資料館
津軽鉄道
金木高校
金木小
津軽森林管理支所
旧金木案内所
五所川原市
金木町朝日山
太宰治記念館「斜陽館」P.47
芦陽寺
雲祥寺
寺町
NTT
津軽三味線
会館 P.47
駅前
START
かなぎ
金木温泉
金木総合支所
斜陽館前
金木観光物産館
五所川原市街
五所川原へ

TEKU TEKU COLUMN

小説「津軽」にも登場する漁村・小泊
こどまり

　日本海に突きだした漁村で、小説『津軽』の中で、太宰治と乳母の越野タケが再会した場所。タケが暮らしていた越野金物屋跡のことを聞きに行った「筋向ひの煙草屋」、タケと桜を見た竜神様など、小説に登場する舞台が今も同じ場所にある。小説「津軽」の像記念館（🎵0173-64-3588。10～3月は月・火曜休、入館200円）では、太宰の骨格に基づいた合成音声による『津軽』の一節が聞ける。タケが締めていたアヤメの帯なども展示。

地図 p.176-F
津軽鉄道津軽中里駅から🚌弘南バス小泊行き約1時間15分、♀小学校前下車

＊太宰治記念館「斜陽館」と津軽三味線会館との共通入場券は1000円

五能線沿線

海岸線を走るリゾートしらかみの「くまげら」

海岸の絶景を、リゾートローカル列車に揺られて

秋田の東能代駅と青森の川部駅間、全長147.2kmを結ぶJR五能線。日本海の海岸線沿いを走り、世界自然遺産の白神山地、津軽富士といわれる岩木山、田んぼやりんご畑など、車窓には季節に彩られた風景が広がる。

HINT
五能線沿線への行き方・まわる順のヒント

東能代駅へは大館能代空港から乗合タクシー（☎0185-52-2211）利用で45分、1200円（要予約）、秋田駅からJR奥羽本線特急で46〜58分、2920円（普通だと990円）。弘前へはp.39を参照。

五能線はほとんどの列車が弘前まで乗り入れている。ただ、本数が少なく、東能代から普通列車を乗り継いで弘前まで行くと、時間がかかるため、快速「リゾートしらかみ」に乗る（下記参照）のがおすすめ。指定区間内が乗降自由の「五能線フリーパス」（p.187参照）も便利だ。指定券520円を買えばリゾートしらかみにも乗れる。

●「リゾートしらかみ」をチェック

日本海や白神山地をワイドな車窓から眺められることで人気が高いリゾートしらかみは、「くまげら」「橅」「青池」の3編成、全席指定（指定券520円）で1日2〜3往復。先頭車両の展望ラウンジ（1〜3号）では、鰺ヶ沢駅〜五所川原駅間で津軽三味線の生演奏が、陸奥鶴田駅〜川部駅間で津軽弁語り部体験（土・日曜、祝日の3・4号のみ）が行われる便もある。そのほか、停車する各駅でさまざまな観光体験メニューが用意されている。

※リゾートしらかみの運転日・時刻は要事前確認

エリアの魅力

見どころ
★★★
散策
★★★
温泉
★★★

旬の情報：
十二湖33湖めぐりは春と秋に開催、津軽深浦チャンチャンまつり10月第3土・日曜、ハタハタの旬12月中旬。
沿線にいくつかある温泉は夕日の絶景ポイント。特に不老ふ死温泉は波打ち際に露天風呂がある。

問い合わせ先

深浦町観光課
☎0173-74-4412
JR東日本お問い合わせセンター
☎050-2016-1600
鰺ヶ沢町観光商工課
☎0173-72-2111
鰺ヶ沢町観光案内所
☎0173-72-7000
八峰町産業振興課
☎0185-76-4605
八峰町観光協会
☎0185-76-4100
弘南バス鰺ヶ沢営業所
☎0173-72-3131

リゾートしらかみの車内

千畳敷海岸
せんじょうじきかいがん

地図p.176-E
JR千畳敷駅下車すぐ

寛政4 (1792) 年の大地震で海底の岩棚が12kmにわたって隆起してできた岩床。千畳敷駅付近では、列車の車窓からも眺められる。藩政時代、津軽藩主が千畳の畳を敷き、酒宴を開いたことが名称の由来という。

深浦町観光課 ♪0173-74-4412
♀ 青森県深浦町北金ケ沢榊原
＊ 見学自由 ℗30台

白神の森 遊山道
しらかみのもり ゆさんどう

地図p.176-I
JR鰺ヶ沢駅から🚌シャトルバスでくろもり館まで30分。要予約、運行日注意

白神山地に抱かれた黒森地区にあるトレッキングコース。総合案内休憩所「くろもり館」から約2.2km、1時間ほどの遊歩道がめぐらされ、用意された3本の散策コースをクマの爪痕、野鳥観察舎などを通りながら、樹齢約300年のブナ林を気軽に体験できる。

総合案内休憩所「くろもり館」♪0173-79-2009
♀ 青森県鰺ヶ沢町深谷町矢倉山1-26
🕐 入山受付9:00～16:00(10月は15:00まで)
🈺 クマの出没が多数報告され、入山者の安全を確保するために2019年9月から運営を休止している。

黄金崎不老ふ死温泉
こがねざきふろうふしおんせん

地図p.176-I
JRウェスパ椿山駅から送迎バス5分

艫作崎に立つ宿。東北では珍しく波打ち際に露天風呂があり、日帰りでの利用もできる。茶褐色の食塩泉で、混浴と女性専用の湯船がある。晴天時は海に沈む夕陽が望める。

♪ 0173-74-3500
♀ 青森県深浦町艫作下清滝15
🕐 8:00～16:00(内風呂は20:00まで) 🈺 無休
🉐 宿泊1泊2食付1万2650円～、入浴600円
＊ 70室 ℗100台

八森いさりび温泉ハタハタ館
はちもりいさりびおんせんハタハタかん

地図p.176-I
JRあきた白神駅から🚶3分

あきた白神駅と歩道橋で直結。男女別の大浴場からは目の前に日本海が広がり、開放的な雰囲気。泡風呂や露天風呂、サウナのほか、岩盤浴もあり、セット料金1150円で利用できる。1階の食事処では、薬膳だまこ鍋定食や元気海鮮丼などが味わえる。

♪ 0185-77-2770
♀ 秋田県八峰町八森御所の台51
🕐 9:00～22:00 🈺 第4火曜
🉐 入浴料500円 ℗180台

宿泊ガイド

深浦観光ホテル	♪0173-74-3511／地図p.176-I／1泊2食付1万3200円～ ● 大浴場の内湯と露天風呂を備え、波打ち際に設えた岩造りの露天「弁財天の湯」からは雄大な日本海が望める。
アオーネ白神十二湖 しらかみじゅうにこ	♪0173-77-3311／地図p.176-I／コテージ1泊2食付1万5400円～ ● 十二湖散策に最適な立地。温泉あり。コテージ17棟、和室10室。

十二湖散策で森林浴

白神山地の神秘の自然にふれる

平成5（1993）年に世界自然遺産に登録された白神山地。アクセスの便もよく、難所の少ない十二湖は、気軽に行ける散策コースとして人気だ。

ブナ林に潜む青く輝く池

　青森県と秋田県にまたがり、豊かなブナの原生林が広がる白神山地。その中にある十二湖は、ブナ林に囲まれた33の湖沼群からなる。江戸時代の大地震で起きた山崩れによりできたといわれる。その崩山から見ると、12の湖沼が望めることからその名がついた。気象条件で色を変える青池などの湖沼の間をぬうように散策路が伸び、白神山地の自然を楽しみたい人々が多く訪れる。

　十二湖のうち、9つの池を巡るコースは、アップダウンもあるが全体的には歩きやすく初心者にもおすすめ。所要約1時間20分。一番の見どころは青池。透明度が高く、陽光が差すと水面が真っ青に輝く。休憩は落口の池を臨む茶屋・十二湖庵で。ここでは沸壺池の清水で点てた抹茶と和菓子が味わえ、また、湧水を汲むことも可能。ブナ林の豊かな緑と、点在する池の姿をのんびりと堪能したい。

アクセス
地図p.176-I　JR十二湖駅から弘南バス奥十二湖駐車場行き10〜15分、終点など下車（12月〜4月上旬運休）
問い合わせ
弘南バス鰺ヶ沢営業所　☎0173-72-3131
深浦町観光課　☎0173-74-4412

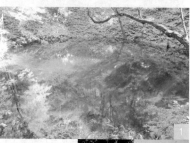

■透き通る青色の水面が神秘的な青池
■紅葉に染まる鶏頭場の池

コースチャート

　日本キャニオン入口・八景の池
↓🚶30分
日暮の池
↓🚶15分
沸壺の池
↓🚶15分
青池
↓🚶5分
鶏頭場の池
↓🚶5分
落口の池・十二湖庵
↓🚶5分
越口の池・十二湖ビジターセンター
↓🚶5分
　王池

養魚場二の池
越口の池
十二湖前湖
中の池
落口の池
王池
グリル王池
王池前
十二湖荘
二ツ目の池
十二湖ビジターセンター
WC 5分
日暮の池
沸壺の池
森の物産館キョロロ
5分
鶏頭場の池
奥十二湖駐車場
八景の池
末丸旅館
WC 30分
日本キャニオン入口　ブナの原生林
沸壺の池から青沼へ至る途中の道すがらブナの原生林が見られる
15分
青池
15分
やや細い道で、階段もある。木立には名称を記した札が下がっているから確かめながら歩こう。しばらく歩くと正面にキャニオンが見える
森のレストラン・アオゲラ
十二湖リフレッシュ村

日本キャニオン

岡泉陸
盛平三

盛岡

旭橋から見た北上川と岩手山

北上川に抱かれた歴史と文学の街

　緑豊かな丘陵に囲まれ、北上川と中津川、雫石川が流れる水の都盛岡。盛岡藩の城下町として発展した。かつての城下町には、歴史的建造物や文化財が残る。石川啄木、宮沢賢治、新渡戸稲造ら文化人を輩出した地でもある。

HINT

盛岡への行き方・まわる順のヒント

　東京からはJR東北新幹線を利用。各地からはp.184も参照。
　駅から繁華街へ向かうには北上川を、岩手公園から紺屋町(p.53参照)方面へは中津川を越える。どちらの川も遊歩道があり、川沿いを散策できる。

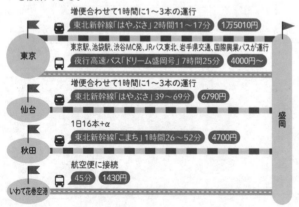

増便合わせて1時間に1〜3本の運行
東北新幹線「はやぶさ」2時間11〜17分 1万5010円

東京 東京駅、池袋駅、渋谷MC発、JRバス東北、岩手県交通、国際興業バスが運行
夜行高速バス「ドリーム盛岡号」7時間25分 4000円〜

増便合わせて1時間に1〜3本の運行
東北新幹線「はやぶさ」39〜69分 6790円

仙台

1日16本+α
東北新幹線「こまち」1時間26〜52分 4700円

秋田

航空便に接続
45分 1430円

いわて花巻空港

盛岡

エリアの魅力

見どころ ★★★
散策 ★★
温泉 ★★

旬の情報:
地方裁判所前にある樹齢400年の「石割桜」(見頃は4月中旬)、盛岡さんさ踊り8月1〜4日。紺屋町の古い商家、材木町の啄木の小説に登場する家など、文化財が点在。

問い合わせ先

盛岡市観光課
♪019-604-1717
プラザおでって観光文化情報プラザ
♪019-604-3305
JRバス東北(盛岡駅)
♪019-624-4474
岩手県交通(でんでんむし号)
♪019-654-2141
岩手県北バス
♪019-641-1212
盛岡駅タクシー案内所
♪019-622-5240

でんでんむし号(盛岡都心循環バス)

　盛岡駅から盛岡バスセンターを経由、10〜15分間隔で循環する。料金は1回100円、1日券300円。

右回りと左回りがある

見る＆歩く

光原社
こうげんしゃ

地図p.54-A
JR盛岡駅から🚶7分

宮沢賢治の童話集『注文の多い料理店』の出版元。現在は民芸品・雑貨を販売。中庭に喫茶「可否館」がある。

- ♪ 019-622-2894　♀ 岩手県盛岡市材木町2-18
- 🕐 10:00〜18:00
- 🏠 毎月15日（土・日曜、祝日の場合は翌日）
- Ｐ なし

啄木新婚の家
たくぼくしんこんのいえ

地図p.54-A
JR盛岡駅から🚌循環バスでんでんむし号右回り5分、♀啄木新婚の家口下車すぐ

明治38（1905）年、処女詩集『あこがれ』を出版した歌人・石川啄木は、中学時代の友人、節子と結婚。この平屋で妻、両親、妹と3週間ほど暮らした。当時の暮らしぶりは、随筆『我が四畳半』に描かれている。四畳半の部屋がそのまま残されており、啄木がいた雰囲気を感じられる。節子が愛用した琴も展示。

- ♪ 019-624-2193　♀ 岩手県盛岡市中央通3-17-18
- 🕐 8:30〜17:00（12〜3月は9:00〜16:00）
- 🏠 12〜3月の火・水曜、12/28〜1/4
- ￥ 無料　Ｐ なし

盛岡城跡公園（岩手公園）
もりおかじょうあとこうえん（いわてこうえん）

地図p.55-B・C
JR盛岡駅から🚌循環バスでんでんむし号左回り6分、♀盛岡城跡公園下車すぐ

盛岡藩20万石の城。寛永10（1633）年に完成した城は、北上川と中津川を外堀に利用した平城で、不来方城とも呼ばれた。

- ♪ 019-639-9057（盛岡市公園みどり課）
- ♀ 岩手県盛岡市内丸1-37
- ＊ 入園自由　Ｐ 93台（有料）

もりおか啄木・賢治青春館
もりおかたくぼく・けんじせいしゅんかん

地図p.55-C
JR盛岡駅から🚌循環バスでんでんむし号左回り12分、♀盛岡バスセンター（ななっく向）下車🚶3分

盛岡で学生生活を送った石川啄木と宮沢賢治。館内では二人の青春時代をパネルで紹介。併設の喫茶あこがれでは、挽きたてコーヒー・青春館のおりじなる珈琲400円が評判だ。

- ♪ 019-604-8900
- ♀ 岩手県盛岡市中ノ橋通1-1-25
- 🕐 10:00〜18:00（17:30LO）　🏠 第2火曜、12/29〜1/3　￥ 無料　Ｐ なし

紺屋町周辺
こんやちょうしゅうへん

地図p.55-C
JR盛岡駅から🚌循環バスでんでんむし号左回り10分、♀県庁・市役所前下車🚶5分

中津川東岸の上の橋〜中の橋間には、江戸時代から続く商家や、明治の洋風建築が点在する。写真は大正初期の木造洋風建築・紺屋町番屋。

盛岡

小岩井農場 まきば園
こいわいのうじょう まきばえん

地図 p.85-K
JR盛岡駅から🚌岩手県交通バス小岩井農場まきば
園、または網張温泉行き35分、🚏小岩井農場まきば
園下車

　1891（明治24）年
創業、岩手山南麓に
広がる面積3000ha
もの総合農場。観光
エリアの「まきば園」
では、緑の芝生が続く広場などで、乗馬やト
ロ馬車のほか、さまざまなアトラクション
が楽しめる。農場産の牛肉や卵、乳製品が味
わえるグルメスポットも充実。ミルク館で
製造しているソフトクリーム400円やのむ
ヨーグルト150㎖160円〜などは、どれも
農場限定販売。

🎵 019-692-4321　📍岩手県雫石町丸谷地36-1
🕐 9:00〜17:00（土・日・祝）、10:00〜16:00（平
　日）（季節、施設により異なる）
🈂 11/5〜3/20
🈯 入園800円（3/20〜4/15は400円）、
　引き馬500円、トロ馬車500円
＊11月上旬〜3月中旬は入園無料、10:00〜15:30
🅿 1500台

岩手県立美術館
いわてけんりつびじゅつかん

地図 p.85-L
JR盛岡駅から🚌岩手県交通バス盛岡ループ線200
系統13分、🚏県立美術館前下車すぐ

　画家の萬鐵五郎や
松本竣介、彫刻家の
舟越保武の作品を中
心に所蔵しており、
それぞれの個人展示室がある。年6回の企
画展は国内外のさまざまなテーマで開催。

🎵 019-658-1711
📍 岩手県盛岡市本宮松幅12-3
🕐 9:30〜18:00（入館は17:30まで）
🈂 月曜（休日の場合は翌平日）、年末年始
🈯 常設展410円　🅿 143台

報恩寺
ほうおんじ

地図 p.85-L
JR盛岡駅から🚌循環バスでんでんむし号右回り11
分、🚏本町通1丁目下車🚶15分

　広々とした座禅堂と五百羅漢が有名な
寺。石川啄木が詩集『あこがれ』の中の「落瓦
の賦」で詠っている。五百羅漢は1731（享
保16）年、17世曇樹和尚が京都の仏師に依
頼し、4年後に完成した木彫りの仏像。

🎵 019-651-4415
📍 岩手県盛岡市名須川町31-5
🕐 9:00〜16:00　🈂 無休
🈯 拝観300円　🅿 50台

買う＆食べる

焼肉・盛岡冷麺

ぴょんぴょん舎 盛岡駅前店
ぴょんぴょんしゃ もりおかえきまえてん

地図 p.54-A
JR盛岡駅から🚃 2分

　ご当地麺としてすっかり定着した盛岡冷麺。この店では桑の葉冷麺850円や、辛い味噌ダレをからめたビビン冷麺850円、汁の温かい温麺850円など、いろいろな種類の冷麺が揃う。旨味たっぷりのスープにコシの強い麺がよく合い、地元でもファンが多い。キムチの量で、辛さを調節して食べるのがおすすめ。

☎ 019-606-1067
📍 岩手県盛岡市盛岡駅前通9-3
🕐 11:00～24:00 (23:00LO)
🈳 無休 ＊ 250席 Ⓟ なし

わんこそば

東家 本店
あずまや ほんてん

地図 p.55-C
JR盛岡駅から🚌循環バスでんでんむし号左回り12分、♀盛岡バスセンター(ななっく向)下車🚶 3分

　のど越しのよいそばが、次々とお椀に放り込まれる、盛岡名物のわんこそば2970円～。豆腐や揚げ物などさまざまな料理でそばを味わえる南部そば会席5500円や南部そば振舞3300円も好評。

☎ 019-622-2252
📍 岩手県盛岡市中ノ橋通1-8-3
🕐 11:00～15:00、
　 17:00～19:00
🈳 無休 ＊ 150席 Ⓟ なし

じゃじゃ麺

白龍
ぱいろん

地図 p.55-C
JR盛岡駅から🚌循環バスでんでんむし号左回り9分、♀県庁・市役所前下車🚶 1分

　冷麺、わんこそばと並ぶ盛岡三大麺のひとつ、じゃじゃ麺の元祖。うどんに似た平らな麺と肉味噌やキュウリ、ネギを混ぜ、お好みでニンニク、ラー油、酢を加えて食べる。最後は卵スープ「ちーたんたん」50円で締めるのが定番。じゃじゃ麺(中)ちーたん付650円。ほかに分店、川徳店などがある。

☎ 019-624-2247
📍 岩手県盛岡市内丸5-15
🕐 9:00～21:00
　 (日曜は11:30～18:45)
🈳 1/1～3、盆休み
＊ 21席 Ⓟ なし

盛岡

55

白金豚
源喜屋 盛岡店
げんきや もりおかてん

地図p.55-B
JR盛岡駅から🚶10分

　全国ブランドの白金豚を、様々な料理で楽しめる。水と日本酒を合わせた鍋に軽くくぐらせポン酢でいただく、白金豚しゃぶしゃぶ鍋990円〜。タレか塩で味わうバラの串焼き210円、豚トロ陶板焼き650円、味噌漬け焼き670円。

📞 019-681-2711
📍 岩手県盛岡市大通3-4-1
　クロステラス盛岡2F
🕐 11:00〜14:00(13:30LO)、
　17:00〜24:00(23:00LO)
🈳 無休　＊80席
🅿 クロステラスの🅿利用

伝統工芸品
草紫堂
そうしどう

地図p.55-C
🚻県庁・市役所前から🚶5分

　アカネ、ムラサキなどの植物から色をとった、絞り染めの伝統技法を継承。正絹の着物や帯のほか、がま口財布3300円などの小物を製作。

📞 019-622-6668
📍 岩手県盛岡市紺屋町2-15
🕐 9:00〜17:30
🈳 日曜、毎月1日　🅿2台

南部せんべい
白沢せんべい店
しらさわせんべいてん

地図p.55-C
🚻県庁・市役所前から🚶5分

　昭和11年創業、南部せんべいの老舗。厳選した小麦粉などの材料を使い、職人が焼き上げる。季節限定品も含め、常時20種類以上が揃う。南部せんべい6枚入528円〜。

📞 019-622-7224
📍 岩手県盛岡市紺屋町2-16
🕐 9:00〜17:00
🈳 1/1　🅿2台

南部鉄器
鈴木盛久工房
すずきもりひさこうぼう

地図p.55-C
JR盛岡駅から🚌循環バスでんでんむし号左回り12分、🚻盛岡バスセンター(ななっく向)下車🚶3分

　寛永2(1625)年創業の老舗。27代南部藩主・利直の代より代々藩の御用鋳物師を務め、現在でも伝統技法を守り、鉄瓶や茶釜などを製作している。南部富士形風鈴1650円〜、栓抜き2750円〜。

📞 019-622-3809
📍 岩手県盛岡市南大通1-6-7
🕐 9:00〜17:00
🈳 日曜　🅿なし

宿泊ガイド

ホテルメトロポリタン盛岡ニューウイング	📞019-625-1211／地図:p.54-A／Ⓢ8600円〜、Ⓣ1万3600円〜 ●ゆったりしたティーラウンジ、和食とフレンチのレストランがある。
R&Bホテル盛岡駅前	📞019-653-3838／地図:p.54-A／Ⓢ4000円〜 ●全室シングルルーム。モーニングサービス(パン、ドリンク)が無料。
ホテルエース盛岡	📞019-654-3811／地図:p.55-B／Ⓢ5500円〜、Ⓣ1万4600円〜 ●繁華街のビジネスホテル。朝食バイキングは無料。連泊割引あり。
別荘 佳景	📞019-691-7200／地図:p.85-K／1泊朝食付3万8500円〜 ●つなぎ温泉。100㎡、ヴィラスタイルのスイートルームのみ。
愛真館 あいしんかん	📞019-689-2111／地図:p.85-K／1泊2食付9900円〜 ●つなぎ温泉の大型旅館。露天風呂6種を含む全18種の湯めぐりができる。

詩人のルーツがここにある

啄木ゆかりの地・渋民

明治の歌人・石川啄木の故郷である旧渋民村。今も残る啄木ゆかりの建物や、啄木の歌が刻まれた石碑が点在する。　地図p.85-H

啄木の歌の原点を辿る

　旧渋民村、現在の盛岡市玉山区渋民は、歌集『一握の砂』で知られる歌人・石川啄木の故郷である。西側には北上川が流れ、岩手山を望む穏やかな農村だ。

　曹洞宗の住職の長男として誕生した啄木。啄木1歳のときに父親が旧渋民村の宝徳寺の住職となったことから、幼少期から16歳までと、代用教員を務めていた20歳のひとときをこの村で過ごしている。

　生誕100周年を記念して、昭和61（1986）年に建てられたのが現在の**石川啄木記念館**。白い洋館を模した建物は、啄木が自身の詩『家』の中で描いた理想の我が家をモチーフにしている。館内には、直筆の書簡やノート、日誌などの遺品を展示。ほかにも、写真パネルや映像、充実した関連図書で啄木の生涯に触れることができる。

　記念館の敷地内には、啄木が代用教員として働いた**旧渋民尋常小学校校舎**が移築されている。10名以上で予約すれば、趣きある木造校舎2階の教室で館長や学芸員による石川啄木入門講座が受講でき、古い机やオルガンなどが残る校内を自由に見学した後、修了証書を発行してもらえる。隣には、啄木が代用教員時代に間借りしていた**旧斎藤家**も当時のまま保存されている。

　記念館近くの**渋民公園**には、「やはらかに柳あをめる　北上の岸辺目に見ゆ　泣けとごとくに」という、故郷を歌った短歌が刻まれた石碑が立つ。のんびり散策して、啄木の歌の世界に浸るのもいいだろう。

アクセス
盛岡駅からIGRいわて銀河鉄道19～20分、渋民駅下車、🚶30分／JR盛岡駅から🚌JRバス久慈駅行き白樺号で28分、または🚌岩手県北バス沼宮内・アピア沼宮内行き36～40分などで、🚏啄木記念館前下車、🚶1分

■1保存されている渋民尋常小学校の校舎と旧斎藤家
■2発行当時の『一握の砂』も展示
■3石川啄木記念館

渋民

石川啄木記念館
📞019-683-2315
📍岩手県盛岡市渋民字渋民9
🕘9:00～17:00（最終入館16:30）
🈺月曜（祝日の場合は翌平日）、年末年始
💴300円（入門講座100円）／🅿50台

57

花巻

ポランの広場(地図 p.58-B)の日時計花壇

エリアの魅力

見どころ
★★★
散策
★★
温泉
★★★★

旬の情報：
4月中旬～5月上旬
花巻温泉さくらまつ
り、9月21日賢治祭、
2月11日わんこそ
ば全日本大会。

 HINT

花巻への行き方・まわる順のヒント

　JR新花巻駅へは東北新幹線「やまびこ」、「はやぶさ」利用で東京
から2時間34分～3時間6分。見どころは宮沢賢治記念館の周辺
に集中しており、新花巻駅からバスで3分。

　JR花巻駅へは新花巻駅からJR釜石線快速・普通で7～11分、また
は岩手県交通バス20分。花巻温泉郷へはJR花巻駅からバスを利用。

　花巻駅前に観光案内所とレンタサイクル(1時間400円～、以降
1時間毎に100円追加)がある。

問い合わせ先

花巻市観光課
♪0198-24-2111
花巻観光協会
♪0198-29-4522
岩手県交通花巻営業所
♪0198-23-1020

市街地循環バス

　花巻駅発で右回りと
左回りの「ふくろう号」100
円が1日合計20便運行。
市街地の観光に便利だ。

宮沢賢治童話村
みやざわけんじどうわむら

地図 p.58-B
JR新花巻駅から🚌岩手県交通土沢線などで17分、
🚏賢治記念館口下車すぐ

　賢治童話の世界を再
現した施設。『銀河鉄道
の夜』の銀河ステーシ
ョンに見立てた門が出
迎える。賢治の学校内
では映像と音響により
童話の世界を体感できる。

📞 0198-31-2211
📍 岩手県花巻市高松第26地割19
🕐 8:30〜16:30　⊗ 12/28〜1/1
💴 350円、共通入館券（※欄外）あり　Ⓟ 86台

宮沢賢治記念館
みやざわけんじきねんかん

地図 p.58-B
🚏賢治記念館口から🚶10分（急坂）

　環境、信仰、科学、芸
術、農村など8視点か
ら迫る。自筆の教材絵図、
愛用のセロ（チェロ）な
ど展示品は約400点。
館内には喫茶コーナーやみやげ店もある。

📞 0198-31-2319
📍 岩手県花巻市矢沢第1地割1-36
🕐 8:30〜受付16:30　⊗ 12/28〜1/1
💴 350円、共通入館券（※欄外）あり　Ⓟ 40台

宮沢賢治イーハトーブ館
みやざわけんじイーハトーブかん

地図 p.58-B
🚏賢治記念館口から🚶10分

　賢治研究者や賢治ファンの交流拠点。賢
治に関する研究論文などを収集、公開して
いる。童話のアニメ上映が人気。

📞 0198-31-2116　📍 岩手県花巻市高松第1地
割1-1　🕐 8:30〜17:00（最終入館16:30）
⊗ 12/28〜1/1　💴 無料　Ⓟ 21台

イギリス海岸
イギリスかいがん

地図 p.58-B
JR花巻駅から🚕タクシー5分。または、🚌岩手県
交通バス土沢線・高木団地線8分、🚏里川口下車
🚶10分

　『銀河鉄道の夜』に「プリオシン海岸」とし
て登場する北上川の川岸。川底の白い岩肌
が、ドーバー海峡に似ていると賢治が名付
けた。水かさが減ると姿を現す。

📍 岩手県花巻市下小舟渡　Ⓟ 10台　＊ 見学自由

花巻城時鐘
はなまきじょうじしょう

地図 p.58-B
JR花巻駅から🚶10分

　高さ95cmの小型の
青銅製梵鐘。1646（正
保3）年盛岡城時鐘と
して鋳造され、のちに
花巻城の二の丸へ移
築。現在も城跡に残る。

📍 岩手県花巻市城内　Ⓟ 5台　＊ 見学自由

高村光太郎記念館
たかむらこうたろうきねんかん

地図 p.58-A
JR花巻駅から🚕タクシー25分

　彫刻家であり、詩集『智恵子抄』の作者とし
ても知られる高村光太郎。裸婦のブロンズ像
原型など、ゆかりの品を約150点展示。1945
（昭和20）年から7年間、農耕自炊の生活を
送った高村山荘（350円）も隣接している。

📞 0198-28-3012　📍 岩手県花巻市太田第3地
割85-1　🕐 8:30〜16:30
⊗ 年末年始　💴 350円　Ⓟ 30台

※宮沢賢治童話村、宮沢賢治記念館、花巻市博物館、花巻新渡戸記念館（📞0198-31-2120）の
　4館共通入館券1000円、3館共通券800円、2館共通券550円

買う＆食べる

レストラン
山猫軒
やまねこけん

地図p.58-B
♀賢治記念館口から🚶10分

『注文の多い料理店』にちなんだレストラン。岩手産食材を使ったイーハトーブ定食1650円が人気。季節の山菜、すいとん、ブランド豚・白金豚（はっきんとん）の煮込みなどが付く。

- 📞 0198-31-2231
- 📍 岩手県花巻市矢沢3-161-33
- 🕐 9:00〜17:00（16:30LO）
- 🈺 無休　＊60席　🅿50台

そば
やぶ屋 花巻総本店
やぶや はなまきそうほんてん

地図p.58-B
JR花巻駅から🚶10分

大正12年創業。賢治が教員時代、よく通ったそば屋。彼は天ぷらそばとサイダーを好み、同僚や生徒にその栄養価を説いたという。天ぷらそばとサイダーの賢治セット1100円。

- 📞 0198-24-1011
- 📍 岩手県花巻市吹張町7-17
- 🕐 11:00〜15:00、17:00〜20:00、LOは10分前、わんこそばLOは30分前
- 🈺 月曜（祝日の際は翌日）
- ＊200席　🅿80台

レストラン
レストラン ポパイ

地図p.58-B
JR花巻駅から🚶10分

地元の高源精麦が生産している銘柄豚・白金豚が味わえる、直営のレストラン。スパゲティやハンバーグなど、洋食メニューも充実。白金豚のベーコンステーキ948円。

- 📞 0198-23-4977
- 📍 岩手県花巻市若葉町3-11-17
- 🕐 11:00〜21:30（21:00LO）
- 🈺 火曜　＊44席　🅿12台

賢治グッズ・喫茶
林風舎
りんぷうしゃ

地図p.58-B
JR花巻駅から🚶5分

賢治の童話作品、彼が好んだミミズクをモチーフにしたグッズ、海外のアンティーク品などを販売する。雨ニモマケズ木製葉書550円。雨ニモマケズ手帳（複製）2750円。

- 📞 0198-22-7010
- 📍 岩手県花巻市大通り1-3-4
- 🕐 10:00〜17:00（喫茶は16:30LO）
- 🈺 木曜　＊23席　🅿100台

TEKU TEKU COLUMN

多彩な宿が揃う緑豊かな温泉郷・花巻温泉郷
はなまきおんせんきょう

　花巻市郊外には数多くの温泉が湧く。豊沢川沿いに点在する松倉、志戸平（しどたいら）、渡り、大沢（写真）、山の神、高倉山、鉛（なまり）、新鉛（しんなまり）温泉の8つの温泉を総称して花巻南温泉峡と呼ぶ。その北側の花巻、台（だい）、金矢（かなや）、新湯本温泉を含めて花巻温泉郷とされる。

　宿は歴史ある湯治場から近代的なリゾートホテルまでさまざま。昔ながらの湯治場風情を感じられるのは台、大沢、鉛温泉

など。優雅な湯宿を好む女性客には花巻、渡り温泉が人気で、貸切露天風呂なども楽しめる。花巻観光協会📞0198-29-4522

地図p.58-A
JR花巻駅から🚌岩手県交通バスを利用。17分♀花巻温泉、20分♀台温泉、23分♀志戸平温泉、25分♀大沢温泉、33分♀鉛温泉などで下車

遠野

遠野の原風景を再現した「遠野ふるさと村」

エリアの魅力

見どころ
★★★★
散策
★★★★
温泉
★

旬の情報：
遠野さくらまつり5月上旬、遠野まつり9月中旬、遠野昔ばなし祭り1月下旬〜2月。

問い合わせ先

遠野市観光交流課
♪0198-62-2111
遠野市観光協会
♪0198-62-1333
岩手県交通遠野営業所
♪0198-62-6305
遠野交通（タクシー）
♪0198-62-3355

遠野ふるさと観光ガイド

1週間前までに観光協会に申し込む。3500円〜。

遠野サイクリングコース

物語、歴史、奇岩と石碑がテーマの3つのサイクリングモデルコース。駅前の旅の蔵遠野でサイクリングマップを入手し、問題を解きながら山里をサイクリングするのも楽しい。旅の蔵遠野♪0198-62-1333

五百羅漢

昔話と民話が伝承されるニッポンのふるさと

　早池峰山、六角牛山、石上山の遠野三山に抱かれた盆地。囲炉裏端で親から子へと語り継がれた遠野の民話は伝承文化となり、明治43（1910）年、民俗学者・柳田國男の『遠野物語』が出版され、一躍有名に。民話は語り部により現在に伝えられている。

遠野への行き方・まわる順のヒント

　東京から東北新幹線で2時間34分〜3時間6分、新花巻駅よりJR釜石線快速41〜43分（1日3本）、遠野駅下車。釜石線には「銀河ドリームライン釜石線」という愛称があり、沿線の駅にも賢治が心酔したエスペラント語の愛称が付く。新花巻駅は"ステラーロ（星座）"、遠野駅は"フォルクローロ（民話）"で、車内放送でも使用。仙台からは釜石駅前行きの高速バスが遠野駅前を経由。夜行高速バスの「遠野・釜石号」で池袋駅西口から9時間、8900円〜。

●民話にまつわるスポットの回り方

　駅を起点に市内の観光は徒歩でめぐるには距離があるので、バスかレンタサイクルを利用する。また、遠野にはサイクリングロードが整備され、3コースのモデルコース（右脚注を参照）がある。自分のペースで観光するには自転車が便利。レンタサイクルは駅前の旅の蔵遠野で100台用意。4時間720円、電動アシスト付1100円。

●共通券を利用する

　遠野市立博物館、とおの物語の館、遠野城下町資料館など、市内8施設のうち5施設まで利用できる共通券1220円もある。

遠野市立博物館
とおのしりつはくぶつかん

地図p.62-C
JR遠野駅から🚶9分

　遠野の歴史や暮らし、『遠野物語』の世界を豊富な資料や映像で紹介。オリジナルアニメ「水木しげるの遠野物語」も上映している。

📞 0198-62-2340
📍 岩手県遠野市東舘町3-9
🕐 9:00〜17:00（最終入館16:30）
🈳 月末日（11〜3月は月曜も。4月無休。祝日の場合は翌日）
💰 310円 🅿 10台

とおの物語の館
とおのものがたりのやかた

地図p.62-C
JR遠野駅から🚶8分

　「昔話蔵」では遠野の昔の世界を映像や音声で体感できる。語り部による昔話や、郷土芸能がライブで楽しめる「遠野座」などもある。

📞 0198-62-7887
📍 岩手県遠野市中央通り2-11
🕐 9:00〜17:00
🈳 無休（2月にメンテナンス休みあり）
💰 510円（遠野城下町資料館、昔話料金込み）🅿 40台

伝承園
でんしょうえん

地図p.62-A
JR遠野駅から🚌岩手県交通バス土淵線25分、⊖伝承園下車すぐ

　築270年の南部曲り家を移築。昔話体験30分5000円（総額、1名〜80名、要予約）。

📞 0198-62-8655　📍 岩手県遠野市土淵町土淵6-5-1　🕐 9:00〜16:00（最終入園15:30）
🈳 無休　💰 330円　🅿 100台

周辺広域地図 P.178-179

遠野
1:50,500

常堅寺
じょうけんじ

地図 p.62-A
🚶伝承園から🚢5分

　1490（延徳2）年
開山の曹洞宗の寺。
全国でも珍しい、カ
ッパの狛犬が見も
の。山門には仁王像
が立つ。

📍岩手県遠野市土淵町土淵7-50
🅿なし　＊参拝自由

カッパ淵
カッパぶち

地図 p.62-A
🚶伝承園から🚢5分

　常堅寺裏手にある
猿ヶ石川支流の淵。
昔、カッパが住んで
いたという民話が語
り継がれている。

📍岩手県遠野市土淵町土淵
🅿なし　＊見学自由

五百羅漢
ごひゃくらかん

地図 p.62-B
JR遠野駅から🚌岩手県交通バス6〜15分、🚶本社
営業所下車🚢10分

　大慈寺の義山和尚によって、自然の花崗岩
に彫られた大小500の石像群。200年前に東
北地方で起きた飢饉の犠牲者を供養した。

遠野市観光協会　📞0198-62-1333
📍岩手県遠野市綾織町新里
🅿5台　＊見学自由

たかむろ水光園
たかむろすいこうえん

地図 p.179-L
JR遠野駅から🚌岩手県交通バス土淵線28分、🚶
須崎下車🚢20分

　遠野市を形どった遠野池や南部曲り家、
食事処、入浴・宿泊施設などがある。

📞0198-62-2834
📍岩手県遠野市土淵町柏崎7-175-2
🕙10:00〜21:00（最終入館は20:00）
🈺第4月曜（祝日の場合は翌日）
💴330円、入浴550円　🅿250台

遠野ふるさと村
とおのふるさとむら

地図 p.179-K
JR遠野駅から🚌岩手県交通バス附馬牛線26分、🚶
ふるさと村下車🚢すぐ

　江戸中期〜明治中期に南部地方で造られ
た曲り家を移築。小川が流れ、水車が回る懐
かしい遠野の風景を再現。

📞0198-64-2300
📍岩手県遠野市附馬牛町上附馬牛5-89-1
🕙9:00〜17:00（11〜2月は〜16:00）
🈺水曜（冬季）　💴550円　🅿100台

南部曲り家千葉家
なんぶまがりやちばけ

地図 p.179-K
JR遠野駅から🚌岩手県交通バス綾織・達曽部線
30分、🚶千葉屋敷下車🚢1分

　南部曲り家を代表
する屋敷。馬小屋が
L字型につながって
いる住居を、最近ま
で利用してきたもの
（一部見学可能）。千葉家は築200年を超え
る民家で、国の重要文化財に指定されてい
る。2026年まで解体修理のため休館。

📞0198-62-9529
📍岩手県遠野市綾織町上綾織1-14
🕙8:30〜17:00（11月〜3月は9:00〜16:00）
🈺無休　💴350円　🅿30台

遠野

買う＆食べる

郷土料理

伝承園食事処
でんしょうえんしょくじどころ

地図p.62-A
JR遠野駅から🚌岩手県交通バス土淵線25分、♀伝承園からすぐ

　山菜や地鶏を使った郷土料理が味わえる。人気はひっつみと呼ばれるすいとんの一種。伝承園定食はご飯、ひっつみ、一口冷やしなめこそば、山菜3品、それにおしんこが付いて900円。

📞 0198-62-8655
📍 岩手県遠野市土淵町土淵6-5-1
🕐 9:00～17:00　休 無休
＊60席　Ｐ100台

日本料理

旬菜和田
しゅんさいわだ

地図p.62-C
JR遠野駅から🚶3分

　三陸の魚介を中心に、旬の食材を使った繊細な日本料理

が手頃な値段で味わえる。刺身や焼き物など、その日の仕入れによって内容が決まるコース4種4400円～、昼食が2860円～。

📞 0198-62-0266
📍 岩手県遠野市新殻町2-12
🕐 11:30～14:00、17:00～22:00。LOは30分前
休 日曜　＊24席　Ｐあり

ジンギスカン

あんべ

地図p.62-B
JR遠野駅から🚶10分

　民話の故郷、遠野のソウルフードといえば、意外と知られていないが、ジンギスカンがあげられる。歴史は古く戦前から食べられていて、地元では肉といえばジンギスカンを指すほど。市内には、ジンギスカン専門店が多く点在するが、なかでも早瀬町のあんべは常に満席の人気店。肉の販売もやっているので、良質のラム肉が常に味わえる。野菜、ごはん、汁物、お新香が付いた定食がおすすめ。マトンモモ定食1100円、マトン肩ロース1430円、ラム肩ロース1540円など。ジンギスカン以外に、牛や豚の焼肉、ホルモン

などもある。

📞 0198-62-4077
📍 岩手県遠野市早瀬町2-4-12
🕐 10:00～19:00最終入店
　（精肉の販売は9:00～）
休 木曜　＊38席　Ｐ25台

みやげ

赤羽根蔵
あかばねぐら

地図p.62-C
JR遠野駅から🚶5分

　銘菓、焼き物、工芸品など、遠野の物産が一堂に会す。河童のお香立て1650円、河童の箸置き660円など、カッパをモチーフにしたグッズが多い。語り部の菊池玉さんが作ったかっぱのストラップや、どぶろく4合瓶1604円～も人気。

📞 0198-62-5808
📍 岩手県遠野市中央通り2-11
🕐 9:00～17:00
休 1/1～3　Ｐ30台

宿泊ガイド

あえりあ遠野	📞0198-60-1703／地図p.62-C／Ｓ1万400円～、Ｔ1万1600円～
	●設備の整ったホテル。宿泊者は毎夜行われる語り部の話を無料で聞ける。
たかむろ水光園 すいこうえん	📞0198-62-2834／地図p.179-L／1泊2食付9980円～
	●南部曲り家に宿泊できる。夕食は山菜、ヤマメなどの郷土料理。

平 泉

毛越寺のアヤメは6月中旬〜7月上旬が見頃

藤原三代の栄華を偲ばせる、黄金文化の地

　2011年6月、日本で12件目の世界文化遺産に登録された平泉。平安時代後期、奥州藤原氏三代が築きあげた黄金文化が花開いた。中尊寺の金色堂が当時の面影を残している。毛越寺には、極楽浄土を地上に表現したといわれる庭園が広がる。

 HINT

平泉への行き方・まわる順のヒント

　東京駅から東北新幹線で2時間6〜40分、一ノ関駅でJR東北本線に乗り換え8分、平泉駅下車。または、岩手県交通の路線バス国道南線21系統を利用。一ノ関駅から平泉駅を経由して中尊寺まで22分。東北新幹線盛岡駅（p.52参照）からはJR東北本線で1時間18〜34分、平泉駅下車。

●奥州藤原氏の史跡を歩いてめぐる平泉歴史探訪コース

　平泉駅を起点に政庁跡の柳之御所遺跡、高館義経堂、中尊寺をめぐり、さらに東北自動車道のトンネル上を通って毛越寺に行き、駅に戻るコースで約3km、所要約4時間ほど（見学時間含む）。毛越寺のアヤメは6月中旬〜7月上旬、萩は9月中旬〜下旬、中尊寺の紅葉は10月下旬〜11月上旬が見頃。

●巡回バスを利用する

　平泉の観光には、平泉駅前→毛越寺→悠久の湯→平泉文化遺産センター→中尊寺→高館義経堂→無量光院跡→道の駅平泉→平泉駅前と回る平泉巡回バス「るんるん」が便利。1周20分、1回150円（1日券450円）。

エリアの魅力

見どころ
★★★★
散策
★★★
温泉
★★

旬の情報：
春の藤原まつり／義経公東下り行列（5月1〜5日）、毛越寺曲水の宴（5月第4日曜）。
史跡散策コースは約6.5km。町内の温泉はホテル武蔵坊と町営の悠久の湯平泉温泉などがある。

問い合わせ先

平泉町観光商工課
☎0191-46-5572
平泉観光協会
☎0191-46-2110
一関市観光物産課
☎0191-21-8143
岩手県交通一関営業所
☎0191-23-4250

サイクリングでめぐる

　平泉駅改札を出て右側、観光案内所の向かいにレンタサイクルの受付がある。スワローツアー（☎0191-46-5086）で電動が3時間700円、以後1時間ごとに200円、1日1300円。9:00〜17:00（変動あり）。雨天は休業。

猊鼻渓の川下り

平泉

見る＆歩く

中尊寺
ちゅうそんじ

地図 p.66
JR平泉駅から🚌岩手県交通バス国道南線・イオン前沢店行き4分、るんるんバス10分、🚏中尊寺下車🚶15分

850（嘉祥3）年、比叡山延暦寺の僧・慈覚大師が開山。12世紀初めに奥州藤原氏の初代、清衡によって大規模な建設が行われた。『吾妻鏡』によると堂塔40以上、僧房300以上があったという。現在は、本寺と17の支院で構成されており、1124（天治元）年築の金色堂だけが、創建当初の姿を伝える唯一の建物となっている。

📞 0191-46-2211
📍 岩手県平泉町平泉衣関202
🕐 8:30〜17:00
　（11月4日〜2月末日は16:30まで）
🈺 無休　💴 800円　🅿 470台（有料）

毛越寺
もうつうじ

地図 p.66
JR平泉駅から🚶10分

奥州藤原氏の二代基衡が建立を進め、三代秀衡が完成させた。中尊寺をしのぐ規模だったが、当時の建物は度重なる火災で焼失。土塁や礎石などの遺構に、平安時代の伽藍様式をうかがい知ることができる。庭園の中心にある大泉が池は、自然景観を取り入れた作庭様式。塔山を背景に池の周囲に洲浜や築山、出島、立石などの石組みを配置している。

📞 0191-46-2331　📍 岩手県平泉町平泉大沢58
🕐 8:30〜17:00
　（11月5日〜3月4日は16:30まで）
🈺 無休　💴 700円　🅿 330台（有料）

高館義経堂
たかだちぎけいどう

地図 p.66
🚏中尊寺から🚶8分

高館は北上川を望む高台の場所。源義経の居館があったとされる。義経は兄・源頼朝に追われ、藤原秀衡を頼り少年期を過ごした奥州に落ち延びたが、この地で秀衡の子、泰衡に襲われ自害しており、1683（天和3）年、仙台藩主伊達綱村が義経をしのび義経堂を建立。堂内に義経の木像を安置している。

♪ 0191-46-3300
📍 岩手県平泉町平泉字柳御所14
🕐 8:30～16:30(11月5日～3月4日は16:00まで)
🈺 無休　💰 200円　🅿 20台

平泉文化遺産センター
ひらいずみぶんかいさんセンター

地図p.66
🚶 中尊寺から🚶15分

　藤原氏を中心として、現代までの平泉の歴史を時系列で紹介する展示室や、平泉の文化遺産を映像で紹介。

♪ 0191-46-4012　📍 岩手県平泉町平泉花立44
🕐 9:00～17:00(最終入館16:30)
🈺 12/29～1/3　💰 無料　🅿 35台

観自在王院跡
かんじざいおういんあと

地図p.66
平泉駅からるんるんバス3分、🚶 毛越寺下車🚶2分

　藤原基衡の妻が建立したと伝えられる史跡庭園。北岸に大・小阿弥陀堂跡がある。極楽浄土を表現したと考えられている。

♪ 0191-46-4012(平泉文化遺産センター)
📍 岩手県平泉町平泉志羅山地内　🅿 なし

無量光院跡
むりょうこういんあと

地図p.66
🚶 中尊寺からるんるんバス6分、🚶 無量光院跡下車すぐ

　藤原三代秀衡が京都・宇治の平等院鳳凰堂を模して建立した寺院跡。

♪ 0191-46-4012(平泉文化遺産センター)
📍 岩手県平泉町平泉花立地内　🅿 なし

柳之御所遺跡
やなぎのごしょいせき

地図p.66
🚶 中尊寺からるんるんバス8分、🚶 道の駅平泉下車すぐ

　奥州藤原氏の政庁「平泉館」跡とされる国指定史跡。堀や塀、池、井戸などの遺構のほか、当時の烏帽子も発掘された。

柳之御所資料館
📍 岩手県平泉町平泉柳御所
🕐 資料館はリニューアルに伴い閉館。2021年オープン予定。
💰 無料　🅿 40台

厳美渓
げんびけい

地図p.181-C
JR一関駅から🚌岩手県交通厳美渓行きで21分、🚶厳美渓下車、🚶すぐ

　栗駒山に源を発する磐井川が、長い年月をかけて削り取った約2kmにおよぶ渓谷。国の天然記念物に選定されている。遊歩道が整備されているので、樹林の間を散策しながら眺められる。

一関観光協会　♪ 0191-23-2350　📍 岩手県一関市厳美町滝の上　＊ 散策自由　🅿 50台

猊鼻渓
げいびけい

地図p.181-C
JR猊鼻渓駅から🚶5分

　北上川の支流・砂鉄川の渓谷。高さ100mの断崖が約2km続く。渓谷沿いは散策道がないので、舟下りで渓谷美を楽しむ。三好ヶ丘まで往復1時間30分。

げいび観光センター　♪0191-47-2341
📍 岩手県一関市東山町長坂字町467
🕐 8:30～16:30に10便(季節により異なる)
🈺 無休(荒天時は休み)　💰 1800円　🅿 200台

てくさんぽ

中尊寺
ちゅうそんじ

かつては40あまりの寺塔があったという中尊寺。1337（建武4）年の火災により建物のほとんどが焼失した。唯一残された金色堂のほか、寺には3000点以上の国宝や重要文化財が保存されている。広い境内を散策し、浄土思想の世界に触れよう。

詳細はp.66へ

01 見学 15分

弁慶堂
べんけいどう

七つ道具を背負った弁慶の立像と、その後ろに義経の像が安置されている。迫力のある弁慶像からは、身を呈して主君を守る姿がうかがえる。弁慶が自ら彫ったと伝わる、弁慶の木像も見ることができる。

- 1343（康永2）年に鋳造された梵鐘がある
- お堂の前にある池は天然記念物・モリアオガエルの産卵場所になっている
- のどかな田園風景とその先に束稲山を望める
- 金色堂を詠った松尾芭蕉の句が書かれている
- 室町時代に創建。侘びて趣がある
- 宮沢賢治の詩碑がある。金色堂から受けたイメージを詩にしたもの

かんざん亭／白山神社／能楽殿／大長寿院卍／金色堂旧覆堂・／おくのほそ道碑／宮沢賢治詩碑 **07** 経蔵卍／**06** 金色堂／弁天堂／阿弥陀院卍／鐘楼／真珠院卍／大日堂卍／**05** 讃衡蔵（金色堂拝観券売場）／金剛院卍／**04** 峯薬師堂卍／**本堂 03** 卍／裏門／表門／顧成就院卍／薬師堂 **04** 卍／瑠璃光院卍／**02** 積善院（奥の細道展）／地蔵院卍／**01** 弁慶堂／東物見台／●中尊寺ハス **08**

A　B　2分　10分　5分　5分

05 見学 30分

讃衡蔵
さんこうぞう

中尊寺に伝わる3000点以上の国宝、重要文化財の大半を収蔵。平安時代後期作の木像「三体の丈六仏」や、奥州藤原氏の初代・藤原清衡の発願により、金や銀の字で写経された「紺紙金銀字交書一切経」などがある。

06 見学 30分

金色堂
こんじきどう

1124（天治元）年築。現在は新覆堂の中に保存されており、ガラス越しに参拝できる。屋根を除く堂の内外すべてに金箔が貼られている。中央壇には本尊の阿弥陀如来を中心に、計11体の金色の仏像が安置されている。

02　抹茶　500円

奥の細道展
おくのほそみちてん

本堂の手前にある、茅葺き屋根の休み処。名物の抹茶500円には、地元

銘菓の岩谷堂羊羹がつく。甘酒400円、グリーンティー360円。

📞0191-46-3573／🕐9:00〜16:30（繁忙期〜17:00）／休不定／＊60席

中尊寺
1:6,600

0　　　　100m

参道の両側に伊達藩が植樹した老杉の並木が続く。登り始めはかなり急

10分　月見坂　中尊寺案内所●

平泉駅へ

15分

START
GOAL

P

🎵徒歩2分

03　見学　20分

中尊寺本堂
ちゅうそんじほんどう

表門は武家屋敷に見られる薬医門形式で、陸奥仙台藩の初代藩主である伊達宗勝の屋敷門を移築したもの。本尊の釈迦如

来像両脇の燈籠には、総本山の比叡山延暦寺から分火された、1200年もの間続く不滅の法灯が灯る。堂内では座禅や写経も体験できる（💰各1000円。60〜90分、要事前予約。📞0191-46-2211）

04　見学　10分

薬師堂・峯薬師堂
やくしどう・みねやくしどう

本尊は薬師如来。昔から、現世利益をもたらすとして地元の人に篤く信

仰されてきた。薬師堂（写真）の先にある峯薬師堂は、特に目にご利益があるとされており、現在も全国から多くの人が訪れる。

07　見学　10分

経蔵
きょうぞう

讃衡蔵が完成するまで、中尊寺が保存管理していた経典などが収めら

れていた。本尊は騎師文殊菩薩像。境内でも一番の紅葉の名所といわれ、10月末頃から木々が色づき、11月上旬にはイロハモミジが周辺を赤く染める。

08　見学　10分

中尊寺ハス
ちゅうそんじはす

1950（昭和25）年、奥州藤原氏四代泰衡の首桶から800年前のハスの種

が発見され、1998（平成10）年に開花させることに成功。長い時を経て古代のハスが蘇った。7月中旬〜8月末頃、境内の池で咲く。

買う＆食べる

餅料理

レストラン源
レストランげん

地図p.66
♀中尊寺から🚶すぐ

いわて地産地消レストランに認定され、郷土色あふれる餅料理や岩手県産のそば、前沢牛を使った料理が味わえる。平泉もち御膳1600円。

📞 0191-46-2011
📍岩手県平泉町平泉坂下10-7
　平泉レストハウス2階
🕐 9:30〜17:00（12〜3月は〜16:00）、ランチ11:00〜14:00
🈵 無休　＊80席　🅿 200台

そば

泉屋
いずみや

地図p.66
JR平泉駅から🚶1分

駅前にある創業130余年の老舗そば屋。名物泉蕎麦1700円は、そばの刺身、そばのごま和え、そば菓子などのそばづくし。予約すればご主人が義経にまつわる話や、そばについて述べる口上も楽しめる。ざるそば630円。

📞 0191-46-2038
📍岩手県平泉町平泉字泉屋75
🕐 9:00〜17:00
　（売り切れ次第閉店）
🈵 水曜（祝日の場合営業）
＊ 30席　🅿 10台

漆器

翁知屋
おおちや

地図p.66
♀中尊寺から🚶5分

京の職人を招聘し、平泉特産の漆と金を使って器を作らせたのが始まりという、平泉の伝統工芸漆器、秀衡塗。その製造販売をしている老舗で、自然の素材を生かし、伝統と技法を守りながら、使い勝手のよい多彩な製品を作っている。秀衡塗／本漆箸4400円

～、汁椀（ふき漆）7700円～。10日前までに予約すれば、漆塗り体験ができる。箸などの絵付け体験3種4400円～、所要1時間30分。

📞 0191-46-2306
📍岩手県平泉町平泉衣関1-7
🕐 9:00〜17:00
🈵 火曜午後と水曜　🅿 15台

レストラン・みやげ

平泉レストハウス
ひらいずみレストハウス

地図p.66
♀中尊寺から🚶すぐ

中尊寺の門前に建つ。レストランでは、白金豚など地元の味が楽しめる。みやげコーナーには、秀衡塗や南部鉄器などの伝統工芸品が並ぶ。貝殻の内側である螺鈿をあしらった店限定の螺鈿開運ストラップ4400円～。

📞 0191-46-2011
📍岩手県平泉町平泉坂下10-7
🕐 8:40〜17:00（12〜3月は9:00〜16:00）
🈵 無休　🅿 300台

宿泊ガイド

しづか亭	📞0191-34-2211／地図p.181-C／1泊2食付1万1640円～ ●山あいに建つ静かな一軒宿。打ち立てそばや前沢牛など地元産の料理を楽しめる。
蔵ホテル一関	📞0191-31-1111／地図p.181-C／⑤6600円～、①1万5200円～ ●一ノ関駅から徒歩3分。大浴場、居酒屋、バーなどがある。
いつくし園	📞0191-29-2101／地図p.181-C／1泊2食付8050円～ ●厳美渓のほとりに建つ温泉宿。平泉に近く観光の拠点に便利。入浴700円。

三陸鉄道＆バスでゆく

三陸沿岸 +いわき

久慈・田野畑・宮古・釜石・気仙沼・女川・石巻

↓左図の右上へ

てくさんぽ

三陸鉄道北リアス線

さんりくてつどうきたりあすせん

久慈駅から宮古駅まで、岩手県の太平洋沿岸のほぼ半分を走る。略称「三鉄」はNHK『あまちゃん』には「北鉄」の名で登場し、その名は一躍全国区になった。2018年には、宮古〜釜石間のJR山田線が三陸鉄道へ移行され、南北のリアス線がひとつにつながった。

三陸鉄道 ☎ 0193-62-8900

!HINT イベント列車で北三陸を旅しよう！

三陸鉄道はイベント企画に熱心で、2020年10月と11月に「復興の今 震災学習列車」ツアーを催行し、貸切臨時列車「震災学習列車」や貸切バスで、リアス線沿線や宮古魚市場などを見学した。2020年12月26日に運行された「クリスマス列車」や、2020年1月1日に運行された「三鉄初日の出号」など、企画性に富んだイベント列車が人気を集めている。冬季の週末には、宮古駅〜久慈駅で「こたつ列車」が、宮古駅〜盛駅「洋風こたつ列車」が運転された。豪華なレトロ調車両を利用した「洋風こたつ列車」では、釜石駅〜盛駅までは、ハイカラさんアテンダントによる紙芝居が披露され、沿線の見どころが案内された。

運賃のみで乗れるレトロ列車「さんりくしおさい」は、豪華な車内が人気。南リアス線にはレトロ車両 36-R3 が運行している。

冬期は「こたつ列車」も人気

01 見学 30分

小袖海岸
こそでかいがん

「北限の海女」の地として知られる。岩場では7〜9月の土・日曜、祝日に2回、ウニを素潜りで捕る海女の実演を見学可能（500円）。袖ヶ浜漁協や灯台など『あまちゃん』のロケスポットもある。

久慈駅から🚌岩手県北バス38分、♀小袖海岸下車
※バスの運行は要問い合わせ

02 うに弁当 1570円

三陸リアス亭
さんりくりあすてい

久慈駅構内にある立ち食いそば・うどん店で、4月〜10月末までうに弁当を販売。三鉄の創業翌年の昭和59（1984）年から続く名物駅弁は、ご飯の上にウニがぎっしり。1日20個限定なので、早めの予約（☎ 0194-52-7310）がおすすめ。

八戸へ
道の駅くじやませ土風館
三陸リアス亭 **02**
START
久慈
『あまちゃん』の北三陸駅のロケ地
約30分（バス）
小袖海岸 **01**
陸中宇部
陸中野田
のだ
『あまちゃん』の袖が浜のロケ地
十府ヶ浦海岸
野田玉川
24分
03 安家川橋梁
『あまちゃん』の袖が浜駅のロケ地
堀内
大沢橋梁
白井海岸
サッパ船
05 アドベンチャーズ
普代
『あまちゃん』で夏ばっぱが手を振る鉄橋
19分
北山崎 P.75
車10分
田野畑
羅賀荘 **04**
『あまちゃん』の畑野駅のロケ地
島越
岩泉小本
46分
摂待
新田老
田老
たろう
佐波根
06 蛇の目本店
P.75 浄土ヶ浜
一の渡
山口団地
GOAL
宮古
茂市
山田線
盛岡へ
三陸鉄道北リアス線
N
1:442,000
0　5km

写真提供：三陸鉄道

安家川橋梁
あっかがわきょうりょう

陸中野田駅〜堀内駅間にある、長さ303m、高さ33mの橋梁。眼下はサケの遡上する清流として知られる安家川。北リアス線はトンネルの多い路線だが、ここでは太平洋を一望できる。観光客が多い場合は徐行運転してくれることもある。

羅賀荘
らがそう

羅賀漁港の静かな入江に立地の宿。部屋の窓からの景勝で人気が高い。オーシャンフロントの和室や、リニューアルした展望大浴場からの眺望が見事。

♪ 0194-33-2611
📍 岩手県田野畑村羅賀60-1 🕐日帰り入浴15:00〜21:00 🅿50台

サッパ船
アドベンチャーズ
さっぱせん あどべんちゃーず

現役漁師が舵を取る小型の磯舟・サッパ船に乗って、見上げるような断崖にギリギリまで近づいたり、波の侵食でできた、天然のトンネルをくぐったり、迫力満点の北山崎の断崖クルーズ。机浜港発着。原則、前日17時までに要予約。無料送迎あり。

体験村たのはたネットワーク ♪ 0194-37-1211
📍 岩手県田野畑村机142-3 机浜ふれあい番屋内
🕐予約時に応相談
❌ 荒天時

蛇の目 本店
じゃのめ ほんてん

宮古駅前にある寿司店。春〜夏のウニ、秋のサンマ、サケ、冬のアワビなど、宮古をはじめ、三陸で揚がった旬の海の幸が味わえる。定番の握りのほか、ネタがてんこ盛りの丼やちらしも人気。生うにごはん3800円、上ちらし2400円。丼や寿司はすべてあら汁付き。

♪ 0193-62-1383
📍 岩手県宮古市栄町2-8
🕐 10:00〜21:00 ❌水曜不定 ＊83席 🅿なし

TEKU TEKU COLUMN

『あまちゃん』ゆかりの地＆みやげ

「袖が浜」として登場した小袖海岸以外にも、三鉄沿線にはロケ地が多数ある。堀内駅は「袖が浜駅」で、上京や帰郷シーンなどを撮影した（実際には小袖海岸の最寄り駅ではない）。その南の大沢橋梁は、夏ばっぱが上京するアキを見送る名シーンの舞台だ。「北三陸駅」の久慈駅周辺には駅前デパート（北三陸市観光協会）など、モデルとなったとされるスポットもある。

ゆかりのみやげを買うなら、小袖海岸の売店か、久慈駅から徒歩7分の「道の駅く

上／堀内駅には旅の想いを記せる便箋が置いてある　左／道の駅で販売する海女ちゃんペットボトルカバー880円

じ風の館」へ。日本酒、Tシャツ、雑貨など海女グッズが色々。ドラマに登場した郷土料理・まめぶ汁も販売している。

三陸鉄道北リアス線

写真提供：三陸鉄道

きたさんりく　　　地図 p.179-D·H·L

北三陸
～久慈市・野田村・田野畑村・岩泉町・宮古市・釜石市～

東北屈指の絶景と豊富な海の幸

　NHKドラマ『あまちゃん』で一躍有名になったエリアで、サンマ、ウニ、イクラ、ホヤ、ホタテなど海の幸が豊富。断崖絶壁が複雑に入り組んだリアス式の海岸線には、浄土ヶ浜をはじめ東北屈指の海岸景勝が連なっている。眺望自慢の宿では早起きして、水平線から昇る朝日を眺めながらひとつ風呂浴びたい。

北三陸への行き方・まわる順のヒント

　広範囲に観光スポットが点在しているので、全般的に移動時間がかかる。じっくりめぐりたいなら、2泊3日以上の旅程で。起点となる久慈、宮古は、比較的宿の選択肢が多い。主要な観光地はバスか列車でも行けるが、本数が少なめなので盛岡や八戸からレンタカーを借りる手も。

　また、p.72で紹介している企画列車「三鉄初日の出号」や「こたつ列車」「洋風こたつ列車」は、周辺観光を考慮したダイヤが組まれる企画もあるので、三陸鉄道のウェブサイトで最新情報の確認を。

北三陸の交通

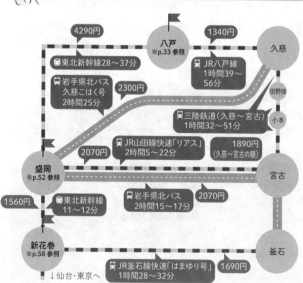

問い合わせ先

久慈市観光物産協会
☎0194-66-9200
野田村観光協会
☎0194-78-2012
田野畑村総合観光案内所
☎0194-33-3248
岩泉町観光協会
☎0194-22-4755
宮古観光文化交流協会
☎0193-62-3534
釜石観光物産協会
☎0193-22-5835
JR東日本お問い合わせ
センター
☎050-2016-1600
三陸鉄道(p.72参照)
www.sanrikutetsudou.com
岩手県北バス
☎019-641-1212

街づくりが進む宮古・田老

　三陸屈指の漁業の街・宮古は、復興とともに街並みも変貌。津波で街が壊滅した鍬ヶ崎～蛸の浜付近は、漁協などの施設が新築され近代的な面持ちとなった。漁港沿いには防潮堤も設けられ、新たな漁港風景が形成されている。

　三陸鉄道で4駅目の田老は、高台に移転した防潮堤際の市街地跡に、野球場や「道の駅たろう」が設けられた。「学ぶ防災ガイド」(p.81)で内部を見学できるたろう観光ホテルは、震災遺構として保存されている。

見る＆歩く

浄土ヶ浜
じょうどがはま

地図p.71-右　JR宮古駅から🚌岩手県北バス奥浄土ヶ浜行きで20分、♀奥浄土ヶ浜下車🚶すぐ

　白い流紋岩、松の緑、海の群青のコントラストが見事な浜。遊歩道はウッドデッキ風に再生され、レストハウスも復旧した。1周40分1400円のクルージングが楽しめるみやこ浄土ヶ浜遊覧船、自然解説をしてくれるビジターセンターほか、青の洞門へ入るさっぱ船ツアー1500円が人気。

📞 0193-62-2111（宮古市観光課）
📍 岩手県宮古市日立浜32
＊散策自由　🅿 220台

鉄の歴史館
てつのれきしかん

地図p.71-右　JR釜石駅から🚌岩手県交通バス上平田方面行きで11〜16分、♀観音入口下車🚶5分

　日本最古の製鉄所・釜石製鐵所にあった、高さ14mの洋式高炉の原寸大模型を展示。金属鋳造体験（500円、要予約）では、オリジナルのキーホルダーを作成できる。

📞 0193-24-2211　📍 岩手県釜石市大平町3-12-7
🕘 9:00〜17:00（最終入館16:00）　🈑 火曜、12月29日〜1月3日　💰 500円　🅿 50台

龍泉洞
りゅうせんどう

地図p.71-右　三陸鉄道小本駅から🚌岩泉町民バス岩泉消防署前行きで34分、♀龍泉洞前下車すぐ

　日本三大鍾乳洞のひとつで、国の天然記念物。水深98mの第三地底湖など世界有数の透明度を誇る地底湖や、LEDで刻々と色が変わる洞内が幻想的。

📞 0194-22-2566　📍 岩手県岩泉町岩泉神成1-1
🕙 10:00〜16:00
🈑 無休　💰 1100円　🅿 442台

北山崎
きたやまざき

地図p.71-右　三陸鉄道田野畑駅から観光乗合タクシー北山崎行きで20分、北山崎駐車場下車🚶3分

　三陸特有のリアス式の入り組んだ断崖絶壁の海岸が、約8kmにもわたって連なる。

📞 0194-33-3248（田野畑村総合観光案内所）
📍 岩手県田野畑村北山129-10 北山崎ビジターセンター　＊散策自由　🅿 139台

久慈琥珀博物館
くじこはくはくぶつかん

地図p.71-右　JR久慈駅から🚌JRバス盛岡・二戸方面行きで10分、♀森前下車後無料送迎あり（要事前連絡）

　久慈の名産、琥珀の博物館。採掘体験1500円、琥珀玉作り体験1300円〜。

📞 0194-59-3831
📍 岩手県久慈市小久慈町19-156-133
🕘 9:00〜17:00（最終入館16:30）
🈑 12月29日〜1月1日、2月25日〜2月28日
💰 500円　🅿 100台

北三陸

買う＆食べる

まるきん

地図 p.71-右
三陸鉄道陸中野田駅から🚶9分

地元産の素材を使った創作和洋菓子は約20種。菓子職人・大沢心さんが、店に併設の工房で毎日手作りしている。練乳に塩を練り込んだミルクあんと、大きく柔らかな栗がまるごと1粒入った栗まんじゅう130円。天然塩・野田塩をあんこに加えた焼饅頭塩浜124円。季節感あふれる和菓子も、四季折々に登場する。

📞 0194-78-2538
📍 岩手県野田村野田20-25-5
🕐 9:00〜19:00（土・日18:00）
🈺 第1・3火曜
🅿 10台

宮古市魚菜市場
みやこしぎょさいいちば

地図 p.71-右
JR宮古駅から🚶12分

三陸沖の魚介類を中心に、26軒の店が並ぶ市場。春はワカメ、夏はウニ、ホヤ、カツオ、秋はサンマ、サケ、冬はアワビ、タラ、毛ガニなど、旬の魚介が安い。近隣農家の自家栽培の野菜、果物、花なども直売している。めしや頂など、地魚を扱う食堂も併設。

📞 0193-62-1521
📍 岩手県宮古市五月町1-1
🕐 6:30〜17:30
🈺 水曜　🅿 104台

鮨処 きよ田
すしどころ きよた

地図 p.71-右
JR・三陸鉄道久慈駅から🚶3分

久慈を主とした三陸沖の旬の魚介が味わえる。春のアイナメ、初夏のホヤ、夏のウニ、イカ、秋冬はイクラ、アワビ、ヒラメなど。9貫と鉄火巻きがセットになった、特上にぎり2970円。海鮮ちらし（特上）3190円〜。福来（大吟醸）グラス972円、南部美人グラス770円など、岩手や青森の地酒も味わいたい。

📞 0194-52-0800
📍 岩手県久慈市川崎町5-1
🕐 11:30〜14:00、
　　17:00〜23:00
🈺 日曜
＊80席
🅿 10台

宿泊ガイド

グリーンピア 三陸みやこ さんりく	📞0193-87-5111 ／ 地図 p.71-右 ／ 1泊2食付1万4818円〜 ／ 🅿 400台 ●陸中海岸の中央に位置し、本州最東端の街にあるホテル。全室オーシャンビューで、部屋から雄大な太平洋と朝日を望める。太平洋を眼下に足をゆった〜りのばせる光明石温泉大浴場は、肩こり・腰痛・冷え性・疲労回復に効く。	
浄土ヶ浜パークホテル じょうどがはま	📞0193-62-2321 ／ 地図 p.71-右 ／ 1泊2食付1万7280円〜 ／ 🅿 100台 ●三陸海岸きっての名勝地、浄土ヶ浜や宮古湾を望む高台に立つ。3階にあるロビーからの大パノラマが見事。	
休暇村 陸中宮古 きゅうかむら りくちゅうみやこ	📞0193-62-9911 ／ 地図 p.71-右 ／ 1泊2食付1万3636円〜 ／ 🅿 70台 ●陸中海岸のほぼ中央に位置し、はるか太平洋を見晴らせる公共の宿。ホタテ、生ウニなど、旬の三陸の海産物をバイキングで味わえる。立ち寄り湯460円。	
陸中海岸 グランドホテル りくちゅうかいがん	📞0193-22-1211 ／ 地図 p.71-右 ／ 1泊2食付1万2354円〜 ／ 🅿 30台 ●夜の港の灯りや早朝の日の出など、7階にある展望大浴場からの釜石湾の眺めはすばらしい。	

©石ノ森プロ・東映

みなみさんりく　　地図 p.181-D・H・K・L

南三陸
～石巻市・女川町・南三陸町・気仙沼市～

童心に帰ってマンガタウンを散策

　石巻は石ノ森章太郎ゆかりのマンガの街。駅から石ノ森萬画館のある旧北上川の中洲までブラブラと散策すれば、ロボコン、仮面ライダー、サイボーグ009など、街角のあちこちで石ノ森キャラクターに出会える。リアス独自の海岸景勝に目を向ければ、巨釜・半造などの奇岩奇景が。自然が生み出した神秘さや優美さにじっくりとふれてみるのもいい。

 HINT
南三陸への行き方・まわる順のヒント

　石巻・女川と、南三陸・気仙沼の大きく分けて2つのエリアからなり、公共交通機関でめぐる場合は仙台が起点となる。仙台から石巻へは、東北本線から仙石線へ乗り入れる快速「仙石東北ライン」のほか、宮城交通の高速バスが1時間に1～2便運行。所要1時間13分、820円。仙台から気仙沼へは、バスを利用したほうが乗り換えがなく便利。

 HINT
南三陸の交通

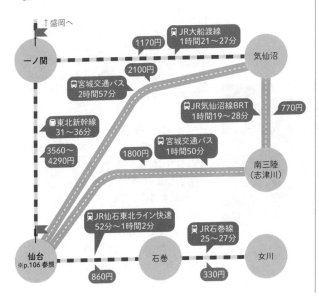

↑盛岡へ

一ノ関

JR大船渡線
1時間21～27分　1170円

2100円

宮城交通バス
2時間57分

気仙沼

JR気仙沼線BRT
1時間19～28分　770円

東北新幹線
31～36分
3560～4290円

宮城交通バス
1時間50分　1800円

南三陸
（志津川）

JR仙石東北ライン快速
52分～1時間2分

JR石巻線
25～27分

仙台
※p.106参照　860円

石巻　330円　女川

問い合わせ先

石巻観光協会
☎0225-93-6448
女川町観光協会
☎0225-54-4328
南三陸町観光協会
☎0226-47-2550
気仙沼観光
サービスセンター
☎0226-22-4560
JR東日本お問い合わせ
センター
☎050-2016-1600
宮城交通仙台高速バスセンター
☎022-261-5333

南三陸

気仙沼の港町さんぽ

　マグロ、カツオほか、フカヒレの水揚げ港としても知られる気仙沼。魚市場にはデッキが設けられていて、荷捌き場に並ぶ魚介の様子を自由に見学することができる。マグロの水揚げの時期は6月～11月で、早朝6時から8時にかけてがもっとも賑わう。屋上から内湾に広がる気仙沼港を一望したり、大小の漁船が並ぶ岸壁を散歩するのも楽しい。

77

石ノ森萬画館
いしのもりまんがかん

地図 p.117-G　JR石巻駅から🚶12分

©石森プロ・東映

　漫画家・石ノ森章太郎氏のミュージアム。館内には作品の貴重な原画をはじめとして、立体展示や映像などを通して、石ノ森ワールドを満喫できる。歴代の仮面ライダーが一堂に会するコーナー、変身できるアトラクション、サイボーグ009の世界の展示も。

📞 0225-96-5055　📍 宮城県石巻市中瀬2-7
🕘 9:00～18:00（12～2月は～17:00）
🈲 第3火曜（祝日の場合は翌日、GW・夏休み・正月は無休、12～2月は火曜）　💴 840円　🅿 市営🅿利用

釣石神社
つりいしじんじゃ

地図 p.117-D　JR石巻駅から🚗40分

　地上約5mの断崖から突き出た周囲約14mの球状の巨石が御神体。縁結びや長寿にご利益がある。巨石は1978（昭和53）年の宮城県沖地震にも、東日本大震災にも耐えた。その落ちそうで落ちない姿にあやかり、合格祈願に参拝する受験生も多い。

📞 0225-25-6345
📍 宮城県石巻市北上町十三浜字菖蒲田305番地
＊参拝自由
🅿 150台

巨釜・半造
おおがま・はんぞう

地図 p.71-左　🚉田谷本郷（南気仙沼駅）から🚌宮城交通バス御崎線で38分、🚏巨釜・半造入口下車🚶20分

　1896（明治29）年の明治三陸大津波で折れた、高さ16mの「折石」がシンボル。東日本大震災時の津波に耐え、その勇姿を保っている。

📞 0226-22-4560（気仙沼観光コンベンション協会）
📍 宮城県気仙沼市唐桑
＊散策自由　🅿 30台

TEKU TEKU COLUMN

キャットアイランド・田代島

　石巻市街の沖合約15kmに浮かぶ田代島は愛猫家垂涎の「猫の島」。大漁を招く縁起のいい動物とされた猫は、昔から漁師達に大切にされ、猫を祀った猫神社（猫神様）もある。猫達は津波を察知したのか、事前に山手へ逃げ無事だったとか。
石巻観光協会　📞 0225-93-6448
網地島ライン　📞 0225-93-6125
※船着場まで、JR石巻駅から🚌ミヤコーバスで約17分、🚏門脇2丁目下車🚶3分。網地島ラインで仁斗田港まで46分～1時間4分　地図 p.117-L

買う＆食べる

釜飯

割烹 滝川
かっぽうたきかわ

地図 p.117-G
JR石巻駅から🚶12分

　1914（大正3）年創業、石巻きっての和食の老舗。津波被害により建物を失ったが、仮店舗営業を経て、元の場所で再び営業を続けている。お造りや椀物が付く帆立釜めし御膳3080円や、あわび釜めし御膳4950円（要予約）など、南部鉄の釜で炊き上げる釜めしが看板メニュー。

📞 050-5486-3572
📍 宮城県石巻市中央1-13-13
🕐 11:30〜13:30LO、
　 17:00〜21:00（20:00LO）
🈺 月曜　＊80席　🅿8台

フカヒレ料理

寿し処 大政
すしどころ おおまさ

地図 p.71-左　JR気仙沼駅から🚌大船渡線BRTバスで12分、🚏水道事業所前下車🚶10分

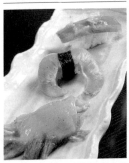

　数十年前、今や気仙沼名物となった、ふかひれ寿司を開発した元祖。旧店舗は津波で流されてしまったが、国道45号線沿いに移転。とろける食感が不思議なひれとろ寿司540円（写真手前）。歯ごたえがたまらないふかひれ姿寿司660円（写真中）。溶かしたふかひれを煮凝りにしたふかひれコラーゲン220円（写真奥）は、再開後に登場した新メニュー。

※値段はいずれも一貫あたり。

📞 0226-23-1331
📍 宮城県気仙沼市東八幡前142-3
🕐 11:30〜14:00、
　 16:00〜20:00
🈺 不定　＊30席　🅿6台

海産物＆加工品

石巻観光協会物産コーナー
いしのまきかんこうきょうかいぶっさんこーなー

地図 p.117-G
JR石巻駅から🚶すぐ

　石巻の海産物や水産加工品などが手に入る観光案内所兼みやげ処。瓦礫に埋もれても、中身は無事で残っていた奇跡の缶詰で有名になった木の屋石巻水産の缶詰350円〜や、石巻焼きそば1080円、被災者に内職を委託して作るウェットスーツ端材の小物も人気。

📞 0225-93-6448
📍 宮城県石巻市殻町14-1
　 石巻市本庁舎1階
🕐 9:00〜17:30
　 （7〜8月は18:00まで）
🈺 12/31、1/1　🅿なし

宿泊ガイド

石巻 グランドホテル いしのまき	📞0225-93-8111／📍地図 p.117-G／Ⓢ8140円〜、Ⓣ1万2320円〜／🅿130台	
	🛏市街地にあり、JR石巻駅や石ノ森萬画館からも徒歩圏内で便利。津波の被害を受けたため全面改装。	
南三陸 ホテル観洋 みなみさんりく かんよう	📞0226-46-2442／📍地図 p.117-D／1泊2食付1万1000円〜／🅿200台	
	🛏客室は全室オーシャンビューが望める。アワビやなど海鮮料理も絶品。津波被害を受けたため全面改築。	
ホテル 一景閣 いっけいかく	📞0226-22-0602／📍地図 p.71-左／1泊朝食付2万円〜／🅿60台	
	🛏気仙沼湾に面して建つビジネスホテル。屋上に予約制の貸切露天風呂があり、1回45分で1500円。レンタサイクルあり500円〜。	
休暇村 気仙沼大島 きゅうかむら けせんぬまおおしま	📞0226-28-2626／📍地図 p.71-左／1泊2食付1万1500円〜／🅿100台	
	🛏フカヒレ、カツオ、メカジキなど気仙沼産海鮮の朝食バイキングが名物。本館前園地から眺める朝日が美しい。キャンプ場もある。日帰り入浴400円。	

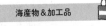

三陸沿岸　南三陸

79

自身の中にとどめ、現地の力になるために

被災地を旅する

元来は海岸美と海の幸が魅力的な、日本有数の観光地である三陸地方。復興の歩みが進む中、訪れて学び、感じ、支えるなど、旅でこそできることがある。

手作りの大漁旗がはためく南三陸さんさん商店街

現地の方の言葉の重みを
＜被災地ツアー・案内人ガイド＞

「私たちは、『震災の悲惨さ』を伝えるためだけの語り部は行いません」とは、**大槌町町内語り部ガイド**の基本方針。中心部がほぼ壊滅してしまった町をめぐるこのガイドでは必ず、旧役場前での黙祷からスタートする。役場の建物はかろうじて残っているが、周囲を見わたすと、その他ほとんどの建物は失われてしまっている。

変わり果てた姿の一方で、被災前と変わらない町についても教えてくれる。大槌の町は元々、湧水が豊富だった。役場のそばの街角には、今もこんこんと湧いている場所があった。ガイドの口からは、かつての大槌の人々の暮らしや町の様子、そして将来への思いが淡々と語られる。

役場前から少し歩いた場所に残る小さな池の周辺は、街角の小さな公園だった。お年寄りが日向ぼっこしていたり、子どもたちが遊んだり。そんな大槌町の何気ない日常

が、そこにはあったのだという。港に向かうと、湾内に浮かぶ蓬莱島。「ひょっこりひょうたん島」のモデルとなった小島は、大槌の人々に愛される名所のひとつだ。

ツアーではもちろん、あの日のことも語られる。大津波警報を聞き、役場の後ろにそびえる小高い山へ人々は避難した。目と鼻の先に見えるあの場所とこの場所の間で、運命が分かれてしまった。「帰ったら、貴方の大事な人を、もっと大事にしてください。いつ、どうなるかわからないんです」という、ガイドの言葉が胸にしみる。

●観光とセットの語り部ツアーも

見どころや食などの観光と、震災の教訓を未来へとつなぐ語り部活動をセットにしたツアーもいろいろ企画されている。JR東日本仙台支社が主催する「びゅうばす」の復興ツアーは、主に現地の復興商店街を訪ねたあと、現地の語り部による被災地案内がセットになったもので、「はまライン！リアス号」や「いっぺあがいん！おらほさございん！号」の２コースが設定されている。また、南三陸町の「語り部による学びのプログラム」など、観光協会やNPO法人による、独自の復興語り部プランを用意しているので、積極的に利用するのもいいだろう。

復興支援ツアーで、市場や商店街を訪れ、買い物をしたり、地元のグルメを味わってみる。現地に足を運び被災者と語りあう。お金を落とすことで被災地の経済が潤い、地場産業の復活を支えることにつながる。これも立派な支援といえるだろう。

❶陸前高田市での復興支援ツアーの一コマ。目の前にかつて市の中心部があった ❷津波の痕が残る旧大槌町役場

買って、食べて復興を支援
＜復興商店街・屋台村＞

震災では、多くの飲食店や商店の店舗も失われた。元の場所での営業はまだできないものの、仮設の商店街や店舗による新たなスタートを切った場所も多い。

津波により壊滅的な被害を受けた陸前高田市。市内の多くの店や事業所は、高台への移転を契機に新しく歩み始めている。そのひとつが**高田大隅つどいの丘商店街**。店舗数10数店の小さな所帯だが、復興への希望は明るい。

同じく壊滅的な被害を受けた港町女川では、駅前に大規模な商業複合施設**シーパルピア女川**と地元海産物や加工品をあつかう**ハマテラス**が注目される。買い物とグルメが楽しめる、新たな観光スポットとしても人気は上々、力強い復興の礎となりつつある。

●各地で、商店街が復興していくが……

震災後7年がたち、ようやく各地で、多くの商店街が、以前のような生活に根差した日々を取り戻すとともに、未来への足掛かりを築きつつある。2017年4月にオープンした**南三陸ハマーレ歌津**もそのひとつ。仮

1 プレハブで営業していた頃の呑ん兵衛横丁
2 山田町への復興支援ツアーはカキ食べ放題付き

設で営業していた旧伊里浜福幸商店街で、新施設の設計は世界的な建築家、隈研吾によるものだ。

その一方で、釜石市の名物飲み屋街だった**呑ん兵衛横丁**は、移転先の鈴子町で仮設店舗で営業していたが、諸般の事情で2018年3月、その長い歴史に幕を閉じてしまった。最終日は、多くの人々の感謝とねぎらいの言葉、涙で深夜まで賑わったのだが……。

＊　＊　＊

ツアーに参加したり、語り部の話を聞くだけで、被災地の様子や被災者の気持ちがすべてわかるわけではない。それでも被災地の現状を実際に見聞きし、自らの頭で考えることは大切。身を置き、ふれ、感じることから、被災地との距離が近づくことが、現地への旅の意義なのだ。

主な被災地ツアー・案内ガイド	主な復興商店街・屋台村
●はまらいん！リアス号 〈宮城県南三陸町・気仙沼市〉 ☎0570-04-8950（携帯からは ☎03-3843-2001） ※地元商店街や市場での買い物、語り部ガイドの案内など。仙台駅発着。土・日曜の日帰りコース	**●高田大隅つどいの丘商店街** 岩手県陸前高田市高田町大隅93-1 ☎0192-47-4290（カフェフードバーわいわい） ※飲食店は5店舗、復興推進のNPO法人では話も
●いっぺあがいん！おらほさござい！号 〈宮城県東松島市・石巻市・女川町〉 ☎0570-04-8950（携帯からは ☎03-3843-2001） ※いしのまき元気いちば、女川町語り部ガイドなど	**●南三陸さんさん商店街** 宮城県南三陸町志津川五日町51 ☎0226-25-8903 ※イクラやウニなどを素材に各店舗が工夫を凝らした新名物グルメ・キラキラ丼が人気
●大槌町語り部ガイド〈岩手県大槌町〉 ☎019-903-0396（おらが大槌夢広場） ※所要1時間〜1時間30分。現地集合、現地解散	**●復興大船渡プレハブ横丁** 岩手県大船渡市大船渡町野々田21-2 ☎0192-47-4238 ※JR大船渡駅周辺にあった店を中心に、約20店舗。地元食材を取り入れた多国籍料理の店など
●学ぶ防災ガイド〈岩手県宮古市田老〉 ☎0193-77-3305（たろう潮里ステーション） ※所要30分〜1時間（応相談）。防潮堤の見学、たろう観光ホテルでの津波映像視聴。現地集合、現地解散	**●南三陸ハマーレ歌津**（旧伊里前福幸商店街） 宮城県南三陸町歌津伊里前96-1 ☎0226-36-3117

※いずれも変動する可能性があるので利用前に必ず現地に確認を

いわき　地図 **p.5 地図外**

いわき

変わらぬ人気の二大観光スポット

福島県の太平洋側沿岸、浜通りエリア最大の都市。全国的な人気を誇るスパリゾートハワイアンズ、アクアマリンふくしまの二大施設は、全国のファンや関係施設による期待と支援を得て、見事復活を果たした。

いわきへの行き方

上野駅からいわき駅まで、JR常磐線特急「スーパーひたち」で2時間7分〜24分。スパリゾートハワイアンズへは、宿泊者限定の無料送迎バス、ハワイアンズ・エクスプレスの直行便が、東京、新宿、渋谷、立川、横浜駅などから1日1便運行している。

見る　歩く

映画『フラガール』で一躍有名になった、いわき随一の観光スポットが**スパリゾートハワイアンズ**（10:00〜22:15［土・日曜、祝日は要問い合わせ］。入館3570円。無休。℗4000台。℡0570-550-550）。ポリネシアンショーのステージ、スライダーが人気のウォーターパーク、スパがそろう温泉テーマパーク。フードコートやエステもあり、一日では遊びきれないほど。併設のホテルに泊まり、1泊2日で堪能するのがおすすめ。

震災後の休業期間中は、「フラガール全国きずなキャラバン」で、ダンシングチームが全国を回り、復興に向けてPR活動を行った。

いわき観光のもうひとつの目玉が、**環境水族館アクアマリンふくしま**（9:00〜17:30［12月〜3月20日は〜17:00］。入館1850円。無休。℗500台。℡0246-73-2525）。黒潮と親潮がであう福島県沖の海を再現した潮目の海など、自然の環境に近い展示が特徴。2018年には世界最大級のタッチプールじゃの目プールがオープンした。

震災後は2011年7月15日に再開。2013年4月に誕生したゴマフアザラシの赤ちゃんの名は「みらい」。母親「くらら」とともに、元気に水槽内を泳いでいる。同年9月にオープンした**寿司処潮目の海**（11:00〜15:00、ネタがなくなり次第終了）は、大水槽内を遊泳する魚たちを見ながら握りをつまむ、ユニークなお店だ。

八幡平
田沢湖
角館

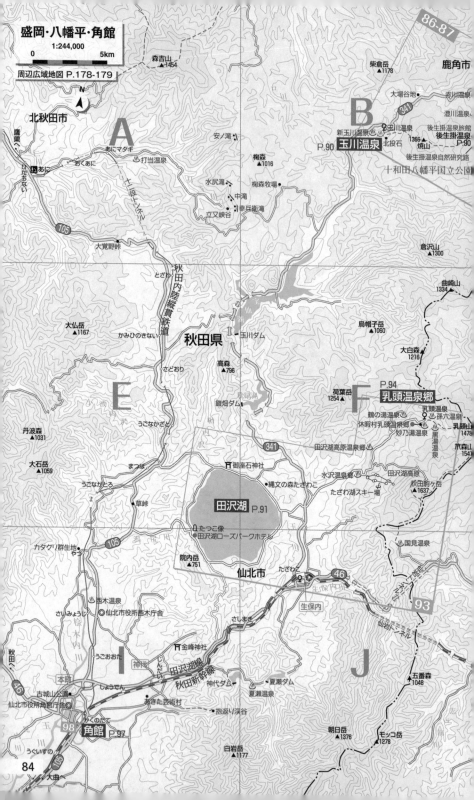

盛岡・八幡平・角館

1:244,000

0 5km

周辺広域地図 P.178-179

北秋田市

森吉山
▲1454

鹿角市

柴倉岳
▲1178

B

大場谷地

赤川温泉

澄川温泉

新玉川温泉

玉川温泉

P.90 **玉川温泉**

後生掛温泉旅館

後生掛温泉 P.90

北投石

1366▲

焼山

後生掛温泉自然研究路

十和田八幡平国立公園

A

あにマタギ

おくあに

あに

打当温泉

安ノ滝

椈森
▲1016

水尻滝

椈森牧場

中滝

105

立又峡谷

幸兵衛滝

大覚野峠

倉沢山
▲1300

曲崎山
1334

秋
田
内
陸
縦
貫
鉄
道

とざわ

烏帽子岳
▲1060

大仏岳
▲1167

かみひのきない

さどおり

秋田県

玉川ダム

大白森
1216

高森
▲796

P.94

E

丹波森
▲1031

うごなかざと

鎧畑ダム

荷葉岳
1254▲

F

乳頭温泉郷

乳頭山
▲1478

鶴の湯温泉

休暇村乳頭温泉郷

孫六温泉

妙乃湯温泉

黒湯温泉

341

田沢湖高原温泉郷へ

大石岳
▲1059

うごなかとろ

草峠

まつば

御座石神社

縄文の森たざわこ

水沢温泉郷

たざわこスキー場

田沢湖高原

秋田駒ヶ岳
▲1637

荒縄山
154

田沢湖 P.91

田沢湖

カタクリ群生地

やつ

105

たつこ像

田沢湖ローズパークホテル

院内岳
▲751

国見温泉

仙北市

たざわこ

46

生保内

93

西木温泉

さいみょうじ

仙北市役所西木庁舎

仙
岩
ト
ン
ネ
ル

五番森
1048

I

金峰神社

うごおおた

神代

しんでん

田
沢
湖
線

神代ダム

夏瀬ダム

夏瀬温泉

J

秋田へ

46

本聞

古城山公園

仙北市役所角館庁舎

98

角館 P.97

秋田新幹線

がくだて

あきた芸術村

抱返り渓谷

朝日岳
▲1376

モッコ岳
1278

白岩岳
▲1177

105

うぐいすの

玉
川

大曲

八幡平

湿原の中央にある八幡沼

エリアの魅力

見どころ
★★★★

散策
★★★

温泉
★★★★★

旬の情報：
新緑、ミズバショウ5
月中旬～下旬、高山
植物の開花期5月下
旬～9月上旬、紅葉9
月下旬～11月上旬。

HINT

八幡平への行き方&まわる順のヒント

盛岡駅、田沢湖駅前からバス利用。帰りは盛岡方面なら東八幡平
温泉郷、田沢湖方面なら玉川温泉、後生掛温泉に立ち寄るのもいい。

問い合わせ先

八幡平市観光協会
☎0195-78-3500
十和田八幡平
観光物産協会
☎0186-23-2019

八幡平周辺　1:97,000

0　　　　2km

周辺広域地図 P.84-85

秋田県　　岩手県

鹿角市

八幡平駅へ

銭川温泉
アスピーテ入口
切留平
蛇沢沼
赤川橋
谷内沼

曽利の滝

菰ノ森
▲1145
長沼

十和田八幡平国立公園

地熱発電所
大沼
大谷地
大沼温泉
八幡平ビジターセンター
蒸の湯温泉
ふけの湯温泉
大沼温泉
秋田八幡平スキー場
大深温泉
大深温泉

八幡平山頂遊歩道

A

大場谷地

後生掛温泉
P.90　後生掛温泉

B

田代沼入口

八幡平
▲1613

三ツ又森
▲1119

熊谷地

国見台
毛せん峠　▲1322

見返峠

八幡平頂上
八幡平山頂レストハウス

前谷地

名残峠
▲1366
焼山

田沢湖駅へ

玉川温泉　P.90
玉川温泉の北投石

黒石森
▲1231

畚岳
▲1578

新玉川温泉

新玉川温泉　仙北市

見る&歩く

松尾八幡平ビジターセンター
まつおはちまんたいビジターセンター

地図p.87-D
JR盛岡駅から🚌岩手県北バス岩手八幡平頂上方面行きで約1時間10分、♀さくら公園から🚶すぐ

八幡平や岩手山の立体模型、ハイビジョン映像、昆虫標本、高山植物コーナーなどで八幡平の自然を学べる。

📞 0195-78-3500　♀ 岩手県八幡平市柏台1-28
🕘 9:00〜17:00　🚫 冬期水曜、年末年始
💴 無料　🅿 50台

岩手県 県民の森
いわてけん けんみんのもり

地図p.87-D
JR盛岡駅から🚌岩手県北バス松川温泉行き1時間44〜45分、♀アクティブリゾーツ岩手八幡平下車🚶 5分

岩手山の北麓に位置する360haの森林公園。落差95mの七滝を経由する散策路(60分)があり、秋は紅葉の名所として賑わう。

森林ふれあい学習館フォレスト📞 0195-78-2092
♀ 岩手県八幡平市松尾寄木第1地割515-5
🕘 9:00〜16:00
🚫 火曜(祝日の場合翌日休)、年末年始
💴 無料　🅿 300台

御在所湿原
ございしょしつげん

地図p.87-D
JR盛岡駅から🚌岩手県北バス八幡平頂上方面行き1時間42分、♀御在所下車すぐ

八幡平の東、岩手県側に広がる湿地。5月中旬にはミズバショウ、7月にはワタスゲなどが咲く。御在所沼と五色沼の周りに木道があり、ゆっくり歩いて1時間30分でまわれる。

♀ 岩手県八幡平市緑が丘　🅿 あり

八幡平サラダファーム
はちまんたいサラダファーム

地図p.85-H
JR大更駅より🚗15分

隣接の八幡平フラワーランドはチューリップや芝桜、バラ、ダリアなど、1200種以上の草花や樹木が高原を彩る。地元食材を使ったレストラン花の森、農場生産加工品の直売店たまご館もある。

📞 0195-75-2500
♀ 岩手県八幡平市平笠第2地割6-333
🕘 八幡平フラワーランドは9:00〜17:00(11〜4月休園)、レストラン花の森は11:00〜17:00(16:30LO)、たまご館は9:00〜17:00
🚫 無休(レストランは水曜休)　🅿 150台

MAP てくさんぽ

八幡平山頂遊歩道

はちまんたいさんちょうゆうほどう

八幡平山頂には八幡沼を一周する、約1時間40分の自然探勝路がある。八幡沼は展望デッキから眺めるだけにして、八幡平山頂や鏡沼などをめぐる約1時間の短縮コースでも、八幡平の自然を充分満喫できる。

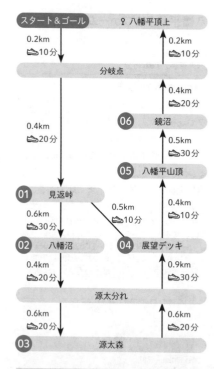

```
┌─ スタート&ゴール ─┐     ♀ 八幡平頂上
         │                      ↑
      0.2km                   0.2km
      👣10分                  👣10分
         ↓                      │
┌──────── 分岐点 ────────┐
         │                      ↑
                              0.4km
                              👣20分
                              ┌─ 06 鏡沼 ─┐
      0.4km                      ↑
      👣20分                  0.5km
         │                   👣30分
         ↓                05 八幡平山頂
      01 見返峠                  ↑
      0.6km    0.5km         0.4km
      👣30分   👣10分        👣10分
         ↓         ＼           │
      02 八幡沼    04 展望デッキ
      0.4km                   0.9km
      👣20分                  👣30分
         ↓                      │
┌──────── 源太分れ ────────┐
      0.6km                   0.6km
      👣20分                  👣20分
         ↓                      │
         └── 03 源太森 ──┘
```

全長 5.2km

総歩行時間 3時間40分

八幡沼の周りは遊歩道が整備され、歩きやすい。散策後は八幡平山頂近くの温泉、藤七温泉彩雲荘(♪ 090-1495-0950。岩手県八幡平市松尾寄木北の又。入浴8:00〜18:00、650円。冬期休業。地図p.85-C)に立ち寄るのがおすすめ。
登山口は♀八幡平頂上から👣すぐ。
八幡平市観光協会♪0195-78-3500

地図p.85-C

01 見学 10分 ◎

見返峠
みかえりとうげ

標高1541mに位置し、畚岳や茶臼岳、遠くに岩手山、鳥海山を望めるベンチがあるので、ゆっくり眺望を楽しみたい。八幡沼を一周しない短縮コースはここを左に行く。

02 見学 20分 ◎

八幡沼
はちまんぬま

かつての噴火活動によって作られた火口湖。周囲1.5kmの沼の周りには遊歩道が整備されており、起伏も少ないので、気軽にハイキングを楽しめる。雪解けから夏にかけて、チングルマ、ニッコウキスゲ、エゾヤマオオリンドウなど、季節の移ろいとともに、さまざまな高山植物が花開く。沼の周囲には池塘が点在し、湿地帯らしい景色が広がっている。

03 見学 15分

源太森
げんたもり

標高1595mの山頂からは眼下に八幡沼を見渡せる。360°の展望がきき、秋田駒ヶ岳や岩手山が見られる。天気のいい日には遠く鳥海山、八甲田山も望める。ここから黒谷地、茶臼岳、安比岳に続く登山道が伸びる。

展望デッキ

アオモリトドマツ（オオシラビソ）の原生林と八幡平最大の火口湖・八幡沼全体を見渡せる。沼の両側に八幡平高層湿原が広がり、夏には高山植物があたり一面に咲き誇る。

八幡平山頂付近
はちまんたいさんちょうふきん

八幡平は標高1613mの休火山で、日本百名山のひとつ。度重なる噴火で溶岩が堆積し、頂上は台地状で起伏がゆるやか。展望台からは岩手山が見える。

360°のパノラマで八幡平山頂より眺めがいい

03 源太森 ▲1595

黒谷地湿原へ→

湿生植物が多く夏期には一面の花畑をつくる

20分

八幡平自然遊歩道

源太分れ

このあたりは木道がなくやや歩きにくい

硫黄コロイドのため沼の色が緑青色になっている

八幡平高層湿原

30分

02 八幡沼

ややひらけた眺望の中、典型的な高層湿原を一直線に歩く

05 八幡平山頂
1613

陵雲荘
（WCあり）

10分

※04 展望デッキ

八幡平山頂遊歩道

背が低いアオモリトドマツは枝がすべて一定方向を向いている。冬の強い風向きがわかる

秋田県
仙北市

30分

A

ガマ沼

10分

06 鏡沼

•1605

10分

20分

•1578

岩手県
八幡平市

東八幡平温泉郷・盛岡へ→

八幡沼を見ながら下る道

←大深温泉へ
1604

←大深温泉・後生掛温泉・玉川温泉へ

N

20分

20分

分岐点

上り道

WC

01 見返峠

30分

ベンチがある

八幡平アスピーテライン
(11上旬～4月下旬閉鎖)

周辺広域地図 P.86-87

八幡平山頂

1:16,500

0　　　　　300m

START
GOAL

八幡平山頂上

M

八幡平パークサービスセンター

藤七温泉へ→　八幡平山頂レストハウス

10分

▌徒歩15分

鏡沼
かがみぬま

八幡平山頂から少し下ったところにある。水蒸気爆発によって作られた、多くの火口跡のひとつ。長い年月を経て火口に水がたまり、現在の姿に。その名の通り、針葉樹林や空の色をくっきりと湖面に映す。

TEKU
TEKU
COLUMN

八幡平に咲く花を訪ねる

八幡平には、約500種もの高山植物が自生する。ミズバショウなど、湿原に咲く湿生植物は八幡沼付近に多く見られる。7月中旬～8月中旬が開花のピーク。草花に詳しいガイドが案内もしてくれる（原則10名以上）。6月中旬～10月受付、ガイド料8000円～。詳細は八幡平市観光協会♪0195-78-3500へ。

ミヤマキンポウゲ
6月下旬～7月上旬。ガマ沼周辺などに群生する。キンポウゲ科。

チングルマ
6月中旬～7月下旬。八幡沼、ガマ沼周辺の雪田に自生している。バラ科。

エゾオヤマリンドウ
8月上旬～9月下旬。植物が枯れた秋の八幡沼で目を引く。リンドウ科。

八幡平の秘湯へ出かけよう

八幡平温泉郷

はちまんたいおんせんきょう

多数の源泉が湧く、温泉天国・八幡平。かつての湯治場の風情を残す温泉や、秘湯ムード満点の一軒宿などが立ち並ぶ。　地図p.86-A

アクセス
JR秋田新幹線田沢湖駅から🚌秋北バス秋田八幡平頂上行きを利用。1時間15〜20分♀玉川温泉、1時間50分♀後生掛温泉下車。土・日曜、祝日、GW、盆、9/15〜10/21

運行。玉川温泉へはJR鹿角花輪駅から新玉川温泉行きで1時間12分。4月中旬〜10月下旬運行。

温泉データ
玉川温泉：＜泉質＞塩化物泉＜泉温＞98℃　＜効能＞神経痛、

リウマチ、糖尿病、皮膚炎など＜宿＞旅館3軒
後生掛温泉：＜泉質＞単純硫黄泉＜泉温＞88℃　＜効能＞胃腸病、神経痛、腰痛症、婦人病など＜宿＞旅館1軒

湯治場として古くから愛される温泉

　秋田と岩手の県境に広がる八幡平。十和田八幡平国立公園とその周辺に温泉地が点在しており、異なる泉質の湯が湧く。

　玉川温泉では地面のあちこちから噴煙が上がり温泉が湧く。その湧出量は毎分9000ℓ。ラジウムを含んだ強酸性でpH1.2、浸かると肌がピリピリする。宿の裏手の源泉地帯では、岩の上にゴザを敷き、寝転がる人の姿も。玉川温泉名物の「岩盤浴」で、地熱で温められた岩が、体をポカポカにしてくれる。

　後生掛温泉は「馬で来て足駄で帰る」と言われるほど、効能のある湯治場として親しまれてきた。名物は、一人用の木製の箱に入り、代謝を高める箱蒸し風呂。ほかに、うたせ湯や泥風呂など7種類の風呂がある。

　また、子宝の湯として知られる蒸ノ湯温泉や、東北で一番標高の高い1400m地点に一軒宿が立つ藤七温泉彩雲荘など、名湯・秘湯と呼ばれる温泉がある。

1後生掛温泉の木造の大浴場には、源泉が満たされている　2玉川温泉の浴室入口の掛け湯　3玉川温泉名物「岩盤浴」　4そこかしこに湯が湧く自然遊歩道もある後生掛温泉

宿泊ガイド

玉川温泉 たまがわおんせん	♪0187-58-3000／地図p.86-A／1泊2食付8360円〜。立ち寄り湯800円 ●旅館部のほか、湯治客向けの自炊部4128円〜もある。全162室。
後生掛温泉 ごしょうがけおんせん	♪0186-31-2221／地図p.86-B／1泊2食付1万1880円、湯治2000円〜 ●日帰り入浴は9:00〜15:00、600円。黒たまご2個150円も名物。全27室。

田沢湖

瑠璃色の湖水をたたえる田沢湖と遊覧船

辰子伝説の神秘の湖を遊覧

　水深423.4mで日本一の深さを誇る湖。龍に化身し、田沢湖の主となった辰子姫の伝説が残る。辰子は美しさを保ちたいという願いから、観音様のお告げの通りに、森の泉の水を飲むと龍に姿を変えてしまったという。秋田駒ヶ岳の麓には温泉も多い。

田沢湖への行き方・まわる順のヒント

　秋田新幹線「こまち」利用で東京から2時間47〜56分、1万6810円。秋田から56分〜1時間5分、3620円。盛岡から30〜43分、2260円。横浜駅西ロバスターミナル発着、浜松町経由の夜行バス「レイク＆ポート号」で所要10時間25分、9200〜1万1200円（東京駅から9時間35分、8600〜1万600円）。秋田空港からエアポートライナー乳頭号で1時間35分、4700円。

　田沢湖駅に着いたら、改札を出て右手にある田沢湖観光情報センター「フォレイク」で最新情報を入手しよう。田沢湖畔や田沢湖高原温泉、乳頭温泉郷、玉川温泉（冬期運休）、八幡平山頂（冬期運休）方面へ行くバスは、羽後交通のバスが駅前から発車。いずれの路線も田沢湖畔を経由している。

●路線バスで湖を回る

　路線バスは田沢湖駅前から、田沢湖畔まで12分370円。湖畔を一周して駅に戻る路線は、1日5〜6便。観光には乗り降り自由の湖畔1周券（駅前発着1210円）が便利だ。湖畔1周は約1時間だが、見学のため、潟尻では15分、御座の石では5分ほど停車する。

エリアの魅力

見どころ
★★★
散策
★★
温泉
★★★★★

旬の情報：
田沢湖高原雪まつり（2月下旬）、生保内公園つつじ祭り（5月下旬〜6月上旬）、たざわ湖まつり（7月下旬）。
田沢湖畔に遊歩道があるほか、東岸の県民の森や西岸の潟前山森林公園で自然散策が楽しめる。

問い合わせ先

仙北市田沢湖
観光情報センター
「フォレイク」
☎0187-43-2111
田沢湖・角館観光協会
☎0187-54-2700
羽後交通田沢湖営業所
（バス）
☎0187-43-1511
田沢観光タクシー
☎0187-43-1331

レンタサイクル

　湖畔の田沢湖共栄パレス内田沢湖レンタサイクル（☎0187-42-8319）で1時間500円〜。

7月のたざわ湖まつり

見る＆歩く

田沢湖
たざわこ

地図p.93-A
JR田沢湖駅前から🚌羽後交通バス田沢湖畔方面
行き12分、♀田沢湖畔下車

　金色に輝く伝説の
「たつこ像」が、湖のほ
とりに建つ。観光拠点
である東側の白浜には
遊覧船乗り場やみやげ
物店、宿泊施設が集ま
っている。遊覧船は4
月下旬〜11月上旬4
〜8便の運行で、1周約40分、1200円。湖岸
沿いの1周2〜3時間のサイクリングコー
スは、起伏も少なく走りやすい。

> 田沢湖レストハウス　♪ 0187-43-0274
> ♀ 秋田県仙北市田沢湖田沢春山148

田沢湖ハーブガーデン ハートハーブ
たざわこハーブガーデン　ハートハーブ

地図p.93-A
JR田沢湖駅前から🚌羽後交通バス田沢湖畔方面
行き10分、♀田沢湖畔下車🚶20分

　約180種類のハ
ーブが育つ庭や温
室をはじめ、さま
ざまな形でハーブ
を楽しめる施設が
充実。ハーブ料理
が味わえるレストランや約40種のドライ
ハーブを量り売りするショップなどが揃
う。ガーデンの見頃は6月下旬〜7月中旬。

> ♪ 0187-43-2424
> ♀ 秋田県仙北市田沢湖田沢潟前78
> ① 10:00〜16:00（4月中旬〜11月上旬の
> 　土・日曜、祝日は9:00〜17:00）
> ⊗ 11月中旬〜4月中旬の平日
> ¥ 無料　Ⓟ 200台

秋田駒ヶ岳
あきたこまがたけ

地図p.93-B
JR田沢湖駅前から🚌羽後交通バス駒ヶ岳八合目行
き56〜59分、終点下車（運行日要確認）

　標高1637m、花の名山としても知られ、7
月頃に見られる高山植物の女王・コマクサ
の群落は見事。8合目までバスで行けるた
め、気軽にハイキングが楽しめる。チングル
マなど高山植物が咲き競う阿弥陀池の周辺
は、木道が設置されていて歩きやすい。

水沢温泉郷
みずさわおんせんきょう

地図p.93-B
JR田沢湖駅前から🚌羽後交通バス駒ヶ岳八合目行
きなど20〜23分、♀水沢温泉郷下車

　たざわ湖スキー場や田沢湖スポーツセン
ターなどがある温泉リゾート。宿はホテル、
旅館、民宿などが18軒。

> 露天風呂水沢温泉　♪0187-46-2111
> ♀ 秋田県仙北市田沢湖生保内下高野73-15
> ① 10:00〜20:00　⊗ 不定　¥ 600円　Ⓟ 60台

田沢湖高原温泉郷
たざわここうげんおんせんきょう

地図p.93-B
JR田沢湖駅前から🚌羽後交通バス駒ヶ岳八合目行
きなど29〜32分、♀田沢湖高原温泉下車

　眼下に田沢湖を望む自然豊かな高原に、
ホテルなどの宿12軒と、食事処、みやげ物
店が点在している。

> 仙北市田沢湖観光情報センター「フォレイク」
> ♪0187-43-2111
> ♀ 秋田県仙北市田沢湖生保内駒ヶ岳

宿泊ガイド

湖畔浪漫の宿 かたくりの花	♪0187-43-1200／地図p.93-A／1泊2食付1万3750円〜 💬湖を眺める天然温泉の宿。名物きりたんぽ鍋が通年味わえる。
ホテル湖心亭	♪0187-43-0721／地図p.93-A／1泊2食付1万4300円〜 💬全客室とサウナ付き大浴場から田沢湖を眺望できる。
花心亭しらはま	♪0187-43-0436／地図p.93-A／1泊2食付2万3000円〜 💬田沢湖畔に建つ。全室個室、ダイニングルーム付き。

食べる

カフェレストラン

サラート

地図p.93-A
JR田沢湖駅前から🚌羽後バス田沢湖方面行き10分、🚏田沢湖畔下車🚶20分

　ハートハーブに併設されたレストラン。おすすめは土・日曜、祝日限定のランチバイキング1500円。平日のランチでは八幡平ポークのハンバーグ1320円などが。ハーブティーバー550円は、ケーキとのセットなら374円になる。秋田産アップルパイ407円とともに。

♪ 0187-43-2424
📍 秋田県仙北市田沢湖田沢潟前78
🕙 10:00〜15:30
　（ランチバイキングは11:00〜14:30最終受付）
📅 11月中旬〜4月中旬の平日
* 40席　Ｐ 200台

♪ 0187-58-0608
📍 秋田県仙北市田沢湖田沢春山37-5
🕙 11:30〜20:00LO
　（土・日曜、祝日は11:00〜20:30LO）
📅 不定
* 94席（屋内）　Ｐ 43台

地ビール

湖畔の杜レストランORAE
こはんのもりレストランおらえ

地図p.93-A
JR田沢湖駅前から🚌羽後交通バス田沢湖畔方面行き10分、🚏田沢湖畔下車🚶15分

　あきたこまちラガー605円など、4種の地ビールを、地元産の野菜が主役の欧風料理とともに味わえる。4種のチーズで作った、チーズとチーズのいい関係ピザ1243円。

田沢湖・乳頭温泉郷
1:132,000
0　　　3km

秘湯の一軒宿で温泉三昧

乳頭温泉郷
にゅうとうおんせんきょう

乳頭山麓に点在する、7つの温泉と7軒の宿。乳頭温泉郷は、江戸時代から湯治場として愛されてきた。四季折々の自然に包まれながら秘湯を堪能したい。

アクセス
JR田沢湖駅から🚌羽後交通バス乳頭温泉行き38分、♀鶴の湯温泉入口下車、🚶25分(鶴の湯)。同45分、♀休暇村前下車すぐ(休暇村乳頭温泉)、🚶20分(黒湯温泉)。同46分、♀妙乃湯温泉下車すぐ(妙乃湯)。同48分、♀終点下車すぐ(大

釜温泉)、🚶3分(蟹場温泉)、🚶20分(孫六温泉)

温泉データ
<泉質>含硫黄・ナトリウム・カルシウム塩化物・炭酸水素泉など(鶴の湯)、カルシウム・マグネシウム硫酸塩泉・単純泉(妙乃湯)、重曹炭酸水素泉(蟹場)、ラジウム鉱泉(孫

六)、酸性含硫素ナトリウム塩化物硫酸塩泉(大釜)、単純硫化水素泉・酸性硫黄泉(黒湯)、単純硫黄泉・ナトリウム炭酸水素塩泉(休暇村乳頭温泉郷)
<効能>高血圧症、動脈硬化症、皮膚病、消化器病、糖尿病、胃腸病、リウマチなど(泉質により異なる)

山間に広がる温泉郷

　秋田の名湯として名高い乳頭温泉郷。田沢湖の北東、乳頭山麓に位置し、ブナの原生林が茂る先達川沿いに7つの温泉が点在し、風情溢れる一軒宿が建つ。

　乳頭一の古湯である鶴の湯、女性に人気の妙乃湯、温泉郷随一の湯量を誇る黒湯温泉など、秘湯ムード満点の宿ばかり。すべての宿に露天風呂があり、新緑や紅葉、雪見など四季折々の秋田の自然を満喫できるのも魅力だ。

　乳頭温泉郷の7つの宿は、各々独自の源泉を持ち、温泉郷全体では10以上の湯が湧く。泉質も風呂の趣きもそれぞれ異なるので、ぜひいろいろな温泉に浸かってみたい。

　そこでお得なのが、各宿で販売している宿泊客のみが利用できる湯めぐり帖1800円。温泉郷の7軒すべてに1回ずつ立ち寄り入浴ができる。購入日から1年間有効なので、訪れるたびに利用できるのもうれしい。さらに各宿で予約して湯めぐり帖を提示すれば、1日10便運行の7軒を結ぶ循環バス「湯めぐり号」も利用可能だ。ハシゴ湯しながら歴史ある温泉を楽しみたい。

1 江戸時代の茅葺きの建物に宿泊できる鶴の湯　2 紅葉に包まれる黒湯温泉の茅葺きの建物　3 蟹場温泉の秋田杉の内風呂

広々とした露天風呂で
乳白色の湯を満喫

鶴の湯
つるのゆ

　乳頭温泉郷の中で、最も古い歴史を持つ宿。江戸時代には秋田佐竹藩主の湯治場として利用され、「田沢の湯」と呼ばれていた。現在は、約320年前に建てられた茅葺き屋根の本陣を宿泊棟として利用していて、各客室には囲炉裏も備わっている。

　本陣の先には3つの湯小屋があり、複数の源泉から豊富な湯が湧いている。乳白色の湯が満たされた大きな混浴露天風呂が最も有名。食事は郷土料理が並ぶ。山芋の団子やキノコ、山菜を煮込んだ、田沢湖名物・山の芋鍋は絶品。

1 混浴露天風呂の源泉は湯船の底から湧いている　2 鶴の湯の湯小屋の間には小川が流れる　3 地元の味・山の芋鍋

敷地内に4つの源泉

白湯、黒湯、中の湯、滝の湯と呼ばれる、湯質の異なる4つの源泉が敷地内に湧く。

地図p.93-B
☎ 0187-46-2139
📍 秋田県仙北市田沢湖先達沢国有林50
旅館部1泊2食付8790円～、冬期暖房費1080円／立寄り湯600円（10:00～15:00）／30室／🅿 50台

渓流沿いに立つ
和モダン宿

妙乃湯
たえのゆ

　モダンな造りの建物で、アメニティも充実している女性客に人気の湯宿。お香を炊いたり、季節の花を飾るなど癒やしの演出も魅力だ。

　褐色の金の湯、無色透明の銀の湯という2種の源泉があり、内湯、露天風呂合わせて7つの湯船に注がれている。半露天の貸切湯は宿泊客は無料で利用可能。混浴露天風呂では、近くを流れる清流を眺めながら入浴できる。

　地元の山菜やキノコを使った料理は、味付けも盛り付けも繊細でありながら華やか。キノコ汁は通年で提供される。

1 滝を望む2つの混浴露天風呂にはそれぞれ金の湯と銀の湯が満たされる　2 キノコ汁は周辺で採れた素材を使っている　3 内湯の喫茶去の湯船の底には那智石が敷かれている　4 玄関を入ると和風モダン調のくつろぎ空間

地図p.93-B
☎ 0187-46-2740
📍 秋田県仙北市田沢湖生保内駒ヶ岳2-1
1泊2食付桜館2万2990円～、紅葉館1万5730円～／立寄り湯800円（10:30～14:00、火曜休）／17室／🅿 20台

飲むこともできる銀の湯

銀の湯は飲泉でき、肥満症や糖尿病などの成人病の症状によいといわれている。

95

ブナ林と渓流を望む露天風呂

蟹場温泉
がにばおんせん

近くの沢に蟹が多く住むことから名付けられた。ブナの原生林の中にある、無色透明の湯の混浴露天風呂が名物。床や壁、湯船に秋田杉を使った男女別内風呂も風情がある。

地図p.93-B
☎0187-46-2021
📍秋田県仙北市田沢湖田沢
　先達沢国有林
1泊2食付9870円～／立寄り湯600円（9:00～16:30）／17室／🅿20台

せせらぎを眺める湯浴み

孫六温泉
まごろくおんせん

渓流沿いに宿泊棟や湯小屋があり、男女別の内湯、女性専用と混浴の露天風呂が備えられている。泉質の異なる4つの源泉が湧いている。

地図p.93-B
☎0187-46-2224
📍秋田県仙北市田沢湖田沢
　先達沢国有林
1泊2食付1万1880円～、自炊部素泊まり4000円／立寄り湯520円（9:00～16:00）／15室／🅿10台

ノスタルジックな学校宿

大釜温泉
おおがまおんせん

古い木造校舎を移築し、宿として再利用。建物内部も趣きたっぷり。内湯と露天風呂に満たされた乳白色の湯は、肌にピリッと感じる刺激が特徴。夏期は桶の足湯も設置。

地図p.93-B
☎0187-46-2438
📍秋田県仙北市田沢湖田沢
　先達沢国有林
1泊2食付1万950円～（冬期は暖房費別途432円）／立寄り湯600円（9:00～16:30）／15室／🅿30台

歴史ある茅葺き屋根の湯治宿

黒湯温泉
くろゆおんせん

江戸時代からの歴史を持つ宿。茅葺き屋根の湯治棟や宿泊棟、湯小屋が並ぶ。内湯や女性用露天風呂、混浴露天風呂、うたせ湯もある。

地図p.93-B
☎0187-46-2214
📍秋田県仙北市田沢湖
　生保内黒湯沢2-1
1泊2食付1万3900円～、自炊部素泊まり3930円～／立寄り湯600円（9:00～16:00）／22室／11月中旬～4月中旬休業／🅿50台

快適な近代的施設で過ごす

休暇村乳頭温泉郷
きゅうかむらにゅうとうおんせんきょう

温泉郷の中で最も近代的な設備を備えた施設。ロビーや洋室はバリアフリー対応。2種の源泉が湧き、内湯と露天風呂で楽しむことができる。夕食はバイキング。

地図p.93-B
☎0187-46-2244
📍秋田県仙北市田沢湖
　駒ヶ岳2-1
1泊2食付1万2300円～／立寄り湯600円（11:00～17:00）／38室／🅿100台

TEKU TEKU COLUMN

温泉に浸かる前に
乳頭トレッキング

　乳頭温泉郷周辺には遊歩道が整備され、人気のトレッキングコースとなっている。鶴の湯から杉林やブナ林を通って蟹場温泉まで行く、約2km1時間30分ほどのコースなどがある。

角館

格式の高さを示す正玄関と脇玄関を備える石黒家

黒板塀の武家屋敷が続く趣ある街並み

　江戸時代初期、芦名氏が築いた城下町。表町・東勝楽丁(ひがしかつらくちょう)を中心に、380余年を経た今も当時の武家屋敷が広がり、情緒が漂う。しだれ桜が美しい春や黒板塀に紅葉が映える秋が最も賑わうが、四季を通じて多くの観光客が訪れる。

 HINT

角館への行き方・まわる順のヒント

　秋田新幹線「こまち」利用で東京から2時間59分〜3時間14分、1万7120円。秋田から42〜50分、3270円。盛岡から43〜59分、3100円。横浜駅西口バスターミナル発着、東京駅経由の夜行バス「レイク＆ポート号」で所要9時間50分、9200〜1万1200円（東京駅から所要9時間、8600〜1万600円）。秋田空港からエアポートライナーで1時間、4000円。

　散策の中心は表町、東勝楽丁の武家屋敷通り。仙北市役所角館庁舎を起点に北へ750mほど武家屋敷が続く。庁舎から南は商人町と田町武家屋敷になる。町は整然として歩きやすい。

●武家屋敷にピッタリの人力車

　人力車なら「桜風亭」（☎090-2994-2722）が伝承館前から武家屋敷半周コース（15分）3000円、武家屋敷コース（30分）5000円、ゆったりコース（1時間）9000円でガイドしてくれる。12〜3月休業。

●レンタサイクルでめぐる

　駅前の花場タクシー案内所で1時間300円で貸出。武家屋敷通りにも何軒かある。とくに外町散策には自転車があると便利。

桜風亭の人力車

角館

見る＆歩く

角館歴史村 青柳家
かくのだてれきしむら あおやぎけ

地図 p.99-C
JR角館駅から🚶25分

　芦名家・佐竹北家に仕えた格式の高い家柄で、武家屋敷の建築様式を今に伝える代表的な家屋。黒塗りのささら子下見塀をめぐらせた広大な敷地を持つ、秋田県指定の史跡。寄棟茅葺き屋根の母屋（国の重要文化財）、日本最古の地図や美術品を展示する青柳庵、武器蔵、秋田郷土館、解体新書記念館、武家道具館など見どころが充実。

🎵 0187-54-3257
📍 秋田県仙北市角館町表町下丁3
🕐 9:00〜17:00（12〜3月は〜16:30）
🚫 無休　💴 500円　🅿 なし

武家屋敷・石黒家
ぶけやしき・いしぐろけ

地図 p.99-C
JR角館駅から🚶25分

　現存する角館の武家屋敷の中で最も古い。起り破風に懸魚（げぎょ）の付いた玄関があり、格の高い家であることがわかる。

🎵 0187-55-1496
📍 秋田県仙北市角館町表町下丁1
🕐 9:00〜17:00　🚫 無休　💴 400円　🅿 なし

角館
1:7,600
0　　　100m
周辺広域地図 P.84-85

角館や新潮社にゆかりの文人、新潮社に小説に登場する角館なども紹介。企画展を随時開催する

小京都の角館には茶の湯が成熟し、菓子屋も多い。駅通りでは5軒が味を競っている

岩橋家
いわはしけ

地図 p.99-B
JR角館駅から🚶20分

　岩橋家は元会津芦名家の譜代家臣で、後に禄高75石に減じられて佐竹北家に仕えた。屋敷は質素な構え。切妻造り、木羽葺き（こば）の屋根は典型的な中級武士の屋敷の間取りで、県の文化財に指定されている。樹齢300年以上というカシワの巨木や赤松、山モミジなど樹林の茂る庭がある。

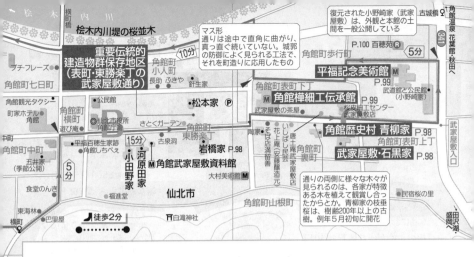

桧木内川堤の桜並木

重要伝統的建造物群保存地区（表町・東勝楽丁の武家屋敷通り）

マス形
通りは途中で直角に曲がり、真っ直ぐ続いていない。城郭の防御によく見られる工法で、それを町造りに応用したもの

復元された小野崎家（武家屋敷）は、外観と本館の土間を一般公開している 古城橋

角館温泉 花葉館・秋田へ

プチ・フレーズ
角館町七日町
角館町横町
町家ホテル角館
中町
角館町中町
三井家（季節公開）
食堂のんき
東海林
横町

角館町小人町
角館観光タクシー
公民館
仙北市役所角館庁舎
さとくガーデン
平福百穂生家跡
角館しちべぇ
古泉洞
進徳堂

角館町表町下丁
角館樺細工伝承館 P.99
桜皮細工センター
武家屋敷の茶屋
いしばし民芸
花上庵（安藤醸造元）
そば店満留留
陶慶

角館町歩行町 100 百穂苑
平福記念美術館 P.99
武道会館と公民館（小野崎家）
角館歴史村 青柳家 P.98
武家屋敷・石黒家 P.98

長田 ふきや
針生家
松本家
若橋家 P.98
角館武家屋敷資料館
大村美術館
白滝神社

小田野家
河原田家
角館町東勝丁
角館町山根町
角館町表町上丁
角館町裏町

仙北市

通りの両側に様々な木々が見られるのは、各家が特徴ある木を植えて観賞し合ったからとか。青柳家の枝垂桜は、樹齢200年以上の古樹。例年5月初旬に開花

民宿桜の里
盛岡湖・盛岡へ
武家屋敷入口

♪徒歩2分

上角館新町町

仙北市役所文化財課 ♪0187-43-3384
♀ 秋田県仙北市角館町東勝楽丁3-1
⊘ 9:00〜16:30（12〜3月の金〜日曜、祝日は屋内で冬語りを開催。11:30〜と13:30〜）
⊗ 11〜3月 ¥ 無料 P なし

角館樺細工伝承館
かくのだてかばざいくでんしょうかん

地図p.99-C
JR角館駅から🚶20分

下級武士の内職として始まり、伝統工芸品にまで発展した樺細工の歴史を紹介。名工による実演や作品の展示・販売も行う。

♪ 0187-54-1700
♀ 秋田県仙北市角館町表町下丁10-1
⊘ 9:00〜17:00（12〜3月は16:30まで、入館は30分前まで） ⊗ 12/28〜1/4
¥ 300円 ※共通券あり P なし

平福記念美術館
ひらふくきねんびじゅつかん

地図p.99-C
JR角館駅から🚶30分

角館が生んだ近代日本画の巨匠、平福穂庵・百穂親子の作品を常設展示。企画展も年6回ほど開催している。

♪ 0187-54-3888
♀ 秋田県仙北市角館町表町上丁4-4
⊘ 9:00〜17:00（12〜3月は〜16:30）
⊗ 12〜3月の月曜、12/28〜31、1/2〜4
¥ 300円 P 20台

あきた角館 西宮家
あきたかくのだて にしのみやけ

地図p.98-A
JR角館駅から🚶10分

秋田佐竹本家の直臣たちによる武士団が居住していた田町で、もっとも繁栄した家。江戸時代にはエリート武士、明治時代には初代の角館町長を務め、大正時代に地主として権勢を誇った。

♪ 0187-52-2438
♀ 秋田県仙北市角館町田町上丁11-1
⊘ 10:00〜17:00 ⊗ 無休 ¥ 無料 P 12台

安藤醸造本店
あんどうじょうぞうほんてん

地図p.98-A
JR角館駅から🚶15分

1853（嘉永6）年創業の味噌・醤油の醸造元。享保年間（1716〜1735）から続いた地主で、明治中期に建てられたレンガ造りの蔵座敷が残る。

♪ 0187-53-2008
♀ 秋田県仙北市角館町下新町27
⊘ 8:30〜18:00（12〜3月は〜17:00）
⊗ 無休 ¥ 無料 P 8台

角館

※角館樺細工伝承館、平福記念美術館、新潮社記念文学館の3館共通券は750円。

買う＆食べる

郷土料理

食堂いなほ
しょくどういなほ

地図 p.98-A
JR角館駅から🚶 7分

　いぶりがっこの天ぷらなど9品に、がっこ丼、きりたんぽ椀の付くがっこ懐石1650円が名物。

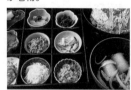

📞 0187-54-3311
📍 秋田県仙北市角館町田町上丁4-1
🕐 11:30〜13:30、17:00〜21:00(共に要予約)
🈺 木・金曜(桜まつりは除く)
＊40席　🅿 3台

郷土料理

百穂苑
ひゃくすいえん

地図 p.99-C
JR角館駅から🚶 25分

　いぶりがっこをはじめ郷土色豊かな料理が揃う。栗おこわの定食2200円〜、持ち帰り用栗おこわ弁当1620円〜。

📞 0187-55-5715
📍 秋田県仙北市角館町川原町23
🕐 11:00〜15:00、夜は要予約
🈺 不定　＊45席　🅿 10台

レストラン

西宮家レストラン北蔵
にしのみやけレストランきたぐら

地図 p.98-A
JR角館駅から🚶 8分

　大正時代築の蔵を使ったレストラン。地元の旬の素材を生かした洋風郷土料理が中心。日替りランチ900円。

📞 0187-52-2438
📍 秋田県仙北市角館町田町上丁11-1
🕐 10:00〜17:00
🈺 無休　＊45席　🅿 12台

樺細工

藤木伝四郎商店
ふじきでんしろうしょうてん

地図 p.98-A
JR角館駅から🚶 12分

　江戸時代から続く老舗。蔵を改造した店内は、茶筒8800円〜や盆5500円〜など、豊富な品揃え。茶箕385円〜。

📞 0187-54-1151　📍 秋田県仙北市角館町下新町45　🕐 10:00〜17:00　🈺 水曜(祝日の場合は翌日)、日曜(12〜3月)　🅿 3台

なると餅

渡部菓子舗
わたなべかしほ

地図 p.98-D
JR角館駅から🚶 7分

　1919(大正8)年創業の郷土菓子屋。なると餅168円は梅の花型でほどよい甘さ。

📞 0187-53-2208
📍 秋田県仙北市角館町田町上丁88-8
🕐 9:00〜18:00頃
🈺 不定　🅿 3台

宿泊ガイド

田町武家屋敷ホテル	📞0187-52-1700／地図p.98-A／臨時休館 ●蔵造りの外観に民芸調の客室。食事は和食の会席料理。
フォルクローロ角館	📞0187-53-2070／地図p.98-D／1泊2食付8695円〜 ●角館駅に隣接するホテル。宿泊＆朝食のセット。朝食はバイキング形式。
角館温泉 花葉館	📞0187-55-5888／地図p.178-F／1泊2食付1万1150円〜 ●武家屋敷に近く、観光に便利。庭園風の露天風呂が心地よい。立寄り湯500円

秋田

赤れんが郷土館の館内

p.178-E

夏は竿燈祭りで盛り上がる歴史と文化の町

　秋田市は県行政の中心であるだけでなく、歴史ある建物や花の名所として知られる公園があり、川反周辺に郷土料理と地酒が味わえる店が揃う。昼は千秋公園やねぶり流し館で文化と伝統にふれ、夜は郷土の味覚を満喫しよう。

秋田への行き方・まわる順のヒント

　秋田新幹線「こまち」利用で東京から3時間42分〜4時間23分、1万8460円。夜行バス「フローラ号」で新宿駅西口から所要9時間10分、9900円。仙台から高速バス「仙秋号」（1日10便）で3時間35分、4300円。秋田空港から秋田中央交通バスで35分、950円。

　秋田駅から徒歩圏内に見どころが点在。各見どころ間は徒歩5〜10分程度。秋田駅構内にある秋田市観光案内所でコースガイドなどをもらっておくと便利だ。

　散策は千秋公園が駅から近く最適。千秋公園内各施設の観光なら2〜3時間、秋田市民俗芸能伝承館と秋田市立赤れんが郷土館を加えるなら、4〜5時間はとっておきたい。

　地元の食材を買うなら、秋田駅から徒歩5分の**秋田市民市場**（地図p.102）もおすすめ。秋田の海で獲れる鮮魚、紅鮭や筋子などの海産加工品、きりたんぽなどの食品が揃う。寿司や定食が食べられる市場直営の飲食店もある。☎018-833-1855

　温泉は郊外に秋田温泉郷、横森温泉などがある。

エリアの魅力

見どころ
★★★
散策
★★
温泉
★

旬の情報：
東北の三大祭、秋田竿燈まつり（8月3〜6日）。米を使った、きりたんぽ鍋など冬の味覚が充実。

問い合わせ先

秋田観光コンベンション協会
☎018-824-1211
秋田市観光振興課
☎018-888-5602
秋田市観光案内所
☎018-832-7941
秋田中央交通高速バス予約センター
☎018-823-4890
秋田県旅館ホテル組合
☎018-823-7775

秋田

TEKU
TEKU
COLUMN

秋田竿燈まつり
8月3〜6日

　真夏の病魔や邪気を払う行事として、江戸時代中期に始まった。24または46の提灯が下がる竿燈を、腰や額にのせて支える妙技に会場が沸く。

📞 018-853-8686　📍秋田県秋田市中通1-4-2
🕐 10:00〜18:00
🈳 不定（メンテナンスによる臨時休館あり）
💰 企画展により異なる　🅿 なし

千秋公園
せんしゅうこうえん

地図p.102
JR秋田駅から🚶7分

1604（慶長9）年に築城、秋田藩主佐竹氏が居城とした久保田城跡。桜やツツジの名所として知られる。復元の御隅櫓（おすみやぐら）の展望台から市内を眺望できる。

📞 018-832-7941（秋田市観光案内所）
📍秋田県秋田市千秋公園
＊入園自由　🅿 14台（冬期休、有料）

秋田県立美術館
あきたけんりつびじゅつかん

地図p.102
JR秋田駅から🚶10分

世界的な画家、藤田嗣治（つぐはる）の作品を多く展示する。1937（昭和12）年制作の「秋田の行事」は縦3.65m、幅20.5mの大壁画。夏の竿燈や秋の日吉八幡神社の山王祭など、一枚の絵の中に秋田の風俗や暮らしが描かれている。

秋田市民俗芸能伝承館（ねぶり流し館）
あきたしみんぞくげいのうでんしょうかん（ねぶりながしかん）

地図p.102
JR秋田駅から循環バスぐるる4分、🚏ねぶり流し館下車すぐ

竿燈を中心に、秋田の民俗行事や芸能を紹介。1階のホールには、本物の竿燈や土崎神明社祭の曳山を展示。

📞 018-866-7091　📍秋田県秋田市大町1-3-30
🕐 9:30〜16:30　🈳無休
💰 100円、共通入館券（※欄外）あり　🅿 7台

秋田市立赤れんが郷土館
あきたしりつあかれんがきょうどかん

地図p.102
JR秋田駅から循環バスぐるる6分、🚏交通公社前下車🚶2分

1912（明治45）年建築の旧秋田銀行本店の建物を公開している。ルネサンス様式を基調にし、外観の1階は磁器の白タイル張り、2階が赤レンガ造り。大理石の階段や寄木細工の貴賓室など内部も豪華。隣接の新館では、秋田の歴史や民俗、美術工芸などをテーマに企画展を随時開催。

📞 018-864-6851
📍秋田県秋田市大町3-3-21
🕐 9:30〜16:30
🈳展示替え期間（4、7、10、1月に4〜5日間）休
💰 210円、共通入館券（※欄外）あり
🅿 8台

秋田　1:19,000
0　　300m

買う＆食べる

稲庭うどん
佐藤養助 秋田店
さとうようすけ あきたてん

地図 p.102
JR秋田駅から🚶3分

　1860（万延元）年創業の稲庭うどんの老舗、佐藤養助商店の直営店。稲庭うどんは適度な歯ごたえがありのどごしなめらか。ゴマと醤油のタレで味わう二味せいろ 900円～。

📞 018-834-1720
📍 秋田県秋田市中通 2-6-1 西武秋田店 B1 階
🕐 11:00 ～ 20:00LO
休 西武に準じる　＊89席
Ｐ なし

郷土料理
酒季亭 比内や
しゅきてい ひないや

地図 p.102
JR秋田駅から🚶15分

　味のよさで全国的にも名高い、放し飼いで育った比内地鶏を使う専門店。地鶏きりたんぽ鍋2024円～は、最後に稲庭うどん440円～を入れて食べるのもいい。

📞 050-5269-8978
📍 秋田県秋田市大町 4-2-2
🕐 17:00 ～ 24:00
　（最終入店 22:45）
休 12/31　＊120席
Ｐ なし

菓子
一乃穂
いちのほ

地図 p.102
JR秋田駅から🚶4分

秋田県産もち粉で作った楕

円型の餅「しとぎ」の専門店。しとぎとは水に浸した生の米をついて粉にし、水でこねて丸めた食べ物のこと。黒豆の入ったしとぎ豆がき 20枚入り 648円～。

📞 018-837-3800
📍 秋田県秋田市中通 2-4-15
🕐 9:30 ～ 18:30
休 無休　Ｐ なし

菓子
秋田菓子宗家かおる堂 大町店
あきたかしそうけかおるどう おおまちてん

地図 p.102
JR秋田駅から🚶15分

　秋田の素材を使用した和洋菓子を製造・販売。和三盆をふんだんに使用した一口サイズのもろこし・炉ばた 1 箱378円、サクサク食感のバター風味カオル・サブレ24枚3024円。

📞 018-823-8377
📍 秋田県秋田市大町 4-3-11
🕐 9:30 ～ 18:00
休 無休　Ｐ 3 台

宿泊ガイド

秋田キャッスルホテル	☎0120-834-117／地図 p.102／Ⓢ6793 円～、Ⓣ1 万 9405 円～ ●千秋公園前に建つ。館内にはショッピング街がある。
ホテルメトロポリタン秋田	📞018-831-2222／地図 p.102／Ⓢ8300 円～、Ⓣ1 万 1400 円～ ●JR秋田駅に隣接し、観光やビジネスの拠点に最適なシティホテル。
リッチモンドホテル 秋田駅前	📞018-884-0055／地図 p.102／Ⓢ1 万 700 円～、Ⓣ1 万 2900 円～ ●秋田駅と千秋公園から徒歩 5 分圏内。和食レストラン神楽がある。

※秋田市民俗芸能伝承館と秋田市立赤れんが郷土館の入館共通券 260 円、循環バスとのセット 500 円

秋田

おがはんとう　　地図 **p.178-I**

男鹿半島

なまはげと断崖絶壁の景観

　半島の最北端、入道崎の断崖が続く雄大な景色は必見。大晦日の晩に家々を回り、子どもや初嫁、怠け者を探して暴れる鬼・なまはげは、この地方の伝統行事。厄を祓い、豊作・豊漁をもたらすとされ、2月に真山神社で祭りが行われる。観光の問い合わせは男鹿市観光協会♪0185-24-4700へ。

HINT
男鹿半島への行き方

　秋田駅からJR男鹿線普通で約1時間の男鹿駅から、相乗りタクシーなまはげシャトル（男鹿市観光協会♪0185-24-4700、前日までに予約、1100〜2500円）を利用。

見る　歩く

　なまはげ館では、映像コーナー、市内各地の多種多様な面と衣装の展示により、なまはげを深く知れる。男鹿半島の風土についても紹介（地図 p.104、男鹿市北浦真山水喰沢。8:30〜17:00。無休。550円〈真山神社内の真山伝承館との共通券880円、冬期1100円〉。P250台。♪0185-22-5050）。

　真山神社は、なまはげ柴灯（せど）まつり（毎年2月第2金〜日曜）で知られる。真山伝承館でなま

はげ体験もできる。所要20分（地図 p.104）、境内見学自由。伝承館は9:00〜16:30、700円（12〜3月の開講時間は土・日曜、祝日および12/31が9:30〜15:00、1/1・2は〜16:00）。P20台。♪0185-25-5050）。

　男鹿水族館GAOは、ペンギン、ホッキョクグマなど400種類、1万点の生物が見られる。水中トンネルを通れば海中散歩をしている気分に。（地図 p.104、男鹿市戸賀塩浜壺ケ沢93。9:00〜17:00〈冬期〜16:00〉。冬期木曜休。1100円。P630台。♪0185-32-2221）。

男鹿半島
1:200,000
0　　　　3km

周辺広域地図 P.178-179

海底観光透視船
水島
入道崎
みさき会館
北磯海岸
潜り岩
根太島
西黒沢
大明神崎
戸賀
男鹿温泉
男鹿ホテル
阿部
男鹿水族館GAO P.104
野村
八望台
塩浜温泉
北浦
大桟橋ケ路
温浴ランドおが
相川
男鹿真山伝承館
真山
如茶
P.104 真山神社
なまはげ館 P.104
真山
牧野
牧野入口
真山神社売店
安全寺
間口浜
能代へ
安田
山田
本山
赤神社
三ツ磯
滝川
男鹿GC
パノラマライン
寒風山
355▲
男鹿国定公園
馬生田
仁井山
白糸滝
大桟橋
孔雀ケ窟
三ツ滝
三・滝
赤神社五社堂
本山門前
田中
男鹿総合運動公園
西前
駐車場
椿
椿自生限地帯
男鹿市
男鹿市役所
船川
はたち
男鹿線
台島
台島
男鹿
駅前
わきもと
秋田へ
館山崎
潮瀬崎
女川
増川
おが
男鹿駅
鵜ノ崎
生鼻崎
船川港
塩本
秋田へ

仙台
松島

仙台

再建された仙台城の隅櫓

緑と水が美しい、情緒あふれる城下町

　駅周辺にオフィスビル、ファッションビルが立ち並ぶ東北一の大都市。「杜の都仙台」の言葉通り、ビルの谷間に美しいケヤキ並木が続き、豊かな広瀬川から仙台城址にかけて、緑の公園が広がる。

 HINT

仙台への行き方

　各地からはp.184を参照。東北各地からは下図以外にも高速バスのルートは多く、仙台〜花巻は2時間32分、2700円。仙台〜盛岡は2時間27分、3100円。仙台〜弘前は4時間20〜30分、5700円。仙台〜秋田は3時間35分、4300円。

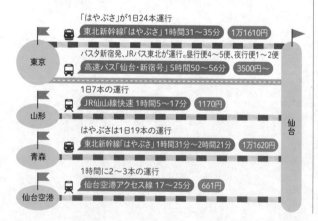

東京	「はやぶさ」が1日24本運行 東北新幹線「はやぶさ」1時間31〜35分	1万1610円
	バスタ新宿発、JRバス東北が運行。昼行便4〜5便、夜行便1〜2便 高速バス「仙台・新宿号」5時間50〜56分	3500円〜
山形	1日7本の運行 JR仙山線快速 1時間5〜17分	1170円
青森	はやぶさは1日19本の運行 東北新幹線「はやぶさ」1時間31分〜2時間21分	1万1620円
仙台空港	1時間に2〜3本の運行 仙台空港アクセス線 17〜25分	661円

仙台

エリアの魅力

見どころ
★★★★
散策
★★★★
温泉
★★★

旬の情報:
仙台城址周辺に見どころが集中。ショップや飲食店いっぱいのストリート散策も楽しい。温泉は郊外に秋保・作並温泉がある(p.115)。

問い合わせ先

仙台市観光情報センター
(仙台駅)
☎022-222-4069
仙台市交通局案内センター(路線バス・地下鉄・るーぷる仙台)
☎022-222-2256

るーぷる仙台の運行ルート

❶ 仙台駅前
　　　5分
❷ 青葉通一番町
　　　2分
❸ 晩翠草堂前
　　　8分
❹ 瑞鳳殿前
　　　4分
❺ 博物館・国際センター前
　　　11分
❻ 仙台城跡
　　　0分
❼ 青葉山植物園ゲート前
　　　3分
❽ 青葉山駅

まわる順のヒント

●るーぷる仙台乗りこなし術

「るーぷる仙台」はレトロな外観の循環バスで、市内中心部の主な観光スポットを1時間15分で一周する。1日乗車券を利用すれば、乗り降り自由になるほか、瑞鳳殿（ずいほうでん）や仙台市博物館、宮城県美術館などの入館料が割引になる。右回りだけなので見どころを周遊するのに便利だが、目的地が仙台城址や宮城県美術館単独なら路線バスを利用した方が早い。

「るーぷる仙台」と市営バス・地下鉄、仙台・松島・松島海岸・山寺・白石駅区間のJR、仙台空港鉄道などが2日間乗り降り自由の仙台まるごとパス2720円もある（p.187参照）。

```
         │ 1分
⑨ 理学部自然史標本館前
         │ 7分
⑩ 二高・宮城県美術館前
         │ 4分
⑪ 交通公園・三居沢水力発電所前
         │ 4分
⑫ 大崎八幡宮前
         │ 12分
⑬ メディアテーク前
         │ 2分
⑭ 定禅寺通市役所前
         │ 4分
⑮ 地下鉄広瀬通駅
         │ 8分
① 仙台駅前
```

1日乗車券	1回乗車
630円	260円

通りの中央に彫刻やベンチなどが配された約700mの遊歩道もある。みちのくYOSAKOIまつり（10月第2日曜とその前日）、SENDAI光のページェント（12月上旬）などが行われる

仙台

Ⓐ 仙台駅

駅構内の3階北寄り通路の「牛たん通り」と「すし通り」で、列車待ち時間で名物が味わえる。モーニング営業の店も。

Ⓑ 国分町

仙台屈指の繁華街で、国分町通りや三越周辺を中心に、数千もの飲食店が集まっている。ビジネスホテルも多い。

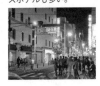

Ⓒ 仙台城址

駅からるーぷる仙台で30分。市街の喧騒を離れた緑にあふれた空間で、山麓の瑞鳳殿や仙台市博物館と合わせて散策を。

TEKU
TEKU
COLUMN

仙台七夕まつり

8月6～8日

青竹に飾られた、色とりどりの大きな吹き流しや仕掛け物など、1500本以上がメインストリートを埋め尽くす。

仙台城址（青葉城址）
せんだいじょうし（あおばじょうし）

地図 p.108-A

♀仙台城跡から🚶すぐ

　伊達62万石の居城跡。市街地を見下ろすように甲冑姿の伊達政宗騎馬像が建つ。東と南を断崖が固める天然の要害に築かれた城は、将軍家康の警戒を避けるために、あえて天守は設けなかった。明治初期の取り壊しや第2次世界大戦時の空襲で城は消失したが、その後大手門の隅櫓が再建。城内には仙台ゆかりの詩人・土井晩翠の文学碑もある。

♪ 022-222-0218（青葉城本丸会館）

♀ 宮城県仙台市青葉区天守台青葉城址

＊ 見学自由

Ⓟ 150台（有料）

POINT

てくナビ／青葉城の建造物として絵葉書などでも印象深い隅櫓へは、♀博物館・国際センター前が近い。

青葉城資料展示館
あおばじょうしりょうてんじかん

地図 p.108-A

♀仙台城跡から🚶すぐ

　青葉城本丸内にある歴史博物館。300インチの大画面シアター（152席）で、CG映像で再現された青葉城本丸の姿を見ることができる。上映16分。そのほか、政宗と青葉城についての実物資料や、伊達家ゆかりの武具や調度品も展示されている。

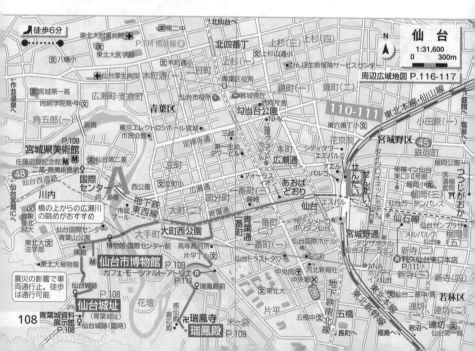

☎ 022-227-7077　📍宮城県仙台市青葉区天守
台青葉城址　🕐9:00〜16:00、最終入館30分前
🈺無休　💴700円

瑞鳳殿
ずいほうでん

地図 p.108-A
仙台駅前からるーぷる仙台で15分、Ｐ瑞鳳殿前から🚶5分

　桃山様式の遺風を伝える豪華絢爛な建物
は、藩祖・伊達政宗公の霊屋。1945（昭和
20）年に戦火で焼失したが、1979（昭和54）
年に当時の様式をそのままに再建。

☎ 022-262-6250　📍宮城県仙台市青葉区霊屋
下23-2　🕐9:00〜最終入館16:30（12・1月は
16:00まで）　🈺12/31　💴570円　Ｐ20台

晩翠草堂
ばんすいそうどう

地図 p.110-D
地下鉄東西線青葉通一番町駅から🚶5分

　「荒城の月」の作詞者である土井晩翠の旧
邸宅。当時のままの居宅には、晩翠の第一詩
集『天地有情』などの初
版本や直筆の色紙、晩
翠が愛用した金属製の
ベッドや下駄などが展
示されている。

☎ 022-224-3548　📍宮城県仙台市青葉区大町
1-2-2　🕐9:00〜17:00　🈺月曜（祝日の場
合は翌日休）　💴無料　Ｐなし

仙台市博物館
せんだいしはくぶつかん

地図 p.108-A
地下鉄東西線国際センター駅から🚶8分

　仙台城三の丸跡に建ち、仙台伊達家から
の寄贈資料をはじめ、仙台に関わる歴史・文
化・美術工芸資料など約9万点を収蔵する。
2001（平成13）年に国宝に指定された慶長
遣欧使節関係資料、重要文化財の伊達政宗
所用具足や陣羽
織、豊臣秀吉所用
具足、三代藩主側
室三沢初子所用帯
などがある。常時
約1000点を展示。

☎ 022-225-3074
📍宮城県仙台市青葉区川内26
🕐9:00〜16:45（最終入館16:15）
🈺月曜（祝日の場合は翌日休）、休日の翌日
💴常設展460円　Ｐ50台

宮城県美術館
みやぎけんびじゅつかん

地図 p.108-A
地下鉄東西線国際センター駅から🚶7分

　宮城県や東北地方に縁のある明治以降の
日本画や洋画、彫刻などを展示。ほかにも、
カンディンスキーやクレーなどの海外の作
品を収蔵。佐藤忠良記念館も併設。常設展の
ほかに、年に数回の特別展が開かれる。

☎ 022-221-2111
📍宮城県仙台市青葉区川内元支倉34-1
🕐9:30〜17:00（最終入館16:30、
　夏期の金・土曜、祝前日は〜19:00）
🈺月曜（祝日の場合は翌日休）
💴常設展300円　Ｐ130台

せんだいメディアテーク

地図p.110-A
仙台市地下鉄勾当台公園駅公園2出口から🚶6分

　仙台市民図書館・映像メディアセンター・アートギャラリー・視聴覚障害者のための情報提供という4つの機能を融合した複合文化施設。ガラス張りの空間で、1Fにはカフェとショップも併設。

📞 022-713-3171　📍 宮城県仙台市青葉区春日町2-1　🕐 9:00〜22:00
🚫 1〜11月の第4木曜　🚻 なし　🅿 64台

東北大学総合学術博物館
とうほくだいがくそうごうがくじゅつはくぶつかん

地図p.116-I
地下鉄東西線青葉山駅から🚶3分

　東北大学理学部の研究のために採集、購入された貴重な標本の中から、地球の生命の進化をたどる化石標本など約1200点を展示。

📞 022-795-6767　📍 宮城県仙台市青葉区荒巻青葉6-3　🕐 10:00〜16:00　🚫 月曜(祝日の場合は翌平日)、年末年始、盆　💴 150円　🅿 15台

大崎八幡宮
おおさきはちまんぐう

地図p.116-I
仙台駅前から🚌仙台市営バス定義・作並温泉・国見ヶ丘行きなど15〜20分、♀八幡宮前下車🚶すぐ

　1607(慶長12)年に伊達政宗が建立した。社殿は桃山建築様式で、現存する最古の権現造りの建物として国宝に指定。

📞 022-234-3606　📍 宮城県仙台市青葉区八幡4-6-1　＊参拝自由　🅿 70台

仙台東照宮
せんだいとうしょうぐう

地図p.116-I
JR仙山線東照宮駅から🚶3分

　二代目仙台藩主伊達忠宗が、徳川家康を伊達家の守護神として建立。石鳥居、本殿、随身門は国指定重要文化財。

📞 022-234-3247
📍 宮城県仙台市青葉区東照宮1-6-1
🕐 祈祷所9:00〜16:30　＊参拝自由　🅿 100台

食べる

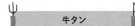

牛タン

牛たん炭焼き 利久東口本店
ぎゅうたんすみやき りきゅうひがしぐちほんてん

地図 p.108-B
JR仙台駅東口から 🚶 8分

仙台市内に21店舗を展開する牛タン専門店。昼は定食、夜は居酒屋として利用でき、地元での認知度は高い。肉厚であるにもかかわらず、簡単に歯で切れる牛タン焼きはボリュームたっぷり。牛タン定食1595円〜・夜1782円〜、タンカレー1320円。

📞 022-296-3037
📍 宮城県仙台市宮城野区榴岡4-3-1
🕐 11:30〜15:00(14:30LO)、17:00〜23:00(22:30LO)
🈺 不定　＊84席　Ｐなし

牛タン

味の牛たん喜助 駅前中央店
あじのぎゅうたんきすけ えきまえちゅうおうてん

地図p.111-F
JR仙台駅から🚶4分

昔ながらの手法を守り、手づくりにこだわる牛タン専門店。1枚1枚ていねいに味付けをし、じっくり熟成。人気は牛たん炭火焼定食1550円〜。厚切り3種6切れの牛タンが並び、味は塩・たれ・みその3種類。濃厚なテールスープもつく。牛タンスモーク1100円などの一品料理も充実。

☎ 022-265-2080
📍 宮城県仙台市青葉区
　中央2-1-27エバーアイ3階
🕐 11:00〜22:00(21:30LO)
休 不定　＊65席　Ｐなし

洋食

アメリカングリル

地図p.110-A
地下鉄南北線勾当台公園駅から
🚶3分

長年文化横丁にあった名物洋食店が移転。開店当初から人気のハヤシライスは、野菜

と牛肉を5時間以上煮込んだ懐かしい味わい。歯ごたえを出すためにタケノコを入れる工夫をしているオムハヤシ1050円も人気だ。

☎ 022-223-2045
📍 宮城県仙台市青葉区一番町
　4-7-17小田急仙台ビルB1
🕐 11:30〜14:00、
　17:30〜21:00
休 日曜、祝日
＊26席　Ｐなし

おでん

おでん三吉

地図p.110-A
地下鉄南北線勾当台公園駅から
🚶3分

仙台でおでんといえば、ここ三吉が老舗。サンマのつみれ団子など、東北ならではのネタも豊富。おでんの種類は約30種で、150円〜。おでんだけでなく焼き物や刺身も新鮮でおいしい。冬場ならばきりたんぽ鍋や稲庭うどんも。地酒も秋田を中心に各種揃っている。

☎ 022-222-3830
📍 宮城県仙台市青葉区
　一番町4-10-8
🕐 18:00〜22:00(21:30LO)
休 日曜、祝日
＊1階は33席
Ｐなし

和食

めし・地酒 伊達路
めし・じざけ だてじ

地図p.111-E
JR仙台駅から🚶7分

路地裏にある、海鮮料理に定評の和食店。鮮度抜群の近海産魚介を使用。マグロ、ヒラメ、カンパチ、ブリなど市場からその日に入荷した刺身盛り、三点盛り1500円、五点盛り2500円などが人気の品だ。魚料理のほかにも、仙台牛の串焼き1760円などの、地元食材が味わえるメニューも用意している。

☎ 022-227-9333
📍 宮城県仙台市青葉区中央
　2-4-8
🕐 11:30〜14:30(平日のみ)、
　17:00〜23:00、
　LOは30分前
休 日曜　＊40席　Ｐなし

寿司・日本料理

福寿司
ふくずし

地図p.110-D
地下鉄南北線広瀬通駅から🚶3分

　日本料理店としても名高い老舗だけあって、門から続く石畳からして趣深い。寿司は1階、2〜3階が日本料理になる。近海地魚や上質な旬魚のにぎりは格を感じる。にぎり1944〜5400円（テーブル席）。手ごろな価格のメニューや、日本料理のコース1万円前後〜などが楽しめる。

📞 022-222-0668
📍 宮城県仙台市青葉区
　一番町4-3-31
🕐 11:00〜21:30
休 不定
＊ 32席＋6室　P なし

中国料理

中国料理 龍亭
ちゅうごくりょうり りゅうてい

地図p.111-B
地下鉄南北線勾当台公園駅から🚶5分

　仙台の冷やし中華発祥の店。涼拌麺1375円として年間を通じ看板メニューになっている。麺と具が別に盛られ、醤油ダレかゴマダレを選ぶ。

📞 022-221-6377
📍 宮城県仙台市青葉区
　錦町1-2-10
🕐 11:00〜14:30LO、17:30
　〜21:00LO（日曜、祝日は
　17:00〜20:30LO）
休 水曜
＊ 30席　P なし

イタリア料理

ピッツェリア デ ナプレ

地図p.110-A
地下鉄南北線勾当台公園駅から🚶7分

　本場ナポリ仕込みのピッツァが味わえる店で知られ、人気も高い。店内には薪を使って焼き上げる石窯があり、自慢のマルゲリータ1650円は、薄くてパリパリ感で絶妙な味わい。かつてイタリアのサッカーチームが絶賛したというのもうなずける。ルッコラ乗せは1950円。

📞 022-713-2737
📍 宮城県仙台市青葉区立町
　26-19 井上ビル1F
🕐 12:00〜14:00（土・日曜、
　祝日は11:30〜15:00）、
　17:30〜21:00
休 月曜夜の部〜火曜
＊ 24席　P なし

カフェ

カフェ・モーツァルト・アトリエ

地図p.108-A
仙台駅前から🚌八木山動物公園駅行きで8分、🚏片平丁小学校前下車🚶すぐ

　クラシック音楽が流れる、落ち着いた雰囲気が漂うカフェ。アンティーク調のさまざまなソファやイスが組み合わされたテーブル席がある。ガラス戸の外に広がる、草木が茂る庭にはテラス席があり、広瀬川を見下ろすロケーション。フォカッチャ（ドリンク付き）900円。週末には、メジャーアーティストによるピアノやギター弾き語りなどの、アコースティックライブが開催されている。

📞 022-266-5333
📍 宮城県仙台市青葉区米ケ
　袋1-1-13 高田ビルB1階
🕐 11:00〜20:00
休 無休　＊ 46席　P 5台

買う

伝統工芸品

彩りそえる しまぬき本店
いろどりそえる しまぬきほんてん

地図 p.111-E
JR仙台駅から🚶10分

こけし、玉虫塗、埋木細工、仙台箪笥など、仙台伝統の技が生きる民芸品が揃う。創作こけしはコンクールでの受賞作もあり、表情から手触りまで心地いい作品が並ぶ。和小物では、玉虫塗のスタンドミラー1320円〜がコンパクトでおみやげ向き。災害に備える明かりこけし1万780円。

📞 022-223-2370
📍 宮城県仙台市青葉区一番町 3-1-17 しまぬきビル1階
🕐 10:30〜19:30
休 第2水曜、1/1
🅿 近隣に契約🅿あり

仙台駄菓子

熊谷屋
くまがいや

地図 p.108-A
仙台市地下鉄北四番丁駅から🚶6分

1695(元禄8)年創業、現在で10代目を数える老舗。仙台駄菓子は、貴重な穀類の保存も兼ねて生まれた。多くは糯粉が使われ、黒糖やハッカ糖の甘さを半生菓子や焼き菓子など様々な食感で楽しめる。紅花茶と一緒に試食しながらお気に入りを探そう。仙台駄菓子12個詰合せ648円〜など。

📞 022-234-1807
📍 宮城県仙台市青葉区木町通 2-2-57
🕐 8:30〜17:30　休 日曜
🅿 なし

笹かま

阿部蒲鉾店 本店
あべかまぼこてん ほんてん

地図 p.111-E
仙台駅から🚶10分

1935(昭和10)年創業の老舗で、笹かまの名付け元。オリジナルの蒲鉾が40種類ほど並ぶ。なかでもおすすめは阿部の笹かまぼこ1枚150円。また、蒸した蒲鉾を甘めの衣で揚げた、ひょうたん揚げ250円も販売。当たりが出ればもう一本。

📞 022-221-7121
📍 宮城県仙台市青葉区中央 2-3-18
🕐 10:00〜19:00 (1/9〜2/28は18:30)
休 無休　🅿 契約🅿あり

宿泊ガイド

ウェスティンホテル仙台	📞022-722-1234／地図p.111-E／Ⓣ(1名利用)1万3538円〜、Ⓣ2万4186円〜 ● 客室はすべて28階以上の高層階。蔵王連峰や太平洋の眺望が楽しめる。
三井ガーデンホテル仙台	📞022-214-1131／地図p.111-B／Ⓢ8100円〜、Ⓣ1万3000円〜 ● 最上18階に大浴場完備。2009年開業のホテル。
ホテルメトロポリタン仙台	📞022-268-2525／地図p.111-F／Ⓢ2万6000円〜、Ⓣ2万9000円 ● 仙台駅に隣接。仙台の四季をモチーフにしたコンセプトフロアもある。
ライブラリーホテル 東二番丁	📞022-221-7666／地図p.111-B／Ⓢ9800円〜、Ⓣ1万6000円〜 ● 図書コーナーではコーヒーを無料サービス(14:00〜24:00)。
ホテルモントレ仙台	📞022-265-7110／地図p.111-F／Ⓢ8400円〜、Ⓣ1万900円〜 ● 駅近の立地で天然温泉やエステができるスカイスパ、サラ・セレナを満喫。

自然豊かな仙台の奥座敷

秋保温泉・作並温泉

あきうおんせん・さくなみおんせん

仙台市外から車で1時間弱の距離にある秋保温泉と作並温泉。古くから人々に親しまれ、藩主も通った名湯だ。　秋保温泉／地図p.116-I　作並温泉／地図p.126-B

アクセス
JR仙台駅から🚌宮城交通バス秋保温泉行きを利用。55分♀秋保温泉湯元下車。仙台駅前BPから仙台市営バス作並温泉行きを利用。1時間13分♀作並温泉元湯ほか下車。

温泉データ
秋保温泉：＜泉質＞塩化物泉、硫酸塩泉など　＜泉温＞26～84℃　＜効能＞慢性皮膚病、婦人病など　＜宿＞旅館・ホテル19軒、ペンション・ロッジ1軒　＜問い合わせ＞秋保温泉郷観光案内所　♪022-398-2323

作並温泉：＜泉質＞塩化物泉、単純泉など　＜泉温＞50～70℃　＜効能＞慢性消化器病、火傷など　＜宿＞旅館・ホテル5軒　＜問い合わせ＞仙台市作並・定義地区観光案内所　♪022-395-2052／作並温泉旅館組合　♪022-395-2211

伊達家ゆかりの古湯

名取川渓谷に抱かれた秋保温泉は、約1500年前に開湯し、戦国大名・伊達政宗も湯浴みを楽しんだという歴史がある。江戸時代には仙台藩主・伊達家の御殿湯として利用されていた。当時の宿で、今も営業を続ける老舗もあり、奥州三名湯のひとつに数えられる。周囲は奇石が連なる磊々峡や、名瀑・秋保大滝など豊かな自然に恵まれている。

作並温泉も奈良時代に発見された古湯だ。その後は地元の人のみぞ知るかくれ湯だったが、1796（寛政8）年に仙台藩主の許しを得て周囲を切開き、以来、多くの文化人などに愛される温泉地となった。明治の俳人・正岡子規や、「荒城の月」を作詞した土井晩翠もこの地を訪れたという。広瀬川が流れ、山々に囲まれた、閑静な温泉街だ。

1 日本の滝百選に選ばれ、国指定の名勝である秋保大滝　**2** ゆづくしSalon 一の坊の渓流を見下ろす露天風呂　**3** サロンからは四季の移ろいが楽しめる

宿泊ガイド

秋保温泉	**茶寮宗園**（さりょうそうえん）	♪022-398-2311／地図p.116-I／1泊2食付4万1800円～（入湯税込み） ● 約8000坪の日本庭園を持つ数寄屋造りの宿。全26室。
秋保温泉	**伝承千年の宿 佐勘**（でんしょうせんねんのやどさかん）	♪022-398-2233／地図p.116-I／1泊2食付1万8000円～ ● 伊達政宗の湯治処を再現した名取の御湯が人気。全173室。
作並温泉	**ゆづくしSalon 一の坊**（いちのぼう）	♪0570-05-3973／地図p.126-B／1泊2食付3万6000円～ ● 河原の湯など、広瀬川に面した4つの露天風呂が名物。全122室。

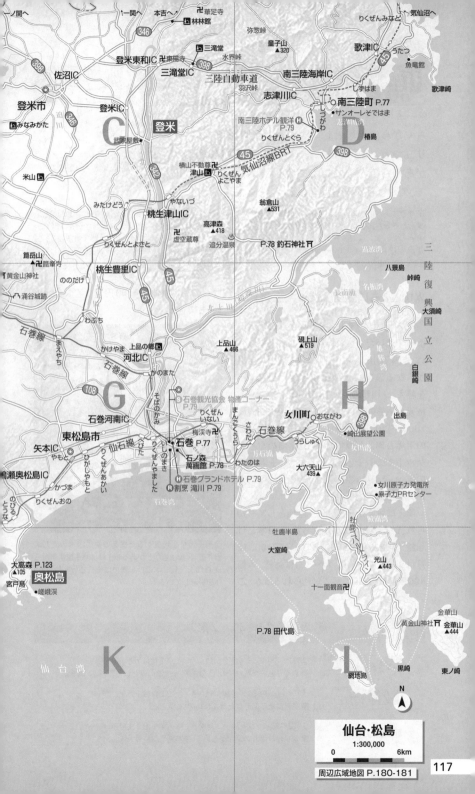

周辺広域地図 P.180-181

多彩な源泉が湧く温泉天国

鳴子温泉郷

なるこおんせんきょう

古くから湯治場として栄えた温泉町。駅に降り立つと、鳴子こけしをモチーフとした看板があちらこちらに見えてくる。湯煙に包まれて、のんびりそぞろ歩きしよう。　地図p.116-A

アクセス
東北新幹線古川駅から陸羽東線で43〜59分、または山形新幹線新庄駅からJR陸羽東線で59〜1時間14分、鳴子温泉駅下車

温泉データ
＜泉質＞単純温泉、炭酸水素塩泉、二酸化炭素泉、塩化物泉、硫酸塩泉、鉄泉、硫黄泉、酸性泉＜泉温＞70〜100℃　＜効能＞神経痛、リウマチ、アレルギー性疾患、慢性皮膚病など　＜宿＞ホテル・旅館57軒　＜問い合わせ＞鳴子観光・旅館案内センター　☎0229-83-3441

火山とともに誕生した一大温泉郷

837（承和4）年に、鳴子火山群の噴火によって湧いたとされ、中心地の鳴子をはじめ、東鳴子、川渡、中山平、鬼首の5つの温泉からなる温泉郷。源泉の数は合わせて400を越え、9種類の泉質の湯が湧出している。地元の人も利用する共同浴場が5つあり、1000年以上前に開湯した「滝乃湯」は、木造の浴場と湯船が風情たっぷり。湯めぐりチケット1300円を購入すれば、鳴子温泉郷のほか、陸羽東線沿線の赤倉、瀬見温泉など7つの温泉地で利用可能。

鳴子は古くからこけし生産地としても知られ、いくつもの工房が立ち並ぶ。**日本こけし館**（☎0229-83-3600、8:30〜17:00、12月は9:00〜16:00。1〜3月は休館。入館400円）では名工の実演が見られるほか、こけしの絵付け体験1100円（10名以上要予約）もできる。

1鳴子温泉を代表する歴史ある共同浴場の滝乃湯　2弁慶岩、獅子岩などがある鳴子峡は鳴子温泉駅から車で10分　3日本こけし館では伝統こけし約5000体を展示している

宿泊ガイド

ゆさや旅館	☎0229-83-2565／地図p.116-A／1泊2食付1万3600円〜 ●ぬるりとした肌触りの「うなぎ湯」が美肌の湯として評判。全14室。
湯ノ謌吟の庄 ゆのうたぎんのしょう	☎0570-018-888／地図p.116-A／1泊2食付1万3500円〜 ●高台にある閑静なたたずまいの宿。全24室。
旅館すがわら	☎0229-83-2022（予約）／地図p.116-A／1泊2食付8834円〜 ●源泉かけ流しの湯が楽しめる。無料貸切風呂も人気。全18室。

松島・塩竈

松島湾に浮かぶ国の重要文化財・五大堂

芭蕉も絶賛した絶景を、遊覧船でめぐる

日本三景のひとつ、松島。入り江に260余もの小島が浮かぶ景観の美しさは、松尾芭蕉が驚きのあまり、絶句してしまったというほど。一方、塩竈は生活感あふれる港町。1㎢あたりの寿司屋の数、かまぼこの生産量で日本一を誇っている。

松島・塩竈への行き方・まわる順のヒント

仙台からJR仙石線快速利用で、塩竈へは17分、330円で本塩釜駅下車、松島へは26分、420円で松島海岸駅下車。松島海岸駅〜JR東北本線松島駅間はタクシーで1メーター程度。

見どころがまとまっている松島は、徒歩かレンタサイクルで回るのがいい。瑞巌寺や五大堂など、国宝や国重要文化財がいくつかあるので、見学時間として半日は取っておきたい。観光案内所はJR松島海岸駅前と遊覧船乗船場横にある。

松島の多島美を俯瞰したいなら、観光タクシー利用も検討してみよう。松島四大観（p.123参照）のひとつ、扇谷を含むコースで小型車1時間5640円〜。

●遊覧船で松島湾をめぐる

松島湾の島々を間近に眺めるなら、遊覧船を利用したい。湾内を周遊するコースはいくつかあるが、松島発着なら松島島巡り観光船（→p.120）が大型遊覧船「仁王丸」を運航。中央桟橋を9:00から1時間おきに出航（1日7〜8便）。所要約50分、1500円（2階グリーン席は2100円）。

エリアの魅力

見どころ
★★★★★
散策
★★
温泉
★★★

旬の情報：
毎年8月15・16日には「松島流灯会 海の盆」が行われる。松島特産のカキは10月〜3月が旬。
松島の見どころは豊富だが、国宝瑞巌寺を中心に比較的まとまっている。温泉は日帰り利用可能な宿もある。

問い合わせ先

松島観光協会
☎022-354-2618
塩竈市観光交流課
☎022-364-1165
第一交通㈲
☎0120-971-517

塩竈〜松島の定期船

丸文松島汽船☎022-354-3453が運航。松島⇔松島（松島湾周遊コース）は要予約。いずれも所要50分、1500〜2900円。

レンタサイクル

松島を広範囲に見てまわるなら、自転車が便利。天麟院そばの「相原商店」☎022-354-2621で2時間ごとに500円、保証金1000円。

松島・塩竈

119

MAP

てくさんぽ

松島
まつしま

日本三景のひとつ、松島。約260もの島々が、松島湾の内外に点在する。長年の風雨や波によって形作られた島は、どれも個性的で表情豊か。松島湾をめぐる遊覧船に乗って、その姿を観賞しよう。

01 寺社仏閣

五大堂
ごだいどう

807（大同2）年、坂上田村麻呂が建立した毘沙門堂に、慈覚大師円仁が五大明王像を安置したことからその名がつけられた。33年に1度、五大明王像が一般公開される。次回は2039年。現在の建物は、1604（慶長9）年に伊達政宗が再築。桃山時代の手法で作られたもので、国の重要文化財。堂がある五大堂へは、海岸広場の東端から橋がかかっており、歩いて渡れる。拝観無料。

02 景勝

双子島
ふたごじま

寄り添うように並ぶ2つの島。丸い方が亀に似ていることから亀島、細長い方はクジラに似ていると ころから鯨島と呼ばれている。亀とクジラが仲良く並んだ姿から、双子島という名前がついた。

松島島巡り観光船
まつしましまめぐりかんこうせん

所要約50分の仁王丸コースは、松島湾内の代表的な島をめぐる。船は定員300～400名の大型旅客船で、普通船室と、テラス席のあるグリーン船室（＋600円）がある。中央観光桟橋より出港。JR松島海岸駅から🚶5分　地図p.123

♪ 022-354-2233 ／ 📍 宮城県松島町松島字町内85 ／ ⏰ 9:00～16:00の毎時00分に出港（16:00の便は3月下旬～10月のみ）／ ❌ 荒天時／ ¥ 1500円／ 🅿 なし

小牛田へ
松島北IC
45
初原
松島大郷IC
あたご
三陸自動車道
松島町
東北本線
高城
たかぎまち
てだる
手樽公園
まつしま
葉山神社 ⛩
卍瑞巌寺　中央観光桟橋
まつしまかいがん　●五大堂 **01**
西行戻しの松　雄島
松島海浜公園　福浦島
九ノ島
鷲尾山　双子島
99▲　千貫島　焼島
利府町　仙石線
P.123 扇谷
りくぜんはまだ　双観山 ▲43　**02** 見る角度によっては烏帽子兜の形に見える

よろいの肩掛け・かたびらに似ていることから名付けられた

かぶと島
在城島
よろい島

伊達政宗が月見の宴を開いたと伝えられる

仙台ヘン
45
新浜町
ひがしおがま
塩竈市

ドウラン島
モンド島
03 材木島　馬放島

04 駒島
鐘島
大モネ島
小モネ島
仁王島
05

▲多聞山 P.123
代ヶ崎浜 ●仙台火力発電所
塩竈湾
貞山通
東宮浜
七ヶ浜町
吉田浜

材木島
ざいもくじま

薄い地層が重なった、縞模様の岩肌が特徴。波が作った洞門があり、松島の代表的な存在だったが、1969（昭和44）年の地震で崩壊。島の端に見える岩だけが残った。

伊達政宗が島の形を気に入り「あの島を館に運んだ者には銭千貫を遣わす」と言ったとされている

東松島市

P.123 富山 124▲

手樽

りくぜん
とみやま

仙石線　りくぜんおおつか

とうな

野蒜

大塚

東名

松島湾

大森島

朴島

馬ノ背島

P.123
大高森
▲105

野々島

里

柏木島

宮戸島

桂島

寒風沢島

宮戸

陰田島
06

船入島

N

1:88,300

0　　　　2km

鐘島
かねじま

断層の弱い部分が波によって削られ作られた、洞門が4つ並んでいる。この島に大波が打ち寄せると、まるで鐘を打ったような音がすることから、こう呼ばれている。洞門が昔の小判のように見えることから、別名・金島とも呼ばれている。

松
島

仁王島
におうじま

目や口があり、葉巻タバコをくわえているように見える、湾内でも人気の高い島。上部の泥板岩は横縞状に削られ、中間部の凝灰岩は柔らかいため、波に洗われてくびれた形になった。異なる質の岩と波によって作られた傑作。

陰田島
かけたじま

松島の中で最も勇壮な姿とされている。南北に長い断崖が、湾内に高くそそり立つ。松をかんざしに見立て、かんざしをさしたおいらんの姿に見えることから、おいらん島とも呼ばれている。

見る＆歩く

観瀾亭・松島博物館
かんらんてい・まつしまはくぶつかん

地図p.123-B
JR松島海岸駅から🚶5分

　伏見城の一棟を伊達政宗が豊臣秀吉から譲り受け、2代忠宗が松島湾を見渡す月見崎にそっくり移築した。京間18畳2室の簡素な建物だが、床の間や襖の金碧画から豪壮な桃山様式が偲ばれる。抹茶セット各種400円～を、景色と共に楽しめる。隣には伊達家ゆかりの品を展示した松島博物館がある。県重要文化財。

📞 022-353-3355
📍 宮城県松島町松島字町内56
🕐 8:30～17:00（11～3月は16:30まで）
休 無休　¥ 200円　P なし

五大堂
ごだいどう

地図p.123-B
JR松島海岸駅から🚶7分

　朱塗りの透かし橋を渡った先に建つ。坂上田村麻呂が807（大同2）年に建てた毘沙門堂に、慈覚大師円仁が五大明王像を置いたのでこの名が付いた。現在の建物は、1604（慶長9）年に伊達政宗が再建したもの。宝形造・本瓦葺で、東北最古の桃山建築だ。かえる股の十二支の彫刻が有名。内部には復元した五大明王像がある。国重要文化財。

📞 022-354-2023（瑞巌寺）
📍 宮城県松島町松島字内111
＊ 拝観自由　P なし

瑞巌寺
ずいがんじ

地図p.123-B
JR松島海岸駅から🚶5分

　1609（慶長14）年、伊達政宗が当時の名工130人を集めて復興した名刹。1918（平成30）年、平成の大修理によって甦る。本堂、御成玄関、庫裏・回廊は当時のまま現存し、国宝に指定。また、宝物館では瑞巌寺や伊達政宗ゆかりの資料を展示。

📞 022-354-2023
📍 宮城県松島町松島字町内91
🕐 8:00～17:00（3・10月は16:30まで、2・11月は16:00まで、1・12月は15:30まで）
休 無休　¥ 700円　P なし

福浦島
ふくうらじま

地図p.123-B
JR松島海岸駅から🚶15分

　松島湾の東に浮かぶ面積6haの島。全長252mの福浦橋を歩いて渡ることができる。島には約250種の草木が生育し、2～3月のサザンカ、3～6月のツバキ、4月のサクラ、10～11月の紅葉が見事。遊歩道の散策は所要1時間～1時間30分。

♪ 022-354-3457
📍 宮城県松島町松島仙随39-1
🕐 8:30〜17:00（11〜2月は16:30まで）
🏠 無休　¥ 200円　Ｐ なし

♪ 022-367-1611
📍 宮城県塩竈市一森山1-1　🕐 5:00〜20:00
＊ 拝観自由　Ｐ 300台

鹽竈神社
しおがまじんじゃ

地図 p.116-J
JR本塩釜駅から🚶15分

　陸奥国一之宮として崇敬され、平安初期には朝廷の記録に登場するほど重要な神社だった。境内には元禄年間に伊達家が造営した朱塗りの社殿のほか、志波彦神社、鹽竈神社博物館がある。4月下旬〜5月上旬頃、1つの花に50の花弁が付く天然記念物・鹽竈桜も見頃になる。

TEKU TEKU COLUMN

4つの展望スポット・松島四大観
しだいかん

　松島を俯瞰できる、東西南北の絶景スポットの総称。北の富山、南の多聞山、東の大高森、西の扇谷からの眺望を指す。儒学者・舟山万年が選定した。

地図 p.117-K
JR松島海岸駅から🚗 5分で扇谷、10〜15分で富山、30分で多聞山・大高森
松島観光協会 ♪ 022-354-2618

買う＆食べる

寿司

まぐろ茶家 松島店
まぐろちゃや まつしまてん

地図 p.123-B
JR松島海岸駅から🚶3分

　名物の桶ちらし2620円は、手桶の器に近海や北海道で獲れたエビやウニなど約25種類のネタを山盛りに。

♪ 022-353-2711
📍 宮城県松島町松島字町内47
🕐 11:00〜15:00（土・日曜、祝日は〜18:00）
🏠 水曜（祝日の場合は翌日）
＊ 38席　Ｐ 3台

松島　1:16,700
0　　　300m
まつしま

高樹町へ
石巻へ
文化観光交流館
ホテル壮観
松島病院
松島温泉 湯元 松島一の坊 P.124
松島町役場
松島町漁協
藤田喬平ガラス美術館
松島大橋
パレス松洲
松島第一小学校
45
P.124
花ごころの湯 新富亭 P.124
松島温泉 元湯 ホテル海風土
小松館 好風亭
民芸 江月堂
松島センチュリーホテル P.124
ホテル絶景の館 P.124
みちのく伊達政宗歴史館
福浦橋
陽徳院
宝物館（青龍殿）
この橋を渡ると良縁に恵まれるといわれている
瑞巌寺 P.122
松島蒲鉾本舗
五大堂 P.122
P.124 雲外
円通院 P.124
P.122 福浦島
手え箱館
紅蓮庵五月庵
遊覧船乗船場
五大堂にかかる透かし橋は縁結び橋ともいわれる
日吉山王神社
天麟院
観瀾亭 P.122
P.123 まぐろ茶家 松島店
松島博物館 P.122
松島島巡り観光船
駅前公園
START GOAL
ホテル大松荘
レンタサイクル 相原商店
駅前
屏風島
まつしまかいがん
経ケ島 P.120
雄島
双子島

周辺広域地図 P.116-117
西行戻しの松
仙台へ
仙台へ
🚶徒歩6分

懐石料理
雲外
うんがい

地図p.123-B
JR松島海岸駅から🚶5分

名刹円通院境内にある老舗料亭で、伊達精進懐石料理が楽しめる。地元宮城の季節の素材をあしらった懐石料理に舌鼓。伊達朱箱や焼物、煮物など料理7品に、汁椀、ご飯、菓子などが付いた竹雲コース6050円。円通院の庭園を楽しむ前に味わうのもよし、見てから堪能するもよし。

📞 022-353-2626
📍 宮城県松島町松島67
🕐 11:30～15:00
休 水曜
🅿 1契約駐車場あり(有料)

寿司
すし哲
すしてつ

地図p.116-J
JR本塩釜駅から🚶2分

「寿司屋の町」といわれる塩釜で屈指の人気店。マグロはホンマグロかメバチマグロを使っており、赤身はサラリ、トロは濃厚で絶妙な味わい。特上にぎり3780円。

📞 022-362-3261
📍 宮城県塩竈市海岸通2-22
🕐 11:00～15:00、
16:30～22:00
(土・日曜、祝日は通し営業)
休 木曜(祝日は営業)
＊ 80席　🅿 10台

笹かまぼこ
松島蒲鉾本舗
まつしまかまぼこほんぽ

地図p.123-B
JR松島海岸駅から🚶8分

五大堂前にあり、笹蒲鉾のほか、チーズクリームをはさんだユニークな蒲鉾もそろう。大豆で作った豆腐揚げ蒲鉾のむう10個1231円も人気。

📞 022-354-4016
📍 宮城県松島町松島字町内120
🕐 9:00～17:00(12～4月は～16:00)
休 無休　🅿 なし

松島こうれん

紅蓮屋心月庵
こうれんやしんげつあん

地図p.123-B
JR松島海岸駅から🚶4分

松島銘菓「松島こうれん」の製造販売元。宮城産ササニシキを使った生地を1枚1枚手焼きした薄い煎餅で、創業以来680年間も受け継がれる製法は一子相伝だ。サクッとした歯ごたえと、ほのかに甘く上品な味わいが人気。1袋130円、10袋1380円。

📞 022-354-2605
📍 宮城県松島町松島字町内82
🕐 8:30～18:00
休 火曜、年末年始　🅿 2台

宿泊ガイド

松島温泉 元湯 ホテル海風土	📞022-355-0022／地図p.123-A／1泊2食付3万円～ ●館内はアジアンテイスト。人気の露天風呂付き客室は16室用意。
ホテル絶景の館	📞022-354-3851／地図p.123-B／1泊2食付き9500円～ ●松島湾を望む露天風呂や、露天風呂付き客室がある。
松島センチュリーホテル	📞022-354-4111／地図p.123-B／1泊2食付2万5000円～ ●松島海岸前のリゾートホテル。天然温泉露天風呂付き客室や家族風呂あり。
花ごころの湯 新富亭	📞022-354-5377／地図p.123-A／1泊2食付1万6500円～ ●館内の至るところで草花が香る、心地よい宿。
松島温泉 湯元 松島一の坊	📞0570-05-0240／地図p.123-A／1泊2食付3万9000円～ ●露天風呂から望む日の出は絶景。全室から松島を眺められる。

米沢　沢
山形　形
庄内　内

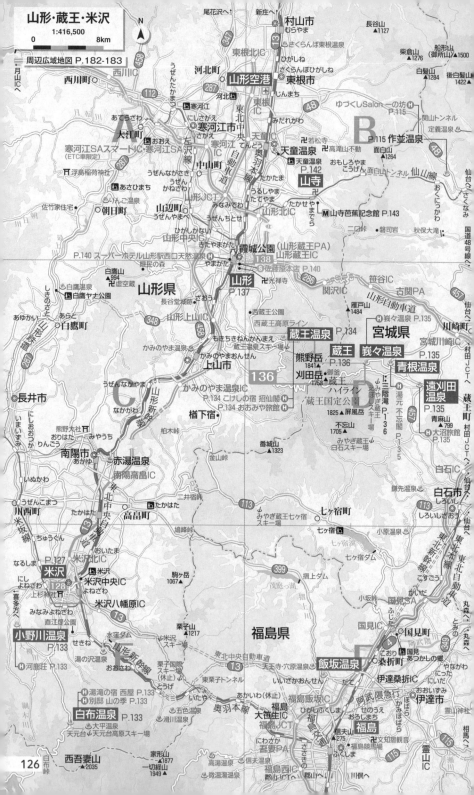

山形・蔵王・米沢

1:416,500

0　8km

周辺広域地図 P.182-183

米沢

米沢市上杉博物館が建つ「伝国の杜」

エリアの魅力

見どころ
★★★★
散策
★★★
温泉
★★

旬の情報：
4月29日～5月3
日米沢上杉まつり、
9月最終土・日曜な
せばなる秋まつり、
2月第2土・日曜上
杉雪灯篭まつり。

米沢藩の城下町で名物米沢牛に舌鼓

　1601（慶長6）年、上杉氏2代景勝が米沢城に入り、以来14代まで上杉家の城下町となった。なかでも9代鷹山は藩が窮地に陥った際、米沢織物を産業に発展させ、米沢の経済の基礎を築いた。米沢牛や郊外の温泉も楽しみ。

 HINT

米沢への行き方・まわる順のヒント

　東京駅から山形新幹線で1時間57分～2時間14分、9770円。福島駅から山形新幹線で32～37分、1530円、JR奥羽本線で46～47分、770円。仙台駅からは福島経由で東北新幹線、山形新幹線を乗り継いで1時間2～45分、5630円。山形駅から山形新幹線で30～40分、2600円、またはJR奥羽本線で40分～1時間6分、860円。

　米沢観光のメインは、上杉家ゆかりの史跡めぐり。主な見どころが集まる松が岬公園周辺へは、米沢駅から🚶25分と距離があるので、バスかレンタサイクルを利用したい。駅構内の観光案内所では宿泊案内も行っている。食事処は米沢牛料理のほか、米沢ラーメンやそばの店も多い。

●レンタサイクルでめぐる

　見どころは駅から離れているが、道は平坦なので、自転車が手頃。駅を出て左手の駅レンタカーでレンタサイクル2時間300円。松が岬公園内にある米沢観光コンベンション協会でも1時間200円、1日500円で貸し出している。1日あれば中心市街地の主な見どころだけでなく、少し遠くの上杉家廟所などへも足が延ばせる。

問い合わせ先

米沢市観光課
📞0238-22-5111
米沢観光コンベンション
協会
📞0238-21-6226
米沢市総合政策課
（市街地循環バス）
📞0238-22-5111
山交バス米沢営業所
📞0238-22-3392
駅レンタカー米沢営業所
（レンタサイクル）
📞0238-22-8161
ツバメタクシー
📞0238-22-1301

市街地循環バス

　市内には山交バスのほか、市営の循環バスが運行している。右回りと左回りがあり、料金は1回210円（1日乗車券の米沢乗るパス520円）。松が岬公園周辺へは右回りで11分、♀上杉神社前下車。上杉家廟所へも右回りの方が早く、19分、♀御廟所西口下車。

米沢

松が岬公園
まつがさきこうえん

地図p.129
JR米沢駅から🚌循環バス右回り11分、または山交バス白布湯元行き8分、♀上杉神社前下車🚶3分

　鎌倉初期に長井氏が城を構え、伊達氏、蒲生氏と続き版籍奉還までの268年間は上杉氏の居城となった米沢城本丸跡。現在は上杉神社と稽照殿が建つ公園に。

米沢観光コンベンション協会 ♪0238-21-6226
♀ 山形県米沢市丸の内1
＊ 入園自由　🅿 おまつり広場利用

上杉神社
うえすぎじんじゃ

地図p.129
♀上杉神社前から🚶4分

　上杉謙信を祀る神社。参道には上杉謙信像、鷹山像が立つ。現在の本殿は、米沢大火後

の1923（大正12）年、米沢出身で明治神宮などを手がけた建築家・伊東忠太の設計により再建された。

♪ 0238-22-3189　♀ 山形県米沢市丸の内1-4-13
🕐 6:00〜17:00（12〜3月は7:00〜）
＊ 参拝自由　🅿 おまつり広場利用

稽照殿
けいしょうでん

地図p.129
♀上杉神社前から🚶4分

　重層切妻造の上杉神社の宝物殿。初代上杉謙信、2代景勝、10代鷹山らの遺品や書、刀剣など上杉家伝来の貴重な品々を収蔵、展示する。

上杉神社社務所 ♪ 0238-22-3189
♀ 山形県米沢市丸の内1-4-13
🕐 9:00〜16:00（受付15:45まで）
🈺 12〜3月（1/1〜3、雪灯篭まつり時は開館）
💰 400円　🅿 おまつり広場利用

米沢市上杉博物館
よねざわしうえすぎはくぶつかん

地図p.129
JR米沢駅から🚌循環バス右回り11分、または山交バス白布温泉行き8分、♀上杉神社前下車👟1分

米沢城二ノ丸跡に位置する博物館。常設展示では、国宝の「上杉本洛中洛外図屏風」などが見られる。

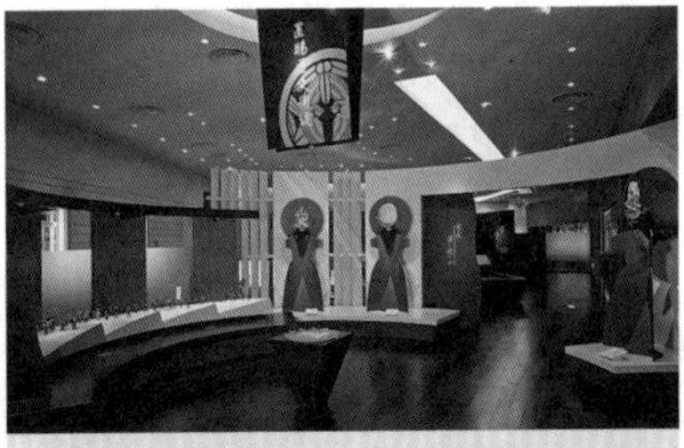

☎ 0238-26-8001
📍 山形県米沢市丸の内1-2-1
🕘 9:00～17:00（入館は16:30まで）
休 第4水曜、12/25～31
（12～3月は月曜休、休日の場合は翌平日）
¥ 常設展410円、企画展別途　P 120台

酒造資料館 東光の酒蔵
しゅぞうしりょうかん とうこうのさかぐら

地図p.129
JR米沢駅から🚌循環バス右回り10分、♀大町1丁目下車👟1分。または山交バス白布温泉行き8分、♀上杉神社前下車👟7分

1597（慶長2）年創業、米沢藩御用酒屋だった小嶋総本店が営む。昔ながらの大きな酒蔵を復元し、麹室や釜場で働く蔵人たちの様子や、酒造りの道具類などを展示。試飲や買い物もできる。

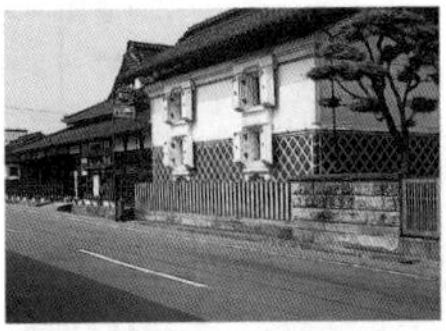

☎ 0238-21-6601
📍 山形県米沢市大町2-3-22
🕘 9:00～16:00（土・日・祝16:30）　休 12/31、1/1
¥ 350円　P 30台

原始布・古代織参考館
げんしふ・こだいおりさんこうかん

地図p.129
JR米沢駅から🚌循環バス右回り10分、♀大町上下車👟2分、または山交バス白布温泉行き8分、♀上杉神社前下車👟5分

日本の衣生活の変遷と、原始布の美しさを後世に伝えるために、工房"出羽の織座"が開いた民芸館。復元した楮布（こうぞふ）、からむし布などを展示。

☎ 0238-22-8141
📍 山形県米沢市門東1-1-16
🕘 10:00～11:30、13:00～16:00
休 年末年始（入館は要予約）　¥ 300円　P 10台

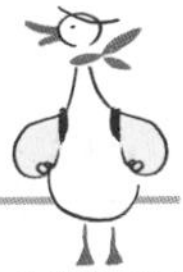

上杉家廟所
うえすぎけびょうしょ

地図p.128
JR米沢駅から🚌循環バス右回り19分、♀御廟所西口下車👟5分、または山交バス小野川温泉行きか田沢線で15分、♀御廟前下車👟5分

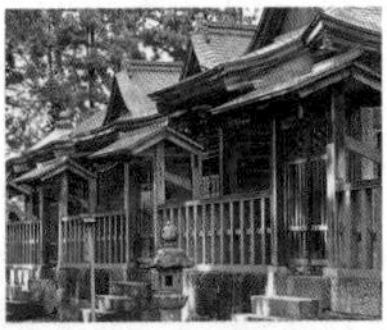

上杉家歴代藩主の廟所。1876（明治9）年に移葬した初代謙信を祀る社殿を中心に、左右に2代～12代の祠堂が並ぶ。国の史跡。

☎ 0238-23-3115
📍 山形県米沢市御廟1-5-30
🕘 9:00～17:00　休 無休
¥ 400円　P 30台

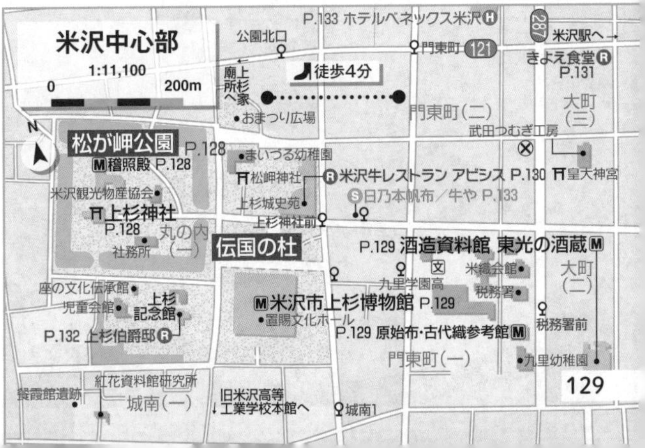

山形が誇るブランド和牛

米沢牛料理を
味わい尽くす！

吾妻連峰などの高い山々に囲まれた盆地特有の寒暖差の大きい気候が育む極上の米沢牛。日本三大和牛のひとつで、食感、旨味はともに絶品！　米沢を訪れたらぜひ味わってみよう。

米沢牛レストラン アビシス
よねざわぎゅうれすとらんあびしす

とことん米沢牛を味わう

食事処やみやげ店が並ぶ上杉城史苑内の大型レストラン。ステーキやすき焼きなどの定番料理から、リーズナブルな米沢牛入りハンバーグ1595円や牛重1430円まで、米沢牛を堪能できる。塩引寿司などの郷土料理が並ぶ上杉花膳2530円も人気だ。

すき焼き

米沢牛フィレステーキ　130g 6710円〜／分厚いのにするりとナイフが通る柔らかさ。ライス、スープ、サラダ付き。

米沢牛ロースすき焼き　竹 120g 6050円〜／甘辛の特製割下で煮ることで、米沢牛の脂の甘みが引き立つ。

地図p.129
☎ 0238-23-0700
♀ 上杉神社からすぐ
山形県米沢市丸の内1-1-22
🕐 11:00〜16:00
　（12〜3月は〜15:00、
　16:00以降は要予約）
🈺 木曜　🅿 150台

TEKU TEKU COLUMN

**人気の米沢牛は
なぜおいしい？**

日本三大和牛のひとつである米沢牛。通常1歳前での出荷が多い中、米沢牛は3歳頃に出荷。その肉はきめ細かく柔らか。

ステーキ

しゃぶしゃぶ

特選米沢牛霜降りロースしゃぶ
しゃぶ　6050円
見事なサシが入った霜降りロース肉は、分厚いのに甘くとろけるよう。

吉亭
よしてい

とろけるしゃぶしゃぶ肉

　1919（大正8）年築の商家造りの建物を利用した店。建物は国の登録有形文化財。大正時代の趣きを残すお座敷個室は要予約。土蔵や庭園など、風情ある景色も見られる。看板メニューのしゃぶしゃぶは、大きな2枚の極上米沢牛ロースがメイン。分厚くスライスされた米沢牛を贅沢にいただける。天然塩と粗挽き胡椒のみで味付けした網焼き和風ステーキ150g 6600円〜。

地図p.128
♪ 0238-23-1128
♀ 上杉神社から🚶8分
山形県米沢市門東町1 - 3 -46
🕐11：30〜15：00（14：30LO）、
　17：00〜21：00（20：00LO）
　（18：00以降は要予約）
🏖不定／🅿40台

米沢牛料理

米沢牛だけじゃない！
お得に楽しむ牛肉グルメ

きよえ食堂
きよえしょくどう

ラーメンにもたっぷり牛肉

牛肉ラーメン

　地元で評判の米沢ラーメン店。3日間熟成させた手もみの細い縮れ麺で、スープは井戸水から作った深みある醤油ベース。自家製ワンタンが入るワンタンメン700円も人気。

地図p.129／♪ 0238-23-1427
JR米沢駅から🚶20分
山形県米沢市大町3 - 5 - 1
🕐11：00〜15：00、17：00〜
20：00／🏖不定／🅿5台

牛肉ラーメン　1000円
塩こしょうで調理したシンプルな味付けの牛肉をトッピング。

新杵屋
しんきねや

牛肉たっぷり弁当も販売

牛肉弁当

1921（大正10）年に菓子店

として誕生。現在は国産黒毛和牛を使った弁当のほか、さくらんぼなどの果物、さまざまな加工品や漬け物など、山形名物も多数販売している。

地図p.128／♪ 0238-22-1311
JR米沢駅から🚶1分
山形県米沢市東3 - 1 - 1
🕐7：00〜19：00／🏖無休／
🅿5台

牛肉どまん中　1250円
山形米・どまんなかに、黒毛和牛の薄切りロースとそぼろを載せた。

131

買う＆食べる

鯉料理

鯉の六十里
こいのろくじゅうり

地図p.128
JR米沢駅から🚶13分

　米沢の郷土料理のひとつ・鯉料理の専門店。店は築200年の古民家を移築したもの。ランチメニューは鯉丼定食、甘煮定食、鯉こく定食各2000円と、鯉づくし。夜も鯉の洗いや鯉こくなどが並ぶコース料理「花の里」3500円〜（要予約）が味わえる。米沢鯉は、米沢藩主の上杉家10代目・鷹山（ようざん）が奨励したことから養殖が始まり、清流と冬の厳しい寒さが身を引き締め、川魚特有の泥臭さがないことから、食べやすさが評判となった。鯉の甘煮777円〜などのみやげ品も販売。

📞 0238-22-6051
📍 山形県米沢市東1-8-18
🕐 11:00〜14:00LO、
　 17:00〜19:00LO
🈺 火曜　＊35席　🅿10台

郷土料理

上杉伯爵邸
うえすぎはくしゃくてい

地図p.129
📍上杉神社前から🚶5分

　1896（明治29）年に、元米沢藩主の血を引く上杉家14代茂憲（もちのり）の伯爵邸として建てられたが、大正時代の火災により焼失。1925（大正14）年に総檜入母屋造りの建物と庭園を再興、登録有形文化財になっている。現在は郷土料理を中心とした食事処となっており、うるいの冷汁や鯉のこと煮など、季節ごとの伝統料理が並ぶ雪の膳2200円〜がいただける。

📞 0238-21-5121
📍 山形県米沢市丸の内1-3-60
🕐 11:00〜14:30LO、
　 14:30〜20:00（要予約）
🈺 水曜
＊80席　🅿20台

そば

粉名屋小太郎
こなやこたろう

地図p.128
JR米沢駅から🚌循環バス左回り18分、📍中央4丁目下車🚶5分

　300年の歴史がある老舗そば店で、12代にわたり受け継

がれてきたそばの味は絶品。小さな割子にそばを盛り分け、一段ずつ異なった薬味を載せて味わう割子そば5段1900円〜が名物。えび天、にしんなど、薬味は季節により変更する。特選そば粉を使用した1日限定15食の板のせ1600円や、山菜や松茸など旬の具材を使った季節のおそば1250円〜といったバラエティ豊富なメニューが揃う。

📞 0238-21-0140
📍 山形県米沢市中央5-3-19
🕐 11:30〜20:00(19:30LO)
🈺 月曜　＊40席　🅿16台

酒まんじゅう

本家岩倉まんじゅう
ほんけいわくらまんじゅう

地図p.128
JR米沢駅から🚌循環バス左回り19分、📍中央3丁目🚶3分

　紺色ののれんがかかった店は、こぢんまりとしていながらも、地元の人々から長年愛される人気店。名物の酒まんじゅう1個90円の人気の秘密は、生地に入った酒粕からの自然な甘さとふかふか感。砂糖を使わないので翌日は固くなってしまう。その日のうちに食べてもらえる分しか作

らないので夕方には売切御免となる。

📞 0238-23-1703
📍 山形県米沢市中央3-6-21
🕐 9:00（日によって変動あり）
　　〜売切次第終了
🈺 不定　🅿 2台

トート5292円〜や、ショルダーバッグ1万800円〜などが人気。

👜 **革・帆布製品**

日乃本帆布／牛や
ひのもとはんぷ ぎゅうや

地図p.129
♀ 上杉神社前下車すぐ

牛革の袋物製造販売から始まり、現在では帆布製品のバッグを中心に、サイフや小物、帽子などを販売。帆布生地に独特の加工を施し、防水性と耐久性に優れしっかりとした風合いをもつ、オリジナル商品を数多く取り揃えている。

📞 0238-22-6174
📍 山形県米沢市門東町2-8-19
🕐 9:30〜17:00
🈺 不定　🅿 1台

米沢

TEKU TEKU COLUMN

歴史ある米沢の名湯
小野川温泉・白布温泉
しらぶ
地図p.126-E

小野川温泉／JR米沢駅から山交バス小野川温泉行き24分、終点下車。白布温泉／JR米沢駅から山交バス白布温泉行き38分、♀白布温泉または41分終点の♀湯本駅前下車。

　約1200年前、小野小町が父を捜す道中で見つけたと伝わる小野川温泉。戦国時代には伊達政宗らが湯治に訪れ、米沢の奥座敷として栄えた。河鹿荘など14軒の宿が立つ。

　小野川温泉から大樽川を遡ったところにある白布温泉は、1312（正和元）年の開湯といわれる。硫酸塩泉の湯が湧き湯滝の宿 西屋や別邸 山の季など、こぢんまりとした風情あふれる宿が立ち並ぶ。

河鹿荘：📞0238-32-2221、1泊2食付1万9800円〜／湯滝の宿 西屋：📞0238-55-2480、1泊2食付2万2000円〜／別邸 山の季：📞0238-55-2141、1泊2食付2万520円〜

宿泊ガイド

ホテルおとわ	📞0238-22-0124／地図p.128／Ⓢ5000円〜、和室5000円〜、Ⓣ1万円〜 ●1899（明治32）年創業。本館の和室は国の登録文化財に指定。
ホテルベネックス米沢	📞0238-23-1811／地図p.129／Ⓢ6800円〜、Ⓣ1万3000円〜 ●松が岬公園まで徒歩5分ほどの繁華街にある。
ホテルモントビュー米沢	📞0238-21-3211／地図p.128／Ⓢ4000円〜、Ⓣ7000円〜 ●3人まで利用できる和室・ツイン・ソファ付の部屋も備えている。

蔵王に来たら立ち寄りたい人気の温泉地

蔵王温泉

ざおうおんせん

夏はトレッキング、冬はスキーや樹氷観賞で賑わう蔵王。その山麓にある温泉郷もまた、豊富なお湯とその泉質で多くの人を引きつけている。 地図p.136-B

アクセス	温泉データ	旅館・ホテル・民宿・ペンションなど80軒余 ＜問い合わせ＞蔵王温泉観光協会 ♪023-694-9328
JR山形駅から🚌山交バス蔵王温泉または蔵王刈田山頂行きを利用.37分、♀蔵王温泉BT下車すぐ	＜泉質＞硫黄泉 ＜泉温＞45〜66℃ ＜効能＞皮膚病、慢性消化器疾患、痔疾、糖尿病など ＜宿＞	

蔵王連峰の山麓の温泉郷

　西暦110年頃に発見されたと伝えられ、1960年代以降はスキー場などもある山岳リゾートとして発展。1950（昭和25）年に、高湯温泉から現在の蔵王温泉に名称を変更。300年近い歴史を持つ老舗宿から、最新の大型旅館まで、個性あふれる宿が立ち並ぶ。強酸性の硫黄泉は、皮膚病などにもよいとされる美肌の湯だ。湯量豊富で、47の源泉から毎分5700ℓもの温泉が湧くという。

　そのため、源泉かけ流しで利用する施設も多い。共同浴場も上湯、下湯、川原湯の3ヵ所ある。一番人気の蔵王温泉大露天風呂（♪023-694-9417、6:00〜19:00、600円、冬季休業）は、上流に3つの女湯、下流に2つの男湯があり、周囲の自然を満喫しながら湯浴みを楽しめる。また、観光案内所で湯めぐりこけし1300円を購入すれば、加盟施設の湯をお得に利用できる。

1ロープウェイ温泉駅近くにある新左衛門の湯　**2**蔵王大露天風呂の男湯　**3**蔵王温泉の湯の花は丸形　**4**湯めぐりこけしで温泉を堪能

宿泊ガイド

こけしの宿 招仙閣	♪023-694-9015／地図p.136-B／素泊まりのみ1名3900円〜 ●こけし木地師の家系が営む和風旅館。大浴場は源泉かけ流し。全16室。
おおみや旅館	♪023-694-2112／地図p.136-B／1泊2食付2万5000円〜 ●数寄屋造りの宿。源泉露天風呂は石垣から湧く湯を引いている。全32室。

江戸時代から愛された山間の温泉

遠刈田温泉

とおがったおんせん

山形と宮城の県境に位置する蔵王連峰。宮城県側には遠刈田温泉をはじめとした名湯が点在する。山遊びした後は湯浴み三昧。 地図p.126-D

アクセス
JR白石蔵王駅からミヤコーバスアクティブリゾーツ宮城蔵王行き47分、遠刈田温泉下車2分（大沼旅館）。同52分、アクティブリゾーツ宮城蔵王下車送迎車20分（峩々温泉）、送迎車で10分（湯元 不忘閣）。

温泉データ
遠刈田温泉：＜泉質＞ナトリウム・カルシウム・硫酸塩・塩化物泉 ＜泉温＞70℃ ＜効能＞神経痛、リウマチ、など ＜宿＞旅館・ホテル14軒

峩々温泉：＜泉質＞ナトリウム-炭酸水素塩・硫酸塩泉 ＜泉温＞58.1℃ ＜効能＞胃腸病、美肌効果、など ＜宿＞1軒

青根温泉：＜泉質＞ナトリウム-硫酸塩・炭酸水素塩泉 ＜泉温＞52℃ ＜宿＞旅館・ホテル5軒

＜問い合わせ＞蔵王町観光案内所 0224-34-2725

こけしが見守る温泉街

　遠刈田温泉は14軒ほどの宿が並ぶ温泉街。江戸時代から続く老舗宿からモダンなたたずまいの宿などバラエティ豊かだ。宮城伝統こけしが有名で、町の至るところにこけしのオブジェが見られる。みやぎ蔵王こけし館（0224-34-2385、9:00～17:00、300円）では5500点以上のこけしが展示され、絵付け教室40分850円でこけしの絵付け体験もできる。

　遠刈田温泉からさらに蔵王連峰の方へ向かうと、ほかにも温泉地が点在している。青根温泉は伊達政宗も訪れたと伝わる温泉地。湯元 不忘閣ではゆかりの品も展示されている。山深い秘湯として人気なのが峩々温泉。一軒宿が建ち、夏は山々の深い緑を、秋は見事な紅葉が望める。

①夜の大沼旅館の貸切露天風呂は風情満点 ②伊達家ゆかりの品が見られる湯元 不忘閣 ③様々な地域のこけしが並ぶみやぎ蔵王こけし館

宿泊ガイド

遠刈田温泉	大沼旅館（おおぬまりょかん）	0224-34-2206／地図p.126-D／1泊2食付1万1000円〜　●江戸時代創業の老舗旅館。源泉かけ流しの湯を堪能できる。
峩々温泉	峩々温泉（ががおんせん）	0224-87-2021／地図p.126-D／1泊2食付1万6500円〜　●山々に囲まれた一軒宿。温度の異なる2つの湯船で体を温める。
青根温泉	湯元 不忘閣（ゆもとふぼうかく）	0224-87-2011／地図p.126-D／1泊2食付1万5900円〜　●伊達政宗が浸かったと伝わる湯船が残る。伊達家ゆかりの品も展示。

エメラルドグリーンに輝く水面

蔵王の御釜

蔵王を象徴する御釜は、光の当たり方によって色を変える神秘的な湖。高山植物の群生地や、蔵王が誇る名瀑とあわせて見に行こう。

大自然が生んだ火口湖と滝を望む

　蔵王連峰の宮城県側にある御釜は、標高1841mの熊野岳、1758mの刈田岳、1672mの五色岳に囲まれた火口湖。円くて釜のような形をしていることが、名前の由来。火口に水がたまってできたカルデラ湖で、直径は330m、周囲は1km。水深は最大で27.6mにおよぶ。「馬の背」と呼ばれる御釜の西側を走る尾根は、2時間弱で往復できる。尾根から見る湖面は、火口の荒々しい岩肌にエメラルドグリーンの水をたたえ、神秘的な雰囲気。五色岳や刈田岳などの山々が御釜を抱くように横たわっている。

　御釜から車で30分の所に、コマクサの群生地、駒草平がある。熔岩礫の荒地に、ピンク色の小さな花をつけた可憐な姿を見ることができる。見頃は6月中旬〜7月下旬。さらに車で15分行くと、滝見台があり、日本の滝百選に選ばれた三段に落ちる滝、三階滝(p.126-D)を正面に望む。紅葉の時期は観光客で賑わう。見頃は9月下旬〜10月中旬。

アクセス
御釜へは、JR白石蔵王駅から🚌ミヤコーバス蔵王刈田山頂行きで1時間40分、🚏終点下車(土・日曜、祝日午前中2便運行、冬期休業)🚶徒歩10分
問い合わせ
● 蔵王町農林観光課　☎ 0224-33-2215
● 蔵王町観光案内所　☎ 0224-34-2725

1 晴天時に見られるエメラルド色の御釜は感動的 2 駒草平の荒々しい土地にコマクサが咲く 3 三階滝は落差181mになる

山形

エリアの魅力

見どころ
★★★
散策
★★★
温泉
★★★

旬の情報：
霞城公園の桜は4月中旬。日本一の芋煮会は敬老の日前日、馬見ヶ崎川河川敷で。

春は桜が咲き誇る霞城公園

城下町の名残と洋風文化が融合する町

　長らく城下町として栄えてきた山形市。山形城跡は霞城公園(かじょう)として、市民に親しまれている。市内には山形市郷土館、文翔館(ぶんしょう)、教育資料館など、明治・大正時代の洋風建築物が点在。城下町の名残を伝えながらも、異国情緒漂う町並みが見られる。

山形への行き方・まわる順のヒント

　東京からは山形新幹線か長距離バスを利用。各地からはp.185を参照。仙台からはJR仙山線か長距離バスが利用できるが、バスの方がやや早くて安い。見どころは山形駅西口👟10分の霞城公園(かじょう)内に集中。公園から文翔館へは👟15分ほど。

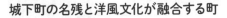

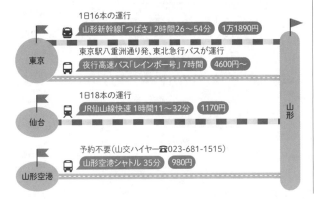

	1日16本の運行	
🚅	山形新幹線「つばさ」2時間26〜54分	1万1890円
	東京駅八重洲通り発、東北急行バスが運行	
🚌	夜行高速バス「レインボー号」7時間	4600円〜

東京

	1日18本の運行	
🚆	JR仙山線快速 1時間11〜32分	1170円

仙台

	予約不要(山交ハイヤー☎023-681-1515)	
🚌	山形空港シャトル 35分	980円

山形空港

山形

問い合わせ先

山形駅観光案内所
♪023-647-2266
山交バス案内センター
♪023-632-7272
観光タクシー(山形)
♪023-622-7288

山
形

中心街100円循環バス

　ベニちゃんバス東くるりんは、山形駅東口〜繁華街の十日町、本町、七日町(文翔館)〜旅篭町〜霞城公園〜山形駅東口を結ぶ。山形は繁華街が駅から離れており、食事や買い物にも循環バス東くるりんが便利。

TEKU
TEKU
COLUMN

山形花笠まつり
8月5〜7日
　約1万人、100団体が、鮮やかな花笠を手にして踊る。パレード後方には誰でも参加できる「飛び入りコーナー」も。

見る＆歩く

霞城公園
かじょうこうえん

地図 p.138-A
JR山形駅西口から🚶10分

　1357（延文2）年、斯波兼頼が築いた山形城の跡地で、国の史跡。約36万㎡の敷地内に復原した二ノ丸東大手門、山形市郷土館、山形県立博物館、野球場が点在する。以前はささやかな城だったが、11代最上義光が三ノ丸をもつ壮大な城に拡張。霞がかかると城が見えず、霞ヶ城とも呼ばれた。最上氏改易後は鳥居忠政が改修し、現存する内堀や土塁・石垣は当時のものとされる。1991年に二の丸東大手門を、続いて2014年に本丸一文字門を復元。

山形市観光戦略課 ☎023-641-1212
📍 山形県山形市霞城町3
🕐 5:00～22:00（12～3月は5:30から）　🅿 230台

山形市郷土館（旧済生館本館）
やまがたしきょうどかん（きゅうさいせいかんほんかん）

地図 p.138-A
JR山形駅西口から🚶15分

　1878（明治11）年、初代山形県令三島通庸が建てた県立病院「済生館本館」を移築、復元。三層からなる洋風の楼建築。館内には医学資料、郷土資料などを展示。国重要文化財。

☎ 023-644-0253　📍 山形県山形市霞城町1-1
🕐 9:00～16:30　🈺 12/29～1/3　💴 無料
🅿 230台（霞城公園内駐車場利用）

山形県立博物館
やまがたけんりつはくぶつかん

地図 p.138-A
JR山形駅西口から🚶15分

　本館、教育資料館、自然学習園からなる総合博物館。山形の地学、植物、動物、考古、歴史、民俗、教育の7分野について紹介し、こけしや張子人形、凧などの郷土玩具は民間信仰に結びついたものも多い。西ノ前遺跡から出土した国宝の土偶「縄文の女神」も必見。

☎ 023-645-1111　📍 山形県山形市霞城町1-8
9:00～最終入館16:00　🈺 月曜（祝日の場合は翌日）
💴 300円（5/5、10/29·30、11/3無料）　🅿 10台

山形美術館
やまがたびじゅつかん

地図p.138-A
JR山形駅東口から🚶15分

　多層民家風3階建ての美術館。フランス美術、日本美術、郷土の美術を展示している。なかでも、吉野石膏コレクション室では、モネ、ルノワールなどフランス近代絵画を代表する作家の作品が充実。

📞023-622-3090　📍山形県山形市大手町1-63
🕐10:00～17:00（最終入館16:30）　🈺月曜（祝日の場合は翌日、臨時休あり）、12/28～1/3
💴常設展600円（企画展により変動）　🅿40台

最上義光歴史館
もがみよしあきれきしかん

地図p.138-A
JR山形駅から🚶15分

　現山形県の大半を支配した最上家と11代最上義光の活躍を称えた歴史館。義光が着用した「三十八間総覆輪筋兜」、上杉勢との戦を描いた「長谷堂合戦図屏風」（複製）など、ゆかりの品が見られる。山形城二ノ丸東大手門前に位置する。

📞023-625-7101　📍山形県山形市大手町1-53
🕐9:00～17:00（最終入館16:30）
🈺月曜（祝日の場合は翌日）　💴無料　🅿なし

山形県郷土館「文翔館」
やまがたけんきょうどかん「ぶんしょうかん」

地図p.138-B
JR山形駅から🚌市役所経由路線バスで10分、♀市役所前下車🚶2分🚌ベニちゃんバス東くるりん・西くるりんで10分、♀旅篭町2丁目下車🚶5分

　1916（大正5）年築の、英国近世復興様式を基調としたレンガ造りの建築物。県庁舎と県会議事堂として使用された旧県庁

は、玄関や正庁、貴賓室などの内装が、大正初期の洋風建築を代表する貴重な遺構として重要文化財に指定されている。

📞023-635-5500
📍山形県山形市旅篭町3-4-51
🕐9:00～16:30
🈺第1、3月曜（祝日の場合は翌日）、12/29～1/3
💴無料　🅿約40台

専称寺
せんしょうじ

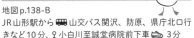

地図p.138-B
JR山形駅から🚌山交バス関沢、防原、県庁北口行きなど10分、♀小白川至誠堂病院前下車🚶3分

　天童にあった浄土真宗の寺院を、山形城主最上義光が山形に移建。境内には1703（元禄16）年に再建した入母屋造りの本堂、桃山時代の鐘楼がある。出羽五ヶ寺のひとつ。

📞023-622-5981
📍山形県山形市緑町3-7-67
＊境内自由　🅿10台

山形県立博物館教育資料館
やまがたけんりつはくぶつかんきょういくしりょうかん

地図p.138-B
JR山形駅から🚌山交バス沼の辺、千歳公園行きなど10分、♀北高前下車🚶1分

　1901（明治34）年に建てられた旧山形師範学校の校舎を利用。建物はルネサンス様式の木造桟瓦葺き2階建て。本館一棟と正門、門衛所は国の重要文化財。パネルやジオラマを使い、山形の教育のあゆみを紹介。

📞023-642-4397　📍山形県山形市緑町2-2-8
🕐9:00～16:30（最終入館16:00）
🈺月曜、祝日（4月29日、5月3～5日、11月3日は開館）　💴150円　🅿4台

買う＆食べる

そば・カフェ・みやげ

山形まるごと館 紅の蔵
やまがたまるごとかん べにのくら

地図 p.138-A
JR山形駅から🚶10分

　かつて紅花商人であった長谷川家の蔵屋敷を利用した施設で、山形の歴史、文化を活かした新たな魅力とにぎわいの創造をコンセプトに、下記の施設が営業している。

📍 山形県山形市十日町2-1-8
🏠 1月1日・2日・3日全館休館
●そば処「紅山水」
　山形県産のそばを使用した、手打ちそばを提供。山形の食材を使った月替わり紅御膳も評判だ。
📞 023-679-5102
🕐 11:00〜15:00、17:00〜21:00（ラストオーダー20:30）
🏠 月曜日（祝日の場合営業、翌日休業）
●Cafe&Dining「990（クックレイ）」
　地産地消をテーマにしたクラシカルなフレンチを楽しめる。
📞 023-679-5103
🕐 ランチ＆カフェ／11:00〜15:30

ディナー／17:30〜21:00（金・土・祝前日17:30〜22:00／L.O21:30）
🏠 水曜（祝日の場合営業、振替休みあり）
●おみやげ処「あがらっしゃい」
　山形の美味しいものや、伝統工芸品などを販売。
📞 023-679-5104
🕐 10:00〜18:00
🏠 全館休館日以外は無休
●「街なか情報館」
　街なか観光の拠点として、山形の魅力を紹介。
📞 023-679-5101
🕐 10:00〜18:00
🏠 1月1日・2日・3日全館休館日以外は無休
■観光レンタサイクル【無料】
・受付　10:00〜16:00
・期間　4月〜10月

乃し梅

佐藤屋本店
さとうやほんてん

地図 p.126-C
JR山形駅から🚶15分

　文政年間（1818〜29）に発展した山形産の完熟梅を裏ごしして寒天で煮詰め、竹の皮にはさんだ銘菓「乃し梅」の老舗。1袋5枚入り648円、1箱10枚入り1296円。

📞 023-622-3108
📍 山形県山形市十日町3-10-36
🕐 8:30〜18:00　🏠 元日
🅿 5台

白露ふうき豆

山田家
やまだや

地図 p.138-A
JR山形駅から🚌ベニちゃんバス5分、🚏本町下車🚶1分

　創業90年、銘菓「ふうき豆」の老舗。ひとつひとつ皮をむいた青エンドウ豆を柔らかく甘く炊いた生菓子。ふうき豆280ｇ500円、箱入り600円〜。

📞 023-622-6998
📍 山形県山形市本町1-7-30
🕐 9:00〜18:00
🏠 火曜、第3月曜　🅿 なし

宿泊ガイド

ホテルメトロポリタン山形	📞023-628-1111／地図p.138-A／Ⓢ7700円〜、Ⓣ1万6400円〜
	●山形駅直結。隣接するエスパル山形は山形みやげの買い物にも便利。
山形グランドホテル	📞023-641-2611／地図p.138-A／Ⓢ4600円〜、Ⓣ8400円〜
	●スイートからビジネス向けまで部屋タイプは7つ。館内には美術品を飾る。
山形七日町ワシントンホテル	📞023-625-1111／地図p.138-A／Ⓢ5200円〜
	●繁華街に建ち、観光やショッピングにも便利。
コンフォートホテル山形	📞023-615-4122／地図p.138-A／Ⓢ5800円〜、Ⓣ7200円〜
	●駅から徒歩2分の好立地。朝食無料のほか、お得な各種宿泊プランも充実。
スーパーホテル山形駅西口天然温泉	📞023-647-9000／地図p.126-C／Ⓢ5000円〜、Ⓦ6400円〜
	●15:00〜翌10:00まで入れる男女別天然温泉がある。朝食は無料。

大正ロマン漂う湯けむりの街

銀山温泉
ぎんざんおんせん

三階、四階にもなる風情ある木造建築が立ち、まるで大正時代にタイムスリップしたかのよう。浴衣でのんびりそぞろ歩きしたい。　地図p.180-F

アクセス
JR奥羽本線大石田駅から🚌はながさバス銀山温泉行きを利用。36分、720円、終点下車徒歩すぐ

温泉データ
＜泉質＞ナトリウム‐塩化物・硫酸塩温泉　＜泉温＞63.8℃　＜効能＞神経痛、慢性関節リウマチ、婦人病、皮膚病など　＜宿＞旅館・ホテル13軒　＜問い合わせ＞銀山温泉案内所　☎0237-28-3933

町並みにノスタルジーを感じる

　銀山川の両岸に木造建築の旅館が立ち並び、大正時代の温泉街の風情が漂う。夕暮れ時、川沿いのガス灯やレトロなたたずまいの木造旅館に明かりが灯り始めると、ムードも満点だ。温泉は、裏手にあった延沢銀山（のべさわ）で働く坑夫が発見した。銀山が閉山した後は温泉街として栄えている。

　共同浴場はしろがね湯、かじか湯、おもかげ湯の3カ所。なかでも人気なのが**しろがね湯**（8：00～17：00、月・水曜休、500円）。木の格子に囲まれた特徴的なデザインの建物。1階と2階に内湯がひとつずつあり、毎日男女が入れ替わる。おみやげなら、おもかげ湯そばの八木橋商店（☎0237-28-2035）が山形の地酒が揃っておすすめ。

　温泉街の奥には、見事な2筋の白銀の滝が流れる白銀公園もある。温泉で癒された後は、森林と滝のマイナスイオンを浴びよう。

1 レトロな町並みが魅力
2 しろがね湯の内湯
3 高さ22mの白銀の滝

銀山温泉

宿泊ガイド

銀山荘	☎0237-28-2322／地図p.180-F／1泊2食付1万9250円～ ● 温泉街入口に立つ大型旅館で、眺めのよい露天風呂が人気。
古山閣（こざんかく）	☎0237-28-2039／地図p.180-F／1泊2食付1万9950円～ ● 18代続く老舗。玄関や客室、調度品は情緒たっぷり。
旅館藤屋	☎0237-28-2141／地図p.180-F／1泊2食付2万9800円～ ● 3階建ての木造和風旅館。趣きの異なる5つの貸切風呂あり。

MAP

てくさんぽ

山寺参拝

やまでらさんぱい

山寺、正式名称宝珠山立石寺は、860（貞観2）年に慈覚大師が開いた天台宗の山。東北を代表する霊場として人々の信仰を集めている。俳人、松尾芭蕉も訪れている。

地図p.126-B
JR山寺駅から登山口まで🚶6分　立石寺本坊
📞023-695-2843
🕗8:00〜17:00　休無休　￥300円

コースタイム

山寺駅
　🚶8分
01 根本中堂
　🚶12分
02 せみ塚
　🚶5分
03 仁王門
　🚶10分
04 奥之院・大仏殿
　🚶5分
05 開山堂
　🚶5分
06 五大堂
　🚶25分
07 山寺芭蕉記念館
　🚶8分
山寺駅

総歩行時間
1時間18分

山門から奥之院までは1000段以上もの石段が続く。登山口から山門〜奥之院、五大堂を巡るガイド案内は、所要1時間30分、1グループ2000円。2日前までに山寺観光協会📞023-695-2816へ予約。山寺から徒歩10分ほどのところに、山寺芭蕉記念館が建つ。

01 　見学 10分

根本中堂
こんぽんちゅうどう

登山口を登ったすぐ正面にあるお堂。1356（延文元）年に、初代山形城主斯波兼頼が再建した入母屋造りの建物。ブナ材の建築物では日本最古といわれ、国の重要文化財に指定。堂内には慈覚大師作と伝えられる木造の薬師如来坐像が安置されている。

02 　見学 5分

せみ塚
せみづか

山門を抜けて石段を登る途中にある。1751（宝暦元）年に、村山地方の俳人たちが、松尾芭蕉が詠んだ、「閑けさや岩にしみ入る蝉の声」の句が書かれた短冊が埋め、句を刻んだ石碑を建てた。建立当初は山門の傍らにあったが、後年、現在の場所に移された。

03 　見学 5分

仁王門
におうもん

参道の中ほどにある。1848（嘉永元）年に再建された、ケヤキ造りの優美な造りの門だ。左右に安置された仁王尊像は、仏師・運慶の弟子たちの作とされている。

04 　見学 10分

奥之院・大仏殿
おくのいん・だいぶつでん

通称・奥之院と呼ばれる如法堂。そのすぐ前には、日本三大灯籠のひとつ、金灯籠が立つ。慈覚大師が中国で持ち歩いたとされる釈迦如来と、多宝如来が本尊として安置されている。奥之院の左側には、高さ5mの金色の阿弥陀如来像を安置している大仏殿がある。

天華岩

◎06 五大堂

百丈岩

立石寺本坊

下山口

芭蕉橋

開山堂
かいざんどう

立石寺を開山した慈覚大師を祀るお堂。大師の木造の尊像が安置されている。開山堂が建つ崖下の入定窟に、慈覚大師の遺骸が金の棺に入れられ、埋葬されている。開山堂の右手にある写経を納める納経堂は、山寺に現存する建物で最も古いとされている。

五大堂
ごだいどう

五大明王を祀り、天下太平を祈る道場。断崖絶壁に突き出すように立ち、山寺随一の展望を誇る。行者が修行した断崖絶壁の岩場や、眼下に広がる門前町の様子が見られる。日本の音風景100選にも選ばれていて、ここに立てば見事な一句が浮かんできそうだ。

山寺芭蕉記念館
やまでらばしょうきねんかん

松尾芭蕉が書き遺したものを中心に、『奥の細道』関連の資料などを展示する記念館。

地図p.126-B
JR山寺駅から🚶8分
山寺芭蕉記念館 📞023-695-2221 📍山形県山形市山寺南院4223 🕘9:00〜16:30 休不定（要問合せ）¥400円 Ｐ40台

山寺

三重小塔

華蔵院

④奥之院・大仏殿

釈迦堂

金灯籠

⑤開山堂

中性院

納経堂

金乗院

胎内堂

性相院

本尊は阿弥陀如来で、運慶作と伝えられる毘沙門天像が安置。伊達政宗公生母の日牌所。

③仁王門

弥陀洞

仏像、宗教資料、文化財を収蔵。伝教大師像としては日本最古といわれる像が残る。9:00〜17:00、入館料200円

②せみ塚

山門

宝物殿

①根本中堂

通りの両側に食事処やみやげ店などが並ぶ

常行念仏堂

日枝神社

こけし塚

対面岩

大日堂

登山口

仙山線

立谷川

宝珠橋

やまでらレトロ館（旧山寺ホテル）

山寺駅

山寺観光案内所

🏠⑦山寺芭蕉記念館

TEKU
TEKU
COLUMN

力こんにゃくを食す

山形特産の玉こんにゃく。山門の下にある山門売店で100円で販売。参拝途中のひと休みに。

「奥の細道」屈指の景勝を眺める

象潟と「奥の細道」
きさがた

芭蕉が「奥の細道」の旅で最大の目的としたのが、松島と並び象潟であるといわれる。隆起により今は昔となったその景勝に思いを馳せて。　地図p.180-A

かつての多島美の景観を偲んで

　芭蕉が象潟を訪れたのは、1689（元禄2）年。象潟を詠んだ「きさかたや雨に西施がねぶの花」の句は、その景観を中国四大美人の西施になぞらえ、双方の優美さと儚さを伝えている。

　かつて、南北30町、東西20町の内湾に百以上の島が浮かんだ象潟は、1804（文化元）年の地震による隆起で、すべて陸地となった。本荘藩により開発されるところを、蚶満寺24世住職の全栄覚林和尚が反対。寺を閉院宮家の御祈願所にすることで阻止し、景観が保持された歴史がある。

　象潟を散策するなら、まずは**象潟郷土資料館**（☎0184-43-2005）へ。模型による地形の説明、「腰長や鶴脛ぬれて海涼し」と詠んだ直筆の短冊など、芭蕉の足跡が展示されている。景観を眺めるなら、最大の島だった象潟島にある**蚶満寺**へ。参道や境内裏手の庭園から、かつての多島美を偲ばせる小高い丘が点在する眺めが楽しめる。

　ほか象潟駅から旧道に沿い、芭蕉が宿泊した向屋跡や鳥海山を見た欄干橋などを巡る、2.9キロの「象潟さんぽみち」が整備。山形県との県境には、芭蕉が実際に歩いた**三崎山旧街道**があり、30分ほど散策できる。

アクセス
象潟へは秋田駅から羽越線特急「いなほ」で50分。酒田からは特急で同30分。

問合せ先
にかほ市観光協会 ☎0184-43-6608

1 もと象潟島だった蚶満寺参道からの象潟の眺め。初夏の水田に水が張られる時期は当時の趣となる　2 象潟郷土資料館に展示の当時の地形。北前船寄港地にまつわる展示も　3 蚶満寺本堂。境内には銘木や芭蕉句碑、船を繋いだ石などがある　4 奥の細道三崎山旧街道。岩だらけの難所で一里塚や五輪塔が残る　5 たつみ寛洋ホテルの夕食。夕セリで仕入れたての庄内浜の魚介が並ぶ

宿泊ガイド

たつみ寛洋ホテル	☎0184-32-5555／地図p.180-A／1泊2食付1万1000円〜 ●象潟駅からすぐ。仲買人の資格があり象潟漁港水揚げの地魚料理に定評あり。

酒田

日よけ風よけのケヤキ並木と山居倉庫

最上川の舟運で栄えた酒田。米どころ庄内平野にあり、大地主・本間家関連の建物や歴史的建造物が見どころ。

酒田への行き方

東京から山形新幹線、陸羽西線と乗り継ぎ酒田まで4時間28分～5時間24分、1万4320円。新潟経由の場合、上越新幹線～羽越本線特急で3時間52分～4時間37分、1万4480円。夜行バスではバスタ新宿から8時間35分、8100円。高速バスで仙台から3時間30～35分、3400円。庄内空港から市内へはバスで35分、860円。

エリアの魅力

見どころ
★★★
散策
★★★
温泉
★

旬の情報：
無形民俗文化財の黒森歌舞伎は2月17日。酒田港まつり・酒田花火ショー（8月第1土曜）。2008年9月公開の映画『おくりびと』の舞台となった山居倉庫や仲通商店街などが劇中に登場。

問い合わせ先

酒田観光物産協会
📞0234-24-2233
酒田駅観光案内所
📞0234-24-2454
酒田市観光振興課
📞0234-26-5759
酒田庄交バスターミナル
📞0234-24-9292

酒田

循環バスを利用する

主な見どころへは一律200円の「るんるんバス」が運行している（A線・B線・酒田大学線は毎日、C線・D線・酒田駅飯森山線は火・木・土曜、古湊アイアイひらた線は月・水・金曜）。

レンタサイクル

土門拳記念館を除けば見どころは市街中心部に集中しているので、レンタサイクルの利用が便利だ。駅の観光案内所や山居倉庫などで、無料で利用できる。9:00～17:00。

見る&歩く

本間美術館
ほんまびじゅつかん

地図p.145
JR酒田駅から🚶5分

　本館・清遠閣は藩主お休み処として建て
られた本間家の旧別荘で、本間家に伝わる
東北諸藩からの拝領品を展示。精巧な手仕
事の跡が感じられる建物も必見。鶴舞園は
池泉廻遊式庭園で、春の白ツツジが美しい。
新館では古美術〜現代美術の企画展を実施。

📞0234-24-4311
📍山形県酒田市御成町7-7
🕐9:00〜17:00（11〜3月は〜16:30）
❌12〜2月の火・水曜（祝日の場合翌日）、
　12/24〜1/10、展示替え日
💴1000円　🅿50台

旧鐙屋
きゅうあぶみや

地図p.145
JR酒田駅から🚌庄内交通バス8分、🚏市役所前下
車🚶すぐ

　海運で繁栄した廻船問屋で、酒田三十六
人衆の一員であった鐙屋の屋敷。1845（弘
化2）年の火事のあとに再建、石置杉皮葺屋
根の典型的な町家造り。

📞0234-22-5001
📍山形県酒田市中町1-14-20
※耐震工事のため2025年3月まで休館
🕐9:00〜16:30
❌12〜2月の月曜（祝日の場合翌日）
💴390円　🅿酒田市役所🅿利用

相馬樓
そうまろう

地図p.145
JR酒田駅から🚌庄内交通バス湯野浜温泉方面行き
3分、🚏寿町下車🚶すぐ

　江戸時代に開業、1895（明治28）年に再
建された後、1994（平成6）まで営業してい
た元料亭を公開。竹久夢二の作品などが展
示された夢二美術館のほか、2階では相馬
樓酒田舞娘の踊りを鑑賞（14:00〜、1800
円）できる。国の登録文化財建造物指定。

📞0234-21-2310　📍山形県酒田市日吉町1-2-
20　🕐10:00〜16:00（最終入樓15:30）
❌水曜、年末年始　💴1000円　🅿15台

山王くらぶ
さんのうくらぶ

地図p.145
JR酒田駅から🚌庄内交通バス3分、寿町下車🚶
3分

　1895（明治28）年築、国の登録文化財に
指定されている旧料亭宇八樓を再利用。酒
田の歴史に関する資料や、日本三大つるし
飾りのひとつ、「酒田傘福」が見られる。

📞0234-22-0146 　📍山形県酒田市日吉町2-2-25
🕐9:00〜17:00（最終入館16:30）
⊘12〜2月の火曜（祝日の場合は翌日）
　12/29〜1/2
💴410円 　🅿34台

山居倉庫
さんきょそうこ

地図p.145
JR酒田駅から🚌るんるんバス酒田駅大学線8分、
♀倉庫前下車🚶すぐ

　1893（明治26）年、酒田米穀取引所の付属倉庫として建造。現在はJA全農山形の農業倉庫。1号棟の庄内米歴史資料館では、米の検査風景や農家の暮らしを再現。

庄内米歴史資料館📞0234-23-7470
📍山形県酒田市山居町1-1-20
🕐9:00〜17:00（12/1〜28は16:30）
⊘年末年始 💴300円 🅿30台

日和山公園
ひよりやまこうえん

地図p.145
JR酒田駅から🚌庄内交通バス5分、寿町下車🚶
5分

　高台に広がる、日本海を一望できる公園。園内には、1895（明治28）年築の木造六角灯台や、港町・酒田の歴史を伝える方角石、1/2スケールで再現した千石船もある。

📞0234-26-5759 　📍山形県酒田市南新町1-127
＊入園自由 🅿63台

土門拳記念館
どもんけんきねんかん

地図p.180-A
JR酒田駅から🚌るんるんバス16分、♀土門拳記念
館下車🚶2分

　飯森山公園内に建つ、鳥海山を望む写真専門美術館。土門拳は酒田市出身の写真家で、「古寺巡礼」をはじめとした作品で日本の美、日本人の心を活写した。彼の全作品約7万点を収蔵し順次公開している。

📞0234-31-0028
📍山形県酒田市飯森山2-13 飯森山公園内
🕐9:00〜17:00（最終入館16:30）
⊘12〜3月の月曜（祝日の場合翌日）、年末年始
💴700円（特別展別途） 🅿145台

POINT 　徒歩の道中／建物が建つ公園内は散策に最適。池の周辺は、アジサイの季節は特に見事。

TEKU TEKU COLUMN

武家屋敷の威厳を伝える
本間家旧本邸へ行ってみよう 　地図p.145

　港町・酒田は歴史ある建造物などが残る町。本間家旧本邸は、三代光丘が1768（明和5）年に、幕府巡見使の本陣宿として建てた建物。桟瓦葺き平屋書院造で、武家屋敷と商家が一体となった造りは、全国的にも非常に珍しい。

📞0234-22-3562 　🕐9:30〜16:30（11〜2月は〜16:00） 　⊘12月下旬〜1月上旬
💴800円 　＊JR酒田駅から🚌るんるんバス酒田駅大学線で6分、♀二番町下車🚶すぐ

買う＆食べる

海鮮料理

海鮮どんや とびしま
かいせんどんやとびしま

地図 p.145
🚶 酒田駅前から🚌庄内交通バス
4分、🚏山銀前下車🚶10分

さかた海鮮市場の2階にあり、庄内浜地域で獲れる新鮮な旬の魚介をリーズナブルに提供。舟盛膳1100円は数量限定。海鮮丼1100円。

📞 0234-26-6111
📍 山形県酒田市船場町2-5-10
🕐 7:00〜9:00、
　11:00〜19:00（LO18:30）
🈳 1/1、2/28　＊130席
🅿 300台

フランス料理

ル・ポットフー

地図 p.145
JR酒田駅から🚶 3分

地元の新鮮な海の幸を使用し、酒田を訪れた開高健、山口瞳らの文人が絶賛したフレンチの名店。ランチ2200円〜、ディナー4400円〜などのコース料理がいただける。

📞 0234-26-2218
📍 山形県酒田市幸町1-10-20
　日新開発ビル3階
🕐 11:30〜14:00LO、
　18:00〜20:00LO
🈳 水曜（祝日の場合営業）
＊ 80席　🅿 50台

海産物

さかた海鮮市場
さかたかいせんいちば

地図 p.145
🚏 山銀前下車🚶10分

店内には庄内浜で揚がる四季折々の鮮魚から、干物、加工品などさまざまな海産物が並ぶ。夏には日本海の味覚、岩ガキが1個500円くらいから。

📞 0234-23-5522
📍 山形県酒田市船場町2-5-10
🕐 8:00〜18:00
🈳 1/1、2/28、3/28、4/18、9/5
🅿 300台

和食・みやげ

酒田夢の倶楽
さかたゆめのくら

地図 p.145
JR酒田駅から🚌るんるんバス8分、🚏山居倉庫前下車すぐ

山居倉庫の南側2棟を改修して、11号棟は酒田の歴史文化を紹介する「華の館」（入館無料）として利用。12号棟は、食事処「芳香亭」と、酒田の特産物、おみやげを販売する「幸の館」となっている。酒田のブランド餅米女鶴を使った女鶴大福（1日50個限定）1個165円などの名物菓子も人気。

📞 0234-22-1223
📍 山形県酒田市山居町1-1-20
🕐 9:00〜18:00（12〜2月は17:00まで、芳香亭11:00〜14:30、17:30〜21:00LO）
🈳 1/1（芳香亭は月曜夜休）
🅿 30台

宿泊ガイド

ホテルリッチ＆ガーデン酒田	📞0234-26-1111／地図p.145／Ⓢ5100円〜、Ⓣ1万200円〜 ●山居倉庫に近い。自然派レストランふきのとうもある。
月のホテル	☎0120-980-529／地図p.145／Ⓢ1万7820円〜、Ⓣ2万570円〜（朝食付） ●駅前にあり観光拠点に便利。旧 ホテルイン酒田駅前。
酒田ステーションホテル	📞0234-22-0033／地図p.145／Ⓢ3700円、朝食＋600円 ●JR酒田駅から徒歩3分。1階には喫茶店「珈琲　木戸銭」が営業している。
若葉旅館	📞0234-24-8111／地図p.145／1泊2食付1万1000円〜 ●和風旅館。日本海の新鮮な魚介類を使った料理も好評。

眼前に迫る渓谷美

最上峡舟下り

江戸時代から物資の運搬で利用された最上川。中でも随一の景勝地として知られる最上峡を、舟下りで雄大な景色を満喫しよう。

地図p.180-E

アクセス
● 最上峡芭蕉ライン
JR古口駅から🚶7分。※下船場の川の駅・最上峡くさなぎからはJR高屋駅や古口駅行きのシャトルバスが運行(200〜400円、1時間に1本)。
● 最上川舟下り義経ロマン観光
高屋乗船場までJR高屋駅から🚶2分

川の上から望む最上川の絶景

　最上川は、米沢盆地、山形盆地、庄内平野を流れ、日本海にそそぐ一級河川。日本三大急流のひとつで、古口〜清川間の約16kmに広がる最上峡は、最上川一の景勝地といわれる。新緑や紅葉が楽しめるベストビュースポットだ。

　最上峡の景色をじっくり楽しむなら舟下りがおすすめ。江戸時代には河口部の商業都市・酒田と内陸の山形を結ぶ交通路として、何百艘もの船が行き来していた。「最上川芭蕉ライン」では、当時の船番所を再現した戸澤藩船番所から川の駅・最上峡くさなぎまで運航。「最上川舟下り義経ロマン観光」はJR高屋駅で受付し、高屋乗船場から乗る。義経一行が立ち寄った際に従者の常

■1雄大な最上峡 ■2最上峡両岸には神代杉の巨木を見る散策コースも ■3春は川沿いに咲く花も見られる

陸坊海尊が建立したという仙人堂や、大小48の滝、白糸の滝などが見どころ。舟唄を聞きながら、四季の風景を堪能できる。

最上峡芭蕉ライン
♪ 0233-72-2001
🕐 8:30〜17:00 (12〜3月は9:10〜16:20)、土〜月曜12便、ほかの月は7便運航
🈳 無休 ¥乗船 2500円

最上川舟下り義経ロマン観光
♪ 0234-57-2148 (予約可)
🕐 10:00〜15:00
平日4便、土・日曜、祝日6便
🈳 無休(冬期は要問い合わせ)
¥乗船 2400円

最上川・舟下り
1:135,600
0　　2km

周辺広域地図 P.180-181

149

鶴岡

致道博物館に移築された旧西田川郡役所

庄内藩酒井家の城下町として栄え、明治・大正期に建造された洋風建築が残る鶴岡。文人ゆかりの地でもあり見どころは多い。

鶴岡への行き方

鶴岡駅へは東京から上越新幹線の新潟で羽越本線特急に乗り換え3時間33分〜4時間18分、1万3980円。山形新幹線で新庄経由の場合、陸羽西線を余目駅（あまるめ）で羽越本線に乗り換え4時間56分〜6時間3分、1万4320円。夜行バスでバスタ新宿から7時間30分、7800円。庄内空港から市内へはバスで所要25分、780円。

鶴岡
1:24,400
0   300m

周辺広域地図
P.180-181

松尾芭蕉が船に乗り酒田に向かった芭蕉乗船地跡がある

川端通りからは市内を流れる内川の景色が楽しめる

樹齢400年、高さ15mの県下最大の巨樹が立つ

エリアの魅力

見どころ
★★★
散策
★★★
温泉
★★

旬の情報：
天神祭（5月25日）、荘内大祭（8月14、15日）。庄内浜の岩ガキは夏が旬。
温泉は湯野浜温泉まで鶴岡駅前からバスで40分、湯田川温泉までバスで30分。

問い合わせ先

DEGAM鶴岡ツーリズムビューロー
☎0235-25-7678
鶴岡市観光物産課
☎0235-25-2111
庄内交通エスモールバスセンター
☎0235-24-5333

レンタサイクルつるおか

駅の観光案内所で無料で利用できる。9:30〜17:00。12〜3月は休み。
☎0235-25-7678

観光ガイドと巡る

鶴岡市観光ガイド協議会に5日前までに予約すれば、鶴岡公園周辺や藤沢周平ゆかりの地の観光ガイドも頼める。最長3時間。ガイド1人につき1000円。☎0235-24-7779

致道博物館
ちどうはくぶつかん

地図 p.150
JR鶴岡駅から🚌庄交バス湯野浜温泉方面、あつみ温泉行きなど10分、🚏致道博物館前下車👣2分

　旧庄内藩主酒井氏が1950（昭和25）年に御用屋敷を寄付して設立された。敷地内には重要文化財指定の旧西田川郡役所や田麦俣の多層民家（写真下）のほか、洋館風の旧鶴岡警察署（写真右）を移築。考古・民俗資料なども展示。

📞 0235-22-1199　📍山形県鶴岡市家中新町10-18
🕐 9:00〜17:00（12〜2月は〜16:30）、入館は30分前まで
🈳 無休（12〜2月は水曜休）　💴 800円　🅿 20台

大宝館
たいほうかん

地図 p.150
JR鶴岡駅から🚌庄交バス湯野浜温泉方面、あつみ温泉行きなど10分、🚏市役所前下車👣2分

　1915（大正4）年に大正天皇の即位を記念して建造された。バロック風の窓と、ルネサンス風のドームが特徴。明治の文豪・高山樗牛、時代小説の名手・藤沢周平など、鶴岡市出身の文人の資料や遺品を展示。

📞 0235-24-3266　📍山形県鶴岡市馬場町4-7
🕐 9:00〜16:30　🈳 水曜（祝日の場合は翌日）、年末年始　💴 無料　🅿 なし

庄内藩校致道館
しょうないはんこうちどうかん

地図 p.150
🚏市役所前🚶すぐ

　9代藩主酒井忠徳が1805（文化2）年に創設した、荻生徂徠が提唱した徂徠学を教学とした学校。講堂は始業式を行ったところ。聖廟には儒学の祖・孔子が祀られ、藩主や家老が出入りした御入間のうち御居間には、賊の侵入を防ぐ工夫が施されている。

📞 0235-23-4672　📍山形県鶴岡市馬場町11-45
🕐 9:00〜16:30　🈳 水曜（祝日の場合は翌日）、年末年始　💴 無料　🅿 110台

鶴岡カトリック教会天主堂
つるおかカトリックきょうかいてんしゅどう

地図 p.150
🚏マリア幼稚園前下車👣6分

　フランス人のダリベル神父の私財はじめ多くの人の寄付によって、1903（明治36）年に完成した高さ23.7mの天主堂（国の重要文化財）。ステンドグラスとは異なる独特の技法で作られた窓絵があり、副祭壇には日本でただ1体の「黒い聖母」像が立つ。

📞 0235-22-0292
📍山形県鶴岡市馬場町7-19
🕐 7:00〜18:00（冬期は17:00まで）
🈳 不定　💴 無料　🅿 なし

鶴岡

旧風間家住宅丙申堂
きゅうかざまけじゅうたくへいしんどう

地図 p.150
JR鶴岡駅から🚌庄交バス湯野浜温泉方面行き5分分、♀銀座通り下車🚶3分

　風間家は庄内藩の御用商人で、幕末には鶴岡一の豪商となった。この建物は、1896（明治29）年に7代当主が建てた住居兼店舗。杉皮葺きの石置屋根やトラス状の梁、薬医門（武家門）が往時の繁栄を伝える。

🎵 0235-22-0015　♀ 山形県鶴岡市馬場町1-17
🕐 9:30～16:30（最終入館16:00）
🈺 4月10日～11月30日開館、7月13日を除く期間中無休
💴 400円（釈迦堂共通券）　🅿 10台

スタジオセディック庄内オープンセット
すたじおせでぃっくしょうないおーぷんせっと

地図 p.180-E ／🚌庄交バス羽黒山頂行きバスで♀石の館サンロード前へ。ここからタクシーで20分

　月山山麓の広大な自然の中に映画撮影のために建てられ、山間集落や宿場町などのオープンセットが点在。「おしん」などを撮影。

🎵0235-62-4299／0235-62-4600（羽黒タクシー）
♀ 山形県鶴岡市羽黒町川代東増川山102
🕐 9:00～17:00（入場16:00まで、10/1～11/11は～16:00、最終入場15:00）
🈺 4月下旬～11月上旬開園、期間中無休
💴 1300円　＊村内周遊バス500円
🅿 400台

羽黒山
はぐろさん

地図 p.180-E
JR羽越本線鶴岡駅から🚌庄内交通バス羽黒山頂行きで55分、♀終点下車

　1400年以上の歴史を持つ山岳宗教の聖地・出羽三山。その中心が羽黒山で、山麓の手向地区には32軒の宿坊が集まっている。羽黒山参道脇にある参籠所「斎館」では、山麓で採れる山菜などを素材に用いた精進料理が味わえる。

🎵 0235-62-2357（料理予約）
♀ 山形県鶴岡市羽黒町手向字手向7
🕐 11:00～14:00。要予約。
💴 精進料理お膳2200円～、涼風膳5500円～。

TEKU TEKU COLUMN

水平線に沈む夕陽を眺めながら・湯野浜温泉
ゆ の はまおんせん

地図 p.180-E
JR鶴岡駅から🚌庄交バス湯野浜温泉行き35分、終点下車

　鳥海山を望み、庄内浜に面して17軒の旅館が立ち並ぶ、海浜の温泉。屋上露天風呂や展望風呂などからは日本海に沈む夕陽を眺めることができる。夏の岩ガキなど日本海の海の幸が味わえる。海辺の宿 都屋などの宿がある。

湯野浜温泉観光協会🎵0235-75-2258
♀ 山形県鶴岡市湯野浜

買う＆食べる

割烹料理

すたんど割烹みなぐち
すたんどかっぽうみなぐち

地図 p.150
JR鶴岡駅から🚶15分

　慶応年間に建てられた土蔵を利用した、ノスタルジックな風情の日本料理店。庄内の風土と新鮮な食材を活かした和食と洋食が評判。桜美豚を煮込んで3日間かける角煮が絶品。自家製海老シュウマイ770円は女性に人気。庄内産の魚と有機野菜などを使用した季節の会席3240円～も。ランチみなぐち弁当1500円（要予約）、ミニ会席2750円。

📞 0235-23-3791
📍 山形県鶴岡市山王町8 -10
🕐 11:00～14:00、17:00～21:00LO
🈺 第1・4・5月曜、第2・3日曜（第2・3月曜が休日の場合日曜営業）＊56席　🅿 4台

カフェレストラン

水の食卓 百けん濠
みずのしょくたく ひゃっけんぼり

地図 p.150
JR鶴岡駅から🚌庄交バス湯野浜温泉方面行き10分、🚏致道博物館前下車🚶5分

　鶴ヶ岡城の堀を再現した新百間堀に面する明るいカフェレストラン。地元食材をふんだんに使った料理が自慢。旬の魚が付いた豪勢な百けん濠ご膳1870円、麺にシルクを練りこんだ麦切り膳が1430円。

📞 0235-29-0888
📍 山形県鶴岡市馬場町14-2 鶴岡タウンキャンパス内
🕐 11:30～14:30LO、17:30～22:00(21:00LO)　🈺 火曜
🅿 近くに公共駐車場あり(有料)

漬物

鶴岡駅前本長商店
つるおかえきまえほんちょうしょうてん

地図 p.150
JR鶴岡駅から🚶 2分

　1908（明治41）年創業の老舗漬物店。米処庄内の上質の酒粕を使った野菜の粕漬をはじめ、新鮮な旬の野菜、山菜の漬物を販売。きゅうり、茄子、うりの粕漬各648円～、一口茄子からし漬378円～。

📞 0235-22-0616
📍 山形県鶴岡市末広町6 - 5
🕐 10:30～18:00
🈺 日曜　🅿 3台

絵ろうそく

富樫絵ろうそく店
とがしえろうそくてん

地図 p.150
JR鶴岡駅から湯野浜温泉方面行きバス3分、🚏山王町下車🚶1分

　鶴岡の伝統工芸である絵ろうそく1本330円～。花紋燭ともいい、御所車、蓮華、花模様などの絵柄を顔料で描いたもの。2、3日前までに予約すれば、絵付け体験1本500円～もできる。所要30分～1時間。

📞 0235-22-1070
📍 山形県鶴岡市山王町10-52
🕐 9:00～11:00、13:00～16:00
🈺 第3日曜　🅿 6台

鶴岡

宿泊ガイド

ホテル ルートイン鶴岡駅前	📞0235-28-2055／地図 p.150／Ⓢ7050円～、Ⓣ9050円～	
	●大浴場を備えた駅近のホテル。朝食バイキングは宿泊者無料。	
アパホテル山形鶴岡駅前	📞0235-25-0111／地図 p.150／Ⓢ1万5000円～、Ⓣ2万3000円～	
	●鶴岡駅前にあり観光の拠点に便利。朝食は地元食材を使ったバイキング。	
東京第一ホテル鶴岡	📞0235-24-7611／地図 p.150／Ⓢ8200円～、Ⓣ9700円～	
	●温泉を備えたシティホテル。庄内平野を見下ろす展望露天風呂を備える。	
愉海亭みやじま	📞0235-75-2311／地図 p.180-E／1泊2食付2万3100円～	
	●湯野浜温泉の和風旅館。展望露天風呂が自慢。	

サケとともに歩んだ城下町

村上でサケを学び、見て、味わう

越後最北の城下町といわれ、市街に町家が残る村上。サケ漁と人口孵化放流でも知られ、サケにまつわる様々な見どころが点在している。　地図p.182-A

サケづくしの町歩きを楽しむ

　村上は古くからサケに支えられてきた土地で、江戸期はサケ漁の運上金が藩の財政を賄っていた。サケを守り増やす取り組みも早く、江戸末期にサケの回帰性に気付いた武士・青砥武平治により三面川に「種川」という分流を設け、サケを留めて産卵させることを始めた。市街にあるサケの資料館・**イヨボヤ会館**は、この種川に接した地下の生態観察室が見もの。10〜12月には、遡上して産卵する親ザケの生態をガラス越しに観察できることもある。

　村上では遡上するサケを捕獲し、人工授精させて放流するのが盛んだ。捕獲風景は三面川の両岸を結ぶ柵・**ウライ**で見られ、ウライからは伝統漁法の**居繰り網漁**も操業。3艘の川舟をひし形に展開し、先行の二艘で網を張り、後方の二艘でサケを網へ追い込むもので、いずれも10月下旬〜11月下旬の漁期に見学できる。

　村上のサケの食文化は、遡上したサケを無駄なく食べるために発達したもので、その数およそ百種類以上。塩引きザケはその代表で、駅から徒歩20分の大町にある**味匠㐂っ川**では、内臓を抜いたサケに塩をして寝かせ、塩出しして11月の終わりから3週間ほど干し上げる。軒先に頭を下にした塩引きザケが吊るされる光景は、晩秋からの村上の風物詩。それをさらに1年間乾燥発酵させた酒浸しは、酒の肴にもってこいだ。また駅前の**石田屋**では、はらこ丼並1600円などが味わえる。

アクセス
村上へは新潟駅から羽越線特急「いなほ」で50分。

1 塩引きザケは「村上の風と塩が作り出す芸術」と㐂っ川のご主人　2 ウライでサケの遡上を止め、岸近くに設けた「落し柵」で捕獲する　3 居繰り網漁は昔ながらの木造船で操業　4 石田屋のはらこ丼。皮がやわらかくジュワッとはじける　5 㐂っ川のサケ製品。塩引き切り身は1361円。酒浸しは1426円

イヨボヤ会館 ☎0254-52-7117　⏰9:00〜16:30　休12/28〜1/4　¥600円
味匠㐂っ川 ☎0254-53-2213　⏰9:00〜18:00　休元日
石田屋 ☎0254-53-2016　⏰11:00〜14:00、17:30〜20:30LO（日曜・祝日は昼のみ）　休年末年始、月1回月曜休
村上市観光協会 ☎0254-53-2258　※居繰り網漁は午前1回・時間等は要確認

会津
磐梯

福島・会津

1:300,000

0　　　　6km

周辺広域地図 P.182-183

N

新潟県

山形県

福島県

磐梯朝日国立公園

北股岳 ▲2025
御西岳 ▲2013
飯豊山 ▲2105
大日岳 ▲2128
櫛が峰 ▲1866
三国岳 ▲1644
高陽山 ▲1127

飯豊町

今泉へ
にしよねざわへ

P.133 小野川温泉
P.133 河鹿荘
田沢

121

A

B

大塚山 ▲1322
赤崩山 ▲1071
飯森山 ▲1595

新稲荷峠
三ノ倉山 ▲1008

大峠トンネル

121

日中温泉

大峠

熱塩温泉

杉山集落 P.167

喜多の郷
三津谷集落 P.167

おさらぎの宿
（休業中）

北塩原村

459

相川温泉

459

休暇村裏磐梯
裏磐梯 P.170

171

P.165

喜多方

166

きたかた

大塩裏磐梯温泉郷
ラビスパ裏磐梯

猫魔スキー場

磐越西線

E

やまと

おきの

あいづとよかわ

うばどう

F

雄国せせらぎ探勝路
猫魔ヶ岳 ▲1404

磐梯山 ▲1816

猪苗代スキー場

阿賀川

のざわ

西会津町
にしあいづ

おのぼり

しおかわ

おいかわ

磐梯河東
IC

ばんだいさん

おきなしま

磐梯町
ばんだい

翁島温泉

磐越自動車道

西会津IC
（西会津PA）

400

会津坂下IC

あいづやないづ

会津柳津町
こうど

252

あいづのはら

柳津町
柳津温泉

たきや

尾瀬街道みしま宿
あいづみやした

湯の岳 729▲

西山温泉

大谷峠

博士山 ▲1482

とうでら

会津坂下町

あいづ
さかもと
鶴山神社

馬立山 ▲488

にいつる

新鶴
スマートIC
（ETC車限定）

ねぎし

会津美里町
伊佐須美神社

あいづたかだ

昭和へ

湯川村
あいづ湯川・
会津坂下

どうじま

ひがしながはら

会津村
ひろた

49

わかみや
新鶴PA

会津若松IC
あいづわかまつ
なぬかまち

にしわかまつ

あいづ
ほんごう

只見線

会津本郷焼
歴史資料展示室
もんでん

401

伊佐須美神社

あまや

会津鉄道

118

芦ノ牧温泉へ

121

159

磐梯山SA

M

P.172 天鏡閣

49

鈴鹿

野口英世記念館 P.171

会津若松 P.158

御薬園

鶴ヶ城

向瀧 P.164
庄助の宿瀧の湯 P.164

東山温泉

294

背あぶり高原

黒森峠

千手院卍

あしのまきおんせん

湯野上温泉へ

156

会津若松

蒲生氏郷ゆかりの、幕末史の舞台

　会津若松市は会津23万石の城下町として栄えた歴史ある町。城郭・堀、碁盤の目状の道路などに往時の雰囲気が残り、白虎隊や新選組ゆかりの史跡も点在する。大河ドラマ「八重の桜」の舞台でもある。東山温泉、芦ノ牧温泉など周辺には温泉も多い。

 HINT

会津若松への行き方

　東京方面からは、東北新幹線で郡山まで行き、JR磐越西線に乗り換えるのが一番早く便利。運賃が割安なのは浅草から東武・野岩・会津鉄道を使うルート。高速バス利用の場合、新宿〜会津若松が1日10往復、仙台〜会津若松が1日8便など。

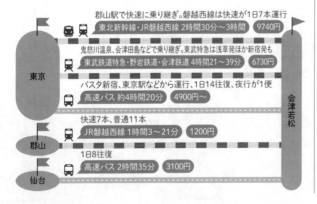

郡山駅で快速に乗り継ぎ。磐越西線は快速が1日7本運行
東北新幹線・JR磐越西線 2時間30分〜3時間　9740円

鬼怒川温泉、会津田島などで乗り継ぎ。東武特急は浅草発ほか新宿発も
東武鉄道特急・野岩鉄道・会津鉄道 4時間21〜39分　6730円

バスタ新宿、東京駅などから運行、1日14往復、夜行が1便
高速バス 約4時間20分　4900円〜

快速7本、普通11本
JR磐越西線 1時間3〜21分　1200円

1日8往復
高速バス 2時間35分　3100円

東京　　郡山　　仙台　　会津若松

エリアの魅力

見どころ
★★★★
散策
★★★
温泉
★★★

旬の情報：
4月第3土・日曜に鶴ヶ城さくら祭り、4月24日、9月24日に白虎隊慰霊祭、9月22〜24日に会津まつりが開催される。

問い合わせ先

会津若松市観光課
☎0242-39-1251
会津若松観光ビューロー
☎0242-24-8000
http://www.aizukanko.com/
JR東日本問い合わせセンター
☎050-2016-1600
会津バス若松営業所（高速バス、路線バス）
☎0242-22-5555
JRバス関東（高速バス）
☎0570-048905
あいづタクシー
☎0120-69-2468
駅レンタカー会津若松営業所
☎0242-24-5171

旅の起点となる会津若松駅

HINT

まわる順のヒント

　観光のメインとなるのは鶴ヶ城と飯盛山（いいもりやま）、武家屋敷。飲食店が多いのは鶴ヶ城周辺や七日町通り。互いに離れているのでバスやタクシー、レンタサイクルなどを効率よく利用したい。

●まちなか周遊バス「ハイカラさん」「あかべぇ」

　市内の主な見どころを循環するレトロ調のボンネットバス「ハイカラさん」。会津若松駅前発8時～17時30分で、30分間隔の運行。1日20便。七日町、鶴ヶ城、御薬園、会津武家屋敷、東山温泉、飯盛山を経由して会津若松駅に戻る。これと逆回りの周遊バス「あかべぇ」もあり、飯盛山方面へ行く場合に便利だ。1乗車210円。1日フリー乗車券600円。このほか、本町通り商店街が運行主体で、公共施設や商店街を経由して酒蔵を多く回るまちなか循環バス「エコろん号」も運行。1日7便、9:20～16:00、1乗車210円。

●レンタサイクルを利用する

　市内4カ所（大町、鶴ヶ城、御薬園、飯盛山）にステーションがあり、乗り捨てもできる。利用時には身分証明書が必要。1日500円。9時～16時。3月下旬～11月営業（会津若松市観光公社 ♪0242-27-4005）。会津若松駅の駅レンタカーのレンタサイクルは2時間500円、4時間1000円、1日1500円。

周遊バス「ハイカラさん」

問い合わせ先

「ハイカラさん」「あかべぇ」
会津バス若松営業所
♪0242-22-5555
「エコろん号」
広田タクシー
♪0242-75-2321

飯盛山への急な石段には、250円の「スロープコンベア」も整備されている

会津若松
1:29,400
0　　　　500m

周辺広域地図 P.156-157

徒歩10分

159

見る&歩く

鶴ヶ城
つるがじょう

地図p.159-A
JR会津若松駅前の♀若松駅前から🚌まちなか周遊バス・ハイカラさん20分、♀鶴ヶ城北口下車🚶5分

　蘆名直盛が1384（至徳元）年に築いた東黒川館がはじまり。1593（文禄2）年蒲生氏郷が7層の天守を築き、加藤明成の代に現在の5層に改修。戊辰戦争では難攻不落の名城として知られ、藩主松平容保とともに、八重をはじめ多くの女子も1カ月に渡り籠城した。また、桜の名所で、見頃は4月中旬〜下旬。

●天守閣
　現在の建物は1965（昭和40）年に再建。天守閣博物館として利用され、城の成り立ちを紹介するCGシアターや、各層工夫を凝らした展示などがある。

●南走長屋・干飯櫓
　城内で最も規模の大きかった櫓。天守の南に位置する南走長屋は武器の貯蔵庫。干飯櫓には干米などを貯蔵した。2001年に当時の工法に忠実に復元された。

●麟閣
　千利休の子、少庵が当時の藩主・蒲生氏郷のために建てたと伝える茶室。園内では和菓子付きの抹茶500円が味わえる。

🎵0242-27-4005
📍福島県会津若松市追手町1-1
🕐8:30〜17:00（入館は16:30まで）
㊡無休　💴天守閣410円、麟閣210円、共通入場券520円（御薬園p.162を含めた3施設共通入場券700円）　🅿364台（有料）

福島県立博物館
ふくしまけんりつはくぶつかん

地図p.159-B
♀若松駅前から🚌まちなか周遊バス・ハイカラさん20分、♀鶴ヶ城三の丸口下車🚶1分

　福島の文化遺産を集めた博物館。福島の歴史に関わる品々を年代順に展示する総合展示室と、考古、民俗、自然、歴史美術のテーマに分かれた部門展示室がある。

🎵0242-28-6000
📍福島県会津若松市城東町1-25
🕐9:30〜17:00（入館は16:30まで）
㊡月曜（祝日の場合は翌日）、12/28〜1/4
💴280円　🅿150台

昭和なつかし館
しょうわなつかしかん

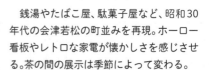

地図p.162-B
JR会津若松駅から🚌まちなか周遊バス・ハイカラさんで5分、七日町白木屋前下車🚶すぐ

　銭湯やたばこ屋、駄菓子屋など、昭和30年代の会津若松の町並みを再現。ホーロー看板やレトロな家電が懐かしさを感じさせる。茶の間の展示は季節によって変わる。

🎵0242-27-0092
📍福島県会津若松市大町1-1-46
　骨董倶楽部2階
🕐10:00〜18:00
㊡不定　💴200円　🅿なし

野口英世青春館
のぐちひでよせいしゅんかん

地図p.162-B
♀若松駅前から🚌まちなか周遊バス・ハイカラさん15分、♀野口英世青春館前下車🚶すぐ

　野口英世がやけどの手術を受けた會陽医院跡の2階に設けられた資料館。英世が勉学に励んだ机などの資料が展示されている。

會津壹番館　🎵0242-27-3750
📍福島県会津若松市中町4-18 會津壹番館2階
🕐8:00〜20:00　㊡1/1　💴100円

会津町方伝承館
あいづまちかたでんしょうかん

地図p.162-B
JR会津若松駅から🚶8分

　1階では会津漆器や会津木綿、絵ろうそく、赤べこなどの民芸品を展示販売。2階の企画展示室では職人の新作発表も。

📞 0242-22-8686
📍 福島県会津若松市大町2-8-8
🕐 9:00〜18:00
🚫 月曜（祝日の場合は翌日）　💴 無料　🅿 5台

白虎隊記念館
びゃっこたいきねんかん

地図p.159-B
🚏若松駅前から🚌まちなか周遊バス・あかべえ5分、
🚏飯盛山下下車🚶1分

　16〜17歳の少年で編成された会津藩の部隊・白虎隊と戊辰戦争、新選組に関する資料1万2000点を収蔵。

📞 0242-24-9170
📍 福島県会津若松市一箕町八幡字弁天下33
🕐 9:00〜16:00
🚫 火曜　💴 400円
🅿 30台

白虎隊十九士の墓
びゃっこたいじゅうきゅうしのはか

地図p.159-B
🚏飯盛山下から🚶5分

　飯盛山中腹にあり、自刃した白虎隊士19人の霊を祀る。かたわらには、一命をとりとめた飯沼貞吉の墓碑も。

会津若松市観光課 📞0242-39-1251
📍 福島県会津若松市一箕町八幡
＊見学自由　🅿 80台（有料）

さざえ堂（旧正宗寺・円通三匝堂）
さざえどう（きゅうしょうそうじ・えんつうさんそうどう）

地図p.159-B
🚏飯盛山下から🚶5分

　1796（寛政8）年に僧郁堂が建立した、木造の観音堂。内部は螺旋構造になっている。国指定重要文化財。

📞 0242-22-3163（山王飯盛本店）
📍 福島県会津若松市一箕町八幡滝沢155
🕐 8:15〜日没（1〜3月は9:00〜16:00）
🚫 無休　💴 400円　🅿 10台

旧滝沢本陣
きゅうたきざわほんじん

地図p.159-B
🚏飯盛山下から🚶5分

　参勤交代の際、会津藩主の休憩所として使われた茅葺き書院造りの家屋。戊辰戦争時には会津藩の大本営となり、松平容保指揮の元、白虎隊も出陣した。国の史跡ならびに重要文化財に指定されている。

📞 0242-22-8525
📍 福島県会津若松市一箕町八幡滝沢122
🕐 8:00〜17:00（12月〜3月は9:00〜16:00）
🚫 無休　💴 300円　🅿 7台

会津武家屋敷
あいづぶけやしき

地図p.159-B
♀若松駅前から🚌まちなか周遊バス・ハイカラさん33分、同あかべぇ15分、♀会津武家屋敷前下車すぐ

　約7000坪の敷地に、復元した会津藩家老・西郷頼母の屋敷や、旧中畑陣屋、藩米精米所などの移築された建物が立ち並ぶ。武具や調度品も展示。

☎ 0242-28-2525
📍 福島県会津若松市東山町石山院内
🕐 8:30〜17:00（12〜3月は9:00〜16:30）
🈳 無休　💴 850円　🅿 100台

天寧寺
てんねいじ

地図p.159-B
♀若松駅前から🚌まちなか周遊バス・あかべぇ10分、ハイカラさん31分、♀奴郎ヶ前下車🚶10分

　1421（応永28）年に傑堂禅師が開いた曹洞宗の寺。裏山の墓地には新選組局長・近藤勇の墓がある。会津藩の手によって建てられた墓には、近藤の遺髪が葬られたといわれる。命日の4月25日には毎年、墓前祭を開催。

☎ 0242-26-3906
📍 福島県会津若松市東山町石山天寧208
＊ 境内自由　🅿 10台

御薬園
おやくえん

地図p.159-B
♀若松駅前から🚌まちなか周遊バス・ハイカラさん29分、♀御薬園下車、またはあかべぇ15〜22分、♀会津若松商工会議所前下車🚶5分

　中央に心字の池を置く大名庭園型山水庭園。もとは蘆名家10代盛久の別荘地で、江戸時代に会津藩2代藩主・松平正経が薬草を栽培した。現在も約400種の薬草薬木を栽培している。御茶屋御殿は、資料館・売店となっていて、抹茶が供される。

☎ 0242-27-2472
📍 福島県会津若松市花春町8-1
🕐 8:30〜17:00　🈳 無休
💴 330円　🅿 50台

七日町
1:11,700
0　　　　200m

周辺広域地図 P.159

徒歩4分

買う＆食べる

郷土料理

渋川問屋
しぶかわとんや

地図 p.162-A

🚏若松駅前から🚌まちなか周遊バス・ハイカラさん10分、🚏阿弥陀寺東下車🚶すぐ。またはJR七日町駅から🚶3分

前身は海産物問屋。鰊の山椒漬け、棒タラ煮などの郷土料理が並ぶ祭り御膳鶴2200円、会津牛のカットステーキが付く祭り御膳亀3300円が人気。

📞 0242-28-4000
📍 福島県会津若松市七日町3-28
🕐 11:00～21:00
🈺 無休　＊212席
🅿 契約🅿利用28台(有料)

田楽

満田屋
みつたや

地図 p.162-A

JR会津若松駅から🚌まちなか周遊バス・ハイカラさん4分、🚏七日町白木屋前下車🚶3分

1834年創業の味噌醸造元が営む田楽専門店。豆腐、こんにゃく、里芋など6種の具材に、自家製味噌をつけて焼くみそ田楽コース1500円。

📞 0242-27-1345
📍 福島県会津若松市大町1-1-25
🕐 10:00～17:00(販売は～18:00)　🈺第1～3水曜(1～3月は水曜休、祝日の場合は営業)、12/31、1/1
＊50席　🅿15台

郷土料理

鰊屋敷太田
にしんやしきおおた

地図 p.162-B

JR会津若松駅から🚶15分

南会津の民家を移築利用した郷土料理店。とくに鰊の山椒漬けや伝統的な郷土料理こづゆがセットになった鰊御膳2530円は評判が高い。

📞 0242-22-2274
📍 福島県会津若松市相生町2-10
🕐 11:00～14:00、17:00～21:00
🈺木曜　＊60席　🅿8台

喫茶

珈琲館蔵
こーひーかんくら

地図 p.162-B

🚏若松駅前から🚌まちなか周遊バス・ハイカラさん15分、🚏野口英世青春館前下車🚶2分。またはJR七日町駅から🚶13分

明治の蔵を改装した喫茶店。磐梯山麓の湧水でいれたコーヒーとハヤシライスが人気。

📞 0242-27-3791
📍 福島県会津若松市中町4-20
🕐 8:00～20:00　🈺無休
＊45席　🅿なし

郷土料理

割烹田季野
かっぽうたきの

地図 p.162-B

🚏若松駅前から🚌まちなか周遊バス・ハイカラさん17分、🚏会津若松市役所前下車🚶2分

曲げわっぱに七分炊きの米と具材を入れて蒸しあげる、輪箱飯1650円～が評判。

📞 0242-25-0808
📍 福島県会津若松市栄町5-31
🕐 11:00～20:00LO
🈺無休　＊250席　🅿18台

釜飯

山葵
やまあおい

地図 p.162-B

会津若松駅から🚶15分

注文を受けてから一釜ずつ炊き上げる釜飯の店。約30分かかるので事前予約がおすすめ。サケ親子、五目など定番11種。特選釜セット2120円。

📞 0242-32-3035
📍 福島県会津若松市上町3-22
🕐 11:30～14:00
🈺火・水曜　＊64席
🅿15台

鶴井筒
つるいづつ

地図p.159-B
♀会津武家屋敷前から🚶2分

会津本郷焼や会津塗りの器で郷土料理が楽しめる。会津の味丸かじり膳2160円は、棒たら、ニシンの山椒漬、こづゆ、山菜そばなどのセット。

☎0242-26-5629
📍福島県会津若松市東山町石山院内109-1
🕐11:00〜16:00
（1/6〜3月上旬は休業）
🈺不定 ＊100席 🅿10台

鈴木屋利兵衛
すずきやりへえ

地図p.162-B
♀若松駅前から🚌まちなか周遊バス・ハイカラさん3分、♀大町二之町下車🚶2分

安永年間（1772〜1779）創業という土蔵造りの店。オリジナルの漆製品の中で、おすすめは会津絵の漆器。椀物、箸、アクセサリーなど。

☎0242-22-0151
📍福島県会津若松市大町1-9-3
🕐10:00〜18:00
🈺無休（11〜3月は第1・3木曜休）🅿2台

會津葵本店
あいづあおいほんてん

地図p.159-A
♀鶴ヶ城入口からすぐ

創作和菓子舗。看板の會津葵5個入1250円はカステラ種の中に自家製こしあんを入れて焼きあげた菓子。

☎0242-26-5555
📍福島県会津若松市追手町4-18
🕐9:00〜18:00
🈺無休 🅿3台

会津ブランド館
あいづブランドかん

地図p.162-A
♀若松駅前から🚌まちなか周遊バス・ハイカラさん10分、♀阿弥陀寺東下車🚶3分

会津地方の17市町村から選りすぐりの品を揃える。会津染めマスク600円など。

☎0242-25-4141
📍福島県会津若松市七日町6-15
🕐11:00〜16:00
🈺無休（11〜4月は火曜休）
🅿5台

宿泊ガイド

料理旅館田事（たごと）	☎0242-24-7500／地図p.162-A／1泊2食付1万4300円〜 ●朝はせいろわっぱめし、夕食は郷土料理。
渋川問屋別館	☎0242-28-4000／地図p.162-A／1泊2食付2万9500円〜 ●明治時代の蔵を利用した風情ある建物。
向瀧（むかいたき）	☎0242-27-7501／地図p.156-J／1泊2食付2万1600円〜 ●東山温泉にある老舗和風旅館。建物は国の登録有形文化財。
庄助の宿瀧の湯（たきのゆ）	☎0242-29-1000／地図p.156-J／1泊2食付1万5400円〜 ●男女別大浴場と露天風呂、6つの貸切風呂と足湯がある。

喜多方

通りに面して蔵が建ち並ぶ南町界隈

ラーメンと名酒がうまい白壁の蔵のまち

会津盆地の北に位置することから古くは「北方」と記された喜多方は、市内に4200棟以上もが立ち並ぶ蔵のまち。特産の醤油をベースに作られるラーメンは全国区の知名度を誇り、市内中心部だけで約120軒以上のラーメン店が味を競い合っている。

 HINT

喜多方への行き方・まわる順のヒント

郡山または新潟から磐越西線を利用。郡山からは会津若松乗り換え（直通もあり）で所要約1時間40分～2時間。

会津バスの高速バスが新宿から喜多方駅前まで会津若松経由で1日2便。路線バスは、会津若松から会津バスが1～2時間に1便、裏磐梯から磐梯東都バスが1～3時間に1便運行。

蔵が多いのは、ふれあい通り（中央通り）と南町の旧国道121号線沿いの小田付通り。喜多方駅から出発するなら、まずは大和川酒造店などに寄ってふれあい通りを北上し、甲斐本家蔵座敷へ。さらに南町へ抜け、小原酒造や蔵屋敷あづまさを見学。市役所通りの喜多方蔵品美術館や若喜商店をのぞいて喜多方駅へ戻る、というルートでほぼ半日。

●市内散策に便利な循環バス「ぶらりん号」

喜多方市内の観光に便利なのが、まちなか循環バスの「ぶらりん号」。JR喜多方駅を起点に1日6便運行、うち3便は重要文化財の新宮熊野神社長床まで回る。1乗車200円、1日乗車券は500円。運行は4/4～11/29の土・日曜、祝日とGWの毎日。

エリアの魅力

見どころ
★★★★
散策
★★★
温泉
★★

旬の情報:
2月中旬、蔵のまち喜多方冬まつり。8月14日～15日、蔵のまち喜多方夏まつり。
見どころは蔵見学が中心。醸造業、店蔵、座敷蔵など多様な用途の蔵が市内各所に点在している。

問い合わせ先

喜多方観光物産協会
☎0241-24-5200（土・日休）
喜多方タクシー
☎0241-22-0016
会津バス（喜多方営業所）
☎0241-22-1151
渡辺貸自転車（レンタサイクル）
☎0241-22-2526
佐藤自転車店
☎0241-23-2769

レンタサイクル

渡辺貸自転車、佐藤自転車店などで2時間500円。

ぶらりん号

広田タクシー
☎0242-75-2321

喜多方

旧甲斐家蔵住宅 P.167

喜多方市
山都町方へ

米沢へ↗

P.167

喜多方
蔵の里
P.167

本堂も土蔵造
りの珍しい寺
が見られる

P.166 大和川酒蔵
北方風土館

古い蔵を利用
したみやげ店
やカフェなど
が建つ

P.167 蔵屋敷
あづまさ

喜多方
東高前

P.168 源来軒

周辺広域地図 P.156-157

喜多方
1:15,900
0　　　　　300m

N

START
GOAL
きたかた

見る＆歩く

若喜商店

わかきしょうてん

地図 p.166-B
JR喜多方駅から🚶12分。または📍喜多方駅前から
🚌会津若松方面行き5分、📍寺町角下車🚶2分

1755(宝暦5)年創業の味噌・醤油醸造元。

1904(明治37)
年築のレンガ蔵
は国の登録有形
文化財指定。蔵
座敷「縞柿の間」
は必見だ。

📞 0241-22-0010
📍 福島県喜多方市三丁目4786
🕐 蔵の公開9:30頃〜16:30　🈺 不定
＊ 見学無料　🅿 8台

大和川酒蔵北方風土館

やまとがわさかぐらほっぽうふうどかん

地図 p.166-B
JR喜多方駅から🚶18分。または📍寺町角から🚶
2分

大和川酒造店は1790(寛政2)年創業の
蔵元。江戸期〜昭和期の3棟の蔵を無料公
開。ギャラリーやテイスティングルームが
あり、酒蔵見学もできる。

📞 0241-22-2233
📍 福島県喜多方市寺町4761
🕐 9:00〜16:30　🈺 1月1日
🈯 無料　🅿 40台

166

旧甲斐家蔵住宅
きゅうかいけくらじゅうたく

地図 p.166-B
♀喜多方駅前から🚌会津若松方面行き6分、♀新町下車👟3分

　甲斐本家は麹製造、製糸工場で財を築いた豪商。大正期の豪華な蔵座敷や店蔵、味噌蔵の3棟が国の登録有形文化財。

📞 0241-22-0001　📍福島県喜多方市1-4611
🕘9:00～17:00　🈺年末年始　💴無料　🅿20台

喜多方蔵座敷美術館
きたかたくらざしきびじゅつかん

地図 p.166-B
JR喜多方駅から👟11分

　1891（明治24）年築の蔵座敷を改装。市内にある笹屋旅館にゆかりのある、画家・竹久夢二や小説家・武者小路実篤の作品約100点を展示している。

笹屋旅館📞 0241-22-0008
📍福島県喜多方市3-4844
🕘10:30～16:00（最終入館15:30）
🈺水曜（12～3月は土・日曜、祝日のみ開館）
💴300円　🅿15台

喜多方蔵の里
きたかたくらのさと

地図 p.166-A
JR喜多方駅から👟15分

　喜多方周辺の古い蔵や曲り家など9棟を集め、往時の街並みを再現した屋外ミュージアム。店蔵、座敷蔵、醸造蔵など、商売や生活に実際に使われた蔵を見学できる。

📞 0241-22-6592
📍福島県喜多方市押切2-109
🕘9:00～17:00（最終入館16:30）
🈺12/29～1/1　💴400円　🅿117台

喜多方蔵品美術館
きたかたぞうひんびじゅつかん

地図 p.166-B
JR喜多方駅から👟15分。または♀寺町角から👟7分

　喜多方市役所の前に立つレンガ造りの美術館。喜多方を含む全国の豪農や豪商の屋敷の蔵から見つかった陶器、漆器、書画など700点を展示。

📞 0241-24-3576　📍福島県喜多方市梅竹7294-4
🕘9:00～18:00（冬期は10:00～）
🈺水曜　💴350円　🅿4台

蔵屋敷あづまさ
くらやしきあづまさ

地図 p.166-B
♀喜多方駅前から🚌会津若松方面行き9分、♀喜多方東高校前下車👟2分

　福島県一の米穀商として栄えた松崎家の蔵屋敷を移築、田楽やそばが食べられるほか、会津の伝統的工芸品である会津木綿や漆工芸品などを展示。

📞 0241-24-5000　📍福島県喜多方市東町4109
🕘9:00～17:00（冬期変更あり）
🈺無休　💴無料　🅿20台

TEKU TEKU COLUMN

三津谷集落・杉山集落
みつやしゅうらく・すぎやましゅうらく
地図 p.156-F
JR喜多方駅前から🚌平沢行き♀三津谷下車すぐ
　三津谷は赤レンガのエキゾチックな蔵が建ち並ぶ集落。明治から大正にかけて建てられた4棟のレンガ蔵を持つ若菜家は蔵の見学可能（9:00～17:00。無休。200円）。杉山には漆喰や粗壁の蔵が並ぶ。

喜多方市観光交流課📞0241-24-5249

ご当地グルメに舌鼓
喜多方ラーメン

札幌、博多と並び、日本3大ラーメンのひとつに数えられる喜多方ラーメン。もともとは大正時代に屋台から始まり、今では市内に120店舗近くが軒を連ねる。

TEKU TEKU COLUMN

喜多方ラーメンの特徴はコレ！

　麺は平打ち熟成多加水麺と呼ばれる、中太の縮れ麺。醤油味のスープとの組み合わせが一般的だ。地元では、朝からラーメンを食べる「朝ラー」という習慣がある。

源来軒
げんらいけん

喜多方ラーメン発祥の店といわれる。竹で伸ばす麺はコシが強い。豚骨や地鶏でとったスープは旨味たっぷり。

地図p.166-B
☎ 0241-22-0091
🚶 JR喜多方駅から🚗6分
福島県喜多方市一本木上7745
🕙 10:00〜19:30
休 火曜(祝日の場合は翌日)
Ｐ 20台

ラーメン　650円

まこと食堂
まことしょくどう

1947(昭和22)年創業の、4代続く市内の人気店。とんこつと煮干しだ

けで取るスープは、シンプルながら深い味わい。隠し味にチャーシューの煮汁を加えるのがミソ。

地図p.166-B　☎ 0241-22-0232　JR喜多方駅から🚗20分　福島県喜多方市小田付道下7116　7:30〜15:00(スープがなくなり次第閉店)　休 月曜(祝日の場合は翌日)　Ｐ 6台

中華そば　700円

坂内食堂
ばんないしょくどう

モチモチの麺と透き通るほどの塩味スープの上に、器いっぱいの大量のチャーシューが載る肉そ

ばが人気。1965(昭和40)年頃から早朝営業を始めたという、朝ラー発祥の店でもある。

地図p.166-B　☎ 0241-22-0351　JR喜多方駅から🚗18分　福島県喜多方市細田7230　🕙 7:00〜18:00　休 木曜(祝日の場合は営業)　Ｐ 14台

肉そば　1000円

あべ食堂
あべしょくどう

煮干しを隠し味にした豚骨スープは、あっさりしているのにコクがある。創業当時から50年以

上、麺・スープにこだわり、変わらぬ味を提供し続けている。店構えも趣きがある。

地図p.166-B　☎ 0241-22-2004　JR喜多方駅から🚗20分　福島県喜多方市緑町4506　7:30〜15:00　休 水曜と月1回火曜　Ｐ 10台

中華そば　700円

老舗上海
しにせしゃんはい

1948(昭和23)年創業。初代店主が中国・上海を訪れた際の本場ラーメンの味をもとに、独自の

味づくりを行ってきた。豚骨ベースの澄んだスープは、端正な味わいで、チャーシューと相性抜群。

地図p.166-B　☎ 0241-22-0563　JR喜多方駅から🚗15分　福島県喜多方市2丁目4650　🕙 9:30〜16:00(12〜3月10:30〜15:00)　休 木曜(祝日の場合は翌日)　Ｐ 5台

チャーシュー麺　850円

買う＆食べる

郷土料理

会津田舎家
あいづいなかや

地図 p.166-B
JR喜多方駅から🚶25分。または
🚏寺町角から🚶10分

　古い民家で味わえるのは、「ばあちゃんの料理」。馬刺、黒豆なっとう天ぷらといった単品のほか、煮物やわっぱ飯などがセットになった道のく膳1375円もおすすめ。

📞 0241-23-2774
📍 福島県喜多方市梅竹7276-2
🕐 11:00〜14:00、17:00〜22:00
休 不定　＊62席　Ｐなし

珈琲

喫茶店くら
きっさてんくら

地図 p.166-B
JR喜多方駅から🚶18分。または
🚏寺町角から🚶3分

　もとは明治末期に建てられた綿屋の店蔵。店内に大きな観音扉が残っている。焙煎に備長炭を使い、飯豊山の伏流水でいれた特製炭焼ブレンド

は、深い味と香りが堪能でき、ケーキとセットもできる。

📞 0241-23-2687
📍 福島県喜多方市 1-4646
🕐 9:00〜17:00
休 不定
Ｐ 3台

地酒

喜多の華酒造場
きたのはなしゅぞうじょう

地図 p.166-A
JR喜多方駅から🚶13分

　「酒塾」ののれんを掲げた店は、酒蔵の見学も可能。会津の有機栽培米と飯豊山系の伏流水を 使い、低温でゆっくり発酵させた辛口純米、蔵太鼓720ml1296円はキレのよい辛口で飲み飽きない。

📞 0241-22-0268
📍 福島県喜多方市前田4924
🕐 見学受付10:00〜16:00
　（3日前までに予約）
休 無休　＊見学は無料
Ｐ 10台

味噌・醤油

中の越後屋醤油店
なかのえちごやしょうゆてん

地図 p.166-B
JR喜多方駅から🚶18分。または
🚏寺町角から🚶3分

　マルコシの商標で知られる味噌・醤油製造元。手造りみそ750g 800円〜は、塩分を控え麹を多めにしてあり、うま味が濃厚。野菜5種の味噌漬けや、唐辛子の効いたしそ味噌150g 540円もおすすめ。

📞 0241-22-2211
📍 福島県喜多方市 1-4647
🕐 8:00〜18:00
休 1/1　Ｐ 2台

喜多方

169

裏磐梯・猪苗代

中瀬沼展望台から望む磐梯山と中瀬沼

エリアの魅力

見どころ
★★★
散策
★★★★
温泉
★★★

旬の情報：
5月第2日曜、磐梯山山開き。7月21日、裏磐梯火の山まつり。7月中旬、猪苗代湖水浴場浜開き。11月第2土曜と次の日曜に猪苗代新そばまつり。
磐梯高原のトレッキングコースは19コースある。もっとも人気があるのが五色沼自然探勝路。

問い合わせ先

猪苗代観光協会
☎0242-62-2048
裏磐梯観光協会
☎0241-32-2349
会津バス（高速バス）
☎0242-22-5555
磐梯東都バス
☎0242-72-0511
休暇村裏磐梯
（レンタサイクル）
☎0241-32-2421

磐梯山と数々の湖、豊かな自然の高原

　磐梯高原（裏磐梯）は磐梯山をはじめとする山々と、桧原湖や五色沼などの湖沼が多彩な景観美を見せる高原リゾート。周辺にはトレッキングコースが整備され、自然探勝が楽しめる。

　猪苗代湖は国内4位の面積を有する湖。自然を体感して遊べるスポットがあるほか、野口英世の故郷としても有名だ。また、国内でも有数のそばの産地でもある。

猪苗代・裏磐梯への行き方・まわる順のヒント

　JR猪苗代駅まで、郡山から磐越西線の快速で35～39分。バスタ新宿から高速バスも、猪苗代駅前に1日4便停車する。

　猪苗代駅前からは磐梯東都バスが、五色沼入口や裏磐梯高原駅方面と休暇村方面に、それぞれ1時間に1便出ている。猪苗代駅から野口記念館方面が1日5便（土・日曜、祝日3便）運行。喜多方駅からはアクティブリゾーツ裏磐梯まで、1日7往復。

　磐梯高原の中央に位置する桧原湖の周囲は32㎞で、JR山手線の一周とほぼ同じ。トレッキングコースの大半は湖の外周道路を起点とし、宿や観光施設は南東湖岸に集中している。

　観光の足には、桧原湖周遊レトロバス「森のくまさん」も利用できる。裏磐梯高原駅発着で、高原周遊コース（550円）と桧原湖周遊コース（1100円）の2ルートがある。4月下旬～11月上旬の主に金～月曜運行（期間中運休日あり）、1日計4便。

裏磐梯の景勝地のひとつ・雄国沼

磐梯高原　1:44,000

0　　　　　1km

米沢へ

野鳥の森
細野

牧場キャンプ場

こたかもりキャンプ場
孤鷹森

曽原

裏磐梯サイトステーション

休暇村本館前
休暇村裏磐梯 P.173
レンゲ沼・休暇村探勝路

中瀬沼探勝路
休暇村キャンプ場

ピースタイルキャンプサイト

桧原湖 P.172

桧原湖畔探勝路

白雲荘前
裏磐梯
ライジングサンホテル

中瀬沼

乙女湖

小野川湖

裏磐梯

アロマテラス

磐梯桧原湖畔ホテル

カントリーイン
森のゴリラ

剣ヶ峯

剣ヶ峯

小野川湖観光協会

小野川湖入口

土湯温泉へ

裏磐梯
国民宿舎

いかり潟キャンプ場

レストランモントレー

磐梯山噴火記念館
P.172

松原キャンプ場

長峯舟付

磐梯噴火記念館前

磐梯山3Dワールド

P.173 ホテル&リストランテ
イル・レガーロ

五色沼入口

北塩原村

竜沼

裏磐梯ビジターセンター
アクティブリゾーツ
裏磐梯 P.173

諸橋近代美術館 P.172

五色沼

裏磐梯高原駅前

裏磐梯レイクリゾート P.173

五色沼自然探勝路 P.172

弁天沼

るり沼

青沼

裏磐梯物産館
P.173

京ヶ森
▲1019

喜多方・会津若松へ

裏磐梯高原ホテル

弥六沼

徒歩20分

周辺広域地図 P.156-157

見る＆歩く

猪苗代湖
いなわしろこ

地図 p.156-J、157-K
JR猪苗代駅前から　磐梯東都バス金の橋、会津レ
クリエーション公園行き9分、♀長浜下車　2分

　別名「天鏡湖」と
も呼ばれる湖。マ
リンスポーツが盛
ん。淡水湖では日
本で3番目に大き
な湖で、面積は103km²、深さは93.5mある。

猪苗代観光協会
♪0242-62-2048
Ｐ80台

野口英世記念館
のぐちひでよきねんかん

地図p.156-J
JR猪苗代駅から　約6分。またはJR猪苗代駅前
から　磐梯東都バス会津レクリエーション公園、金
の橋行き6分、♀野口記念館下車　1分

　野口英世の顕彰を目的として創設された
記念館。展示室には英世の生涯や功績をた
どる遺品や写真
を年代順に展
示。敷地内の生
家も見学可能
で、英世が火傷
を負った囲炉裏
も残されている。

♪0242-85-7867　♀福島県猪苗代町三ツ和前田81
🕘9:00～17:30（11～3月は～16:30）
🈲12/29～1/3（12月臨時休館あり）
￥600円　Ｐ300台

天鏡閣
てんきょうかく

地図 p.156-J
JR猪苗代駅前から🚗 約10分。または⚓長浜から
👟7分

　1908（明治41）年に有栖川宮威仁親王の
別邸として建てられた
ルネサンス様式の洋
館。暖炉やシャンデリ
ア、天井飾り、調度品な
どに、皇族の雅な暮ら
しの一端が垣間見られ
る。国の重要文化財。

　📞 0242-65-2811
　📍 福島県猪苗代町翁沢御殿山1048
　🕐 8:30〜17:00（冬期は9:00〜16:30）
　🈺 無休　💴 370円　🅿 43台

五色沼自然探勝路
ごしきぬまましぜんたんしょうろ

地図 p.171
⚓五色沼入口から👟すぐ（毘沙門沼）

　コバルトブルーの水が神秘的な、五色沼
をめぐる比較的平坦で
歩きやすい人気のトレ
ッキングコース。所要
約70分。五色沼は、底
土の成分の違いにより
縞模様に見える弁天
沼、磐梯山を望む毘沙
門沼などの沼群の総称。

　裏磐梯観光協会 📞0241-32-2349
　📍 福島県北塩原村桧原剣ヶ峯
　🅿 裏磐梯ビジターセンター🅿など利用100台

諸橋近代美術館
もろはしきんだいびじゅつかん

地図 p.171
JR猪苗代駅前から🚌磐梯東都バス磐梯高原方面
行き25〜27分、⚓諸橋近代美術館前下車👟すぐ

　サルバドール・ダリのコレクションでは
世界屈指の規模を誇る美術館。なかでも、開

放感あふれる展示ホールに並ぶ約40点の
彫刻は見応えがあ
る。セザンヌ、ピカ
ソなど西洋近代絵
画も所蔵・展示さ
れている。

　📞 0241-37-1088
　📍 福島県北塩原村桧原剣ヶ峯1093-23
　🕐 9:30〜17:30（11月は17:00まで）
　🈺 12月上旬〜4月中旬は冬期休館
　　　展示替休館あり
　💴 1300円　🅿 200台

磐梯山噴火記念館
ばんだいさんふんかきねんかん

地図 p.171
JR猪苗代駅前から🚌磐梯東都バス磐梯高原行き
30〜34分、⚓磐梯噴火記念館前下車👟1分

　1888（明治21）年の磐梯山噴火の様子や
被害状況をジオラマや写真、記録資料で紹
介している。世界
初の地震計など、
地震や火山、気象
全般に関する展示
も興味深い。

　📞 0241-32-2888
　📍 福島県北塩原村桧原剣ヶ峯1093-36
　🕐 8:00〜17:00（12月〜3月は9:00〜16:00）
　🈺 無休　💴 入館600円、磐梯山3Dワールドと
　　　のセットは1100円　🅿 50台

桧原湖
ひばらこ

地図 p.171
JR猪苗代駅前から🚌磐梯東都バス磐梯高原方面
行き33分、⚓裏磐梯高原駅下車👟2分

　磐梯山の噴火により誕生した面積約
10.7㎢の裏磐梯最大の湖。周辺には探勝路
が整備されている。湖畔の桧原西湖畔オー
トキャンプ場も人気。

　裏磐梯観光協会
　📞0241-32-2349
　📍 福島県北塩原村桧原
　🅿 60台

そば・ピザ

蕎麦カフェ 森の空 KAZU
そばかふぇ もりのそらかず

地図 p.157-G
JR猪苗代駅前から♀達沢・高森
方面行きで10分、♀伯父ヶ倉下車
👟10分

　そば粉10割小麦粉1割で
打つ十一（といち）そばを、天
ぷらやカレーと組み合わせて
楽しめる。十割そばと十一そ
ばの違いは、1割の小麦粉に
より歯ごたえの良さ甘味が増
して、そばの魅力が引き出さ
れる点。車エビと季節の野菜
の天ぷらをセットにした天ぷ
ら皿そば1400円や、そばを
カレーとそばのだしで食べる
天ぷらカレーつけそば1450
円が人気。そばピザやそばの
実プリンなどカフェメニュー
もある。

📞 0242-93-5675
📍 福島県猪苗代町芹沢4040-5
🕐 11:00〜15:00　　休 月・火曜

イタリア料理

ホテル＆リストランテイル・レガーロ

地図 p.171
JR猪苗代駅前から🚌バス磐梯
高原方面行き24〜30分、♀五色
沼入口下車👟1分

　有機野菜を生かした本格イ
タリアンが評判。ランチはパス
タ、ピッツァ、カルネ（ステー
キ）の3種。ワインは常時
20種ほど用意。地元産のそば
を使ったパスタもおすすめだ。
ランチパスタ1485円〜、カル
ネランチ2530円〜。写真は高
原野菜の生パスタ1485円〜。
2階はホテルになっている。

📞 0241-37-1855
📍 福島県北塩原村桧原
　 剣ヶ峰1093
🕐 11:30〜14:30、
　 17:30〜20:00
🈺 火曜（祝日の場合は営業）
　 ほか不定休あり
＊ 30席　　P 30台

地元産品

裏磐梯物産館
うらばんだいぶっさんかん

地図 p.171
JR猪苗代駅前から🚌磐梯東都
バス磐梯高原方面行き33分、♀
裏磐梯高原駅下車👟すぐ

　陶器や桐製品から缶詰、菓
子まで、裏磐梯の特産品が揃
う。春は山菜、秋はキノコや大
根など採れたての農産物が並
んで賑やか。そばや喜多方ラ
ーメン、定食類が食べられる
食事コーナーもある。磐梯山
ジオカレー850円や、すもも
やさるなしの生ジュース470
円〜が人気。

📞 0241-32-3751
📍 福島県北塩原村
　 桧原湯平山1171-9
🕐 9:00〜17:00
🈺 11月下旬〜4月中旬
P 70台

il Regalo

裏磐梯・猪苗代

宿泊ガイド

アクティブリゾーツ裏磐梯	📞0241-32-3111／地図p.171／1泊2食付1万3250円〜 ●和洋の客室は眺望抜群。自家源泉の湯が満たされた露天風呂が自慢。
裏磐梯レイクリゾート	📞0241-37-1111／地図p.171／1泊朝食付き1万5980円〜 ●旧裏磐梯猫魔ホテルがリニューアル。源泉かけ流しの露天風呂が人気。
休暇村裏磐梯	📞0241-32-2421／地図p.171／1泊2食付1万2000円〜 ●硫酸塩温泉の露天風呂がある。立ち寄り入浴800円。

ベストシーズンカレンダー

	1 JANUARY	2 FEBRUARY	3 MARCH	4 APRIL	5 MAY	6 JUNE

祭り・イベント

- ❗ 蔵王樹氷まつり・1000人松明滑走(2月上旬)
- ❗ 十和田湖冬物語(2月第1金曜から24日間)
- ❗ 松島かき祭り(2月第1日曜)
- ❗ なまはげ柴灯まつり(2月第2金〜日曜・男鹿市)
- ❗ 黒森歌舞伎(2月17日・酒田市)
- ❗ わんこそば全日本大会(2月11日・花巻市)
- 津軽鉄道ストーブ列車 (12月1日〜翌3月31日) ❗
- ❗ 八戸えんぶり (2月17〜20日)
- ❗ 塩竃神社帆手祭 (3月10日・塩竃市)

- ❗ 春の藤原まつり(5月1〜5日・平泉町)
- チャグチャグ馬コ ❗ (6月第2土曜・岩手県滝沢村・盛岡市)
- ❗ 仙台・青葉まつり (5月第3土・日曜)
- 角館の桜まつり(4月20日〜5月5日) ❗
- ❗ 米沢上杉まつり (4月29日〜5月3日・米沢市)
- ❗ 金木桜まつり (4月29日〜5月上旬・五所川原市・芦野公園ほか)
- ❗ 弘前さくらまつり (4月21日〜5月6日)

食

- 🍴 カキ
- 🍴 10〜4月
- 🍴 ウニ
- 5月〜7月上旬 🍴 サクランボ(山形)
- 🍴 ハタハタ 12〜1月

紅葉

↑蔵王の樹氷

↑山形のサクランボ(サトウニシキ)

青森の平均気温

青森の平均降水量
青森の平均最高気温
青森の平均最低気温

	1	2	3	4	5	6
平均最高気温	1.6	2.3	6.3	13.5	18.4	21.7
平均最低気温	-3.9	-3.7	-1.3	3.7	8.9	13.5
降水量	144.9	111.0	69.9	63.4	80.6	75.6

仙台の平均気温

仙台の平均降水量
仙台の平均最高気温
仙台の平均最低気温

	1	2	3	4	5	6
平均最高気温	5.3	5.9	9.2	15.0	19.4	22.3
平均最低気温	-1.7	-1.5	0.9	6.1	11.1	15.5
降水量	37.0	38.4	68.2	97.6	109.9	145.6

※イベント等の開催月日は変更になる場合があるので各HPなどで事前にご確認ください。　※気温・降水量は1981〜2010間の平均値。

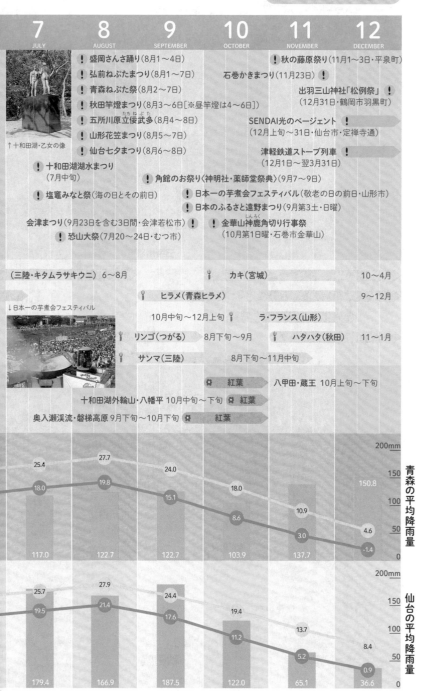

! イベント　🍴 食　❀ 紅葉

7 JULY	8 AUGUST	9 SEPTEMBER	10 OCTOBER	11 NOVEMBER	12 DECEMBER

! 盛岡さんさ踊り(8月1〜4日)

! 弘前ねぷたまつり(8月1〜7日)

! 青森ねぶた祭(8月2〜7日)

! 秋田竿燈まつり(8月3〜6日[※昼竿燈は4〜6日])

! 五所川原立佞武多(8月4〜8日)

! 山形花笠まつり(8月5〜7日)

! 仙台七夕まつり(8月6〜8日)

↑十和田湖・乙女の像

! 秋の藤原祭り(11月1〜3日・平泉町)

石巻かきまつり(11月23日) !

出羽三山神社「松例祭」!
(12月31日・鶴岡市羽黒町)

SENDAI光のページェント !
(12月上旬〜31日・仙台市・定禅寺通)

津軽鉄道ストーブ列車 !
(12月1日〜翌3月31日)

! 十和田湖水まつり
(7月中旬)

! 角館のお祭り〈神明社・薬師堂祭典〉(9月7〜9日)

! 塩竈みなと祭(海の日とその前日)

! 日本一の芋煮会フェスティバル(敬老の日の前日・山形市)

! 日本のふるさと遠野まつり(9月第3土・日曜)

会津まつり(9月23日を含む3日間・会津若松市) !

! 金華山神鹿角切り行事祭
(10月第1日曜・石巻市金華山)

! 恐山大祭(7月20〜24日・むつ市)

↓日本一の芋煮会フェスティバル

(三陸・キタムラサキウニ) 6〜8月 🍴

🍴 カキ(宮城) 　　　　10〜4月

🍴 ヒラメ(青森ヒラメ) 　　9〜12月

10月中旬〜12月上旬 🍴 ラ・フランス(山形)

🍴 リンゴ(つがる) 8月下旬〜9月 　🍴 ハタハタ(秋田) 11〜1月

🍴 サンマ(三陸) 　　8月下旬〜11月中旬

❀ 紅葉 　八甲田・蔵王 10月上旬〜下旬

十和田湖外輪山・八幡平 10月中旬〜下旬 ❀ 紅葉

奥入瀬渓流・磐梯高原 9月下旬〜10月下旬 ❀ 紅葉

青森の平均降雨量

	7	8	9	10	11	12
気温	25.4	27.7	24.0	18.0	10.9	4.6
	18.0	19.8	15.1	8.6	3.0	-1.4
降雨量	117.0	122.7	122.7	103.9	137.7	150.8

仙台の平均降雨量

	7	8	9	10	11	12
気温	25.7	27.9	24.4	19.4	13.7	8.4
	19.5	21.4	17.6	11.2	5.2	0.9
降雨量	179.4	166.9	187.5	122.0	65.1	36.6

175

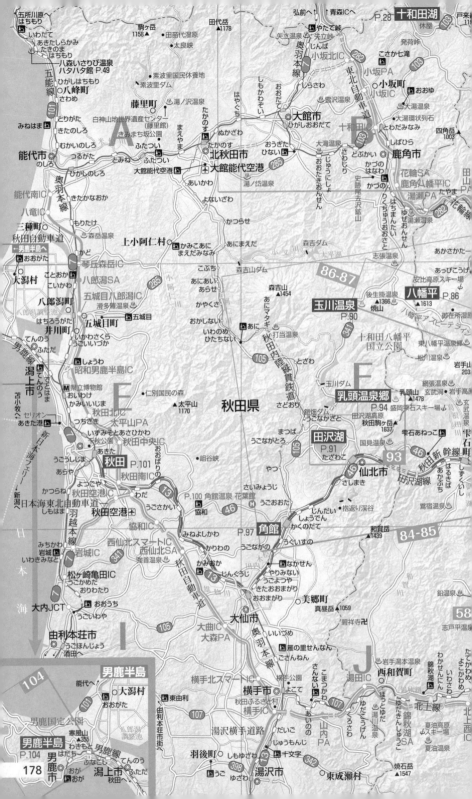

1:700,000

0　　　　　　　　　　15km

青森県

岩手県

宮城・山形
1:700,000
0　　　　15km

181

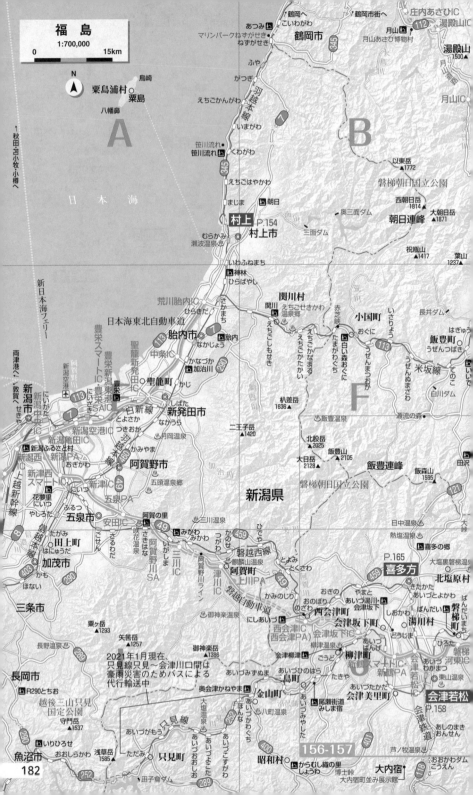

福島

1:700,000

0   15km

P.154
P.165
P.158

庄内あさひIC

湯殿山IC

112

鶴岡へ

あつみ

こいわがわ

鶴岡市街へ

鶴岡市

湯殿山

月山

1500m

月山あさひ博物館

マリンパークねずがせき

ねずがせき

ふや

345

えちごかんがわ

いまがわ

月山

月山

1984

以東岳

1772

磐梯朝日国立公園

笹川流れ

くわがわ

B

西朝日岳

1814

大朝日岳

1871

日

本

海

A

まじま

朝日

奥三面ダム

朝日連峰

祝瓶山

1417

村上 P.154

むらかみ

村上市

瀬波温泉

三面ダム

葉山

1237

いわふねまち

神林

ひらばやし

関川村

えちごせきかわ

温泉郷

小国町

長井ダム

新日本海フェリー

さかまち

荒川胎内IC

ひらきだ

関川

えちごしもせき

赤芝峡

おぐに

いさりえう

飯豊町

うぜんつばき

両津港へ、敦賀へ

せきや

日本海東北自動車道

胎内市

113

胎内

なかじょう

113

えちごかねやま

白い森おぐに

119

うぜんさまつおか

米坂線

うぜんぬまざわ

白川ダム

豊栄新潟東港

中条IC

かなづか

290

加治川

かじ

たまがわえち

えちごかたかい

枕差岳

1636

飯豊温泉

源流の森

田沢

豊栄スマートIC

豊栄SAIC

聖籠新発田IC

聖籠町

F

新潟空港

新潟市

にいがた

113

臼新線

とよさか

なかうら

新発田市

二王子岳

1420

北股岳

2025

大日岳

2128

飯豊山

2105

飯豊連峰

飯森山

1595

新潟空港IC

つきおか

月岡温泉

新潟ふるさと村

新潟PA

おがわ

かみやま

羽

越

本

線

磐梯朝日国立公園

121

新潟西スマートIC

新津IC

49

五頭温泉郷

阿賀野市

新潟県

日中温泉

新津

五泉PA

安田IC

にいつ

阿賀の里

三川温泉

大

花夢里にいつ

やしろだ

五泉市

ごせん

阿賀野川

SA

さぎばな温泉

みかわ

つがわ

459

ひぢり

熱塩温泉

喜多の郷

田上町

たがみ

にゅうだ

阿賀町

459

喜多方 P.165

北塩原村

403

加茂市

かも

290

ほない

三川IC

阿賀野川ライン

磐越西線

津川IC

上川PA

とよみ

とくさわ

かみのじり

おぎの

おのおり

いいで

会津川口・

会津坂下IC

しおかわ

ばんだい

磐梯

熱海町

三条市

粟ヶ岳

1293

御神楽温泉

にしあいづ

西会津IC

会津坂下町

磐越自動車道

西会津IC

（西会津PA）

会津坂下IC

湯川村

磐梯河東IC

R290とちお

矢筈岳

1257

御神楽岳

1386

会津柳津

こうど

柳津町

新鶴スマートIC

新鶴PA

会津

わかまつ

東山温泉

長岡市

2021年1月現在、

只見線只見〜会津川口間は

豪雨災害のためバスによる

代行輸送中

おくあいづかねやま

奥会津かねやま

たきや

島町

あいづみやした

会津美里町

あいづたかだ

会津若松 P.158

越後三山只見

国定公園

守門岳

1537

只見線

大塩温泉

金山町

あいづかわぐち

居瀬街道

みしま宿

あいづみさと

会津鉄道

あしのまき

おんせん

魚沼市

290

いりひろせ

おおしらかわ

浅草岳

1585

ただみ

只見町

あいづがもう

あいづみずぬま

あいづこすげ

八町温泉

289

からむし織の里

しょうわ

昭和村

博士峠

しょうわ

博士峠

芦ノ牧温泉

おおうちわだ

こうえん

芦ノ牧温泉

400

401

大内宿

だいくら

252

田子倉ダム

156-157

大内宿

大内宿町並み展示館

182

てくてく歩きで行く旅

旅の準備のアドバイス

HINT

東北への行き方

東北への交通手段は、鉄道、飛行機、高速バス。飛行機は早いが、運賃も高く、1日の便数もあまり多くはない。高速バスは時間はかかるが、夜行バスなどを使えば、到着後の日中の時間を有効に使える。事前購入や各種プランなどを利用すれば、お得にチケットをゲットできるので、早めに旅の予定を立てよう。

青森へ

東京から

✈ 羽田→青森
🕐 1時間15〜20分　💴 3万4690円(通常期)
♪ JAL 0570-025-071
● 1日6便。青森空港〜青森駅はバスで35分、710円

🚄 東京→新青森
東北新幹線「はやぶさ」　🕐 2時間59分〜3時間24分　💴 1万7670円〜　♪ JR東日本050-2016-1600
●「はやぶさ」が1日18本運行

🚌 東京→青森
「津軽号」　🕐 9時間35分　💴 6500円〜
♪ JRバス東北017-773-5722　● 1日1便。東京駅八重洲南口発。このほかバスタ新宿から津軽号・JAMJAMライナーなども運行

大阪から

✈ 大阪(伊丹)→青森
🕐 1時間25〜40分　💴 4万2160円(通常期)
♪ JAL 0570-025-071／ANA0570-029-222
● 1日6便。青森空港〜青森駅はバスで35分、700円

盛岡へ

東京から

🚄 東京→盛岡
東北新幹線「はやぶさ」　🕐 2時間11〜17分
💴 1万5210円〜　♪ JR東日本050-2016-1600
●「はやぶさ」は22本運行、「はやて」「やまびこ」合わせて33本運行

🚌 東京→盛岡
「ドリーム盛岡号」　🕐 7時間25分　💴 6700円〜　♪ JRバス東北019-624-4474／岩手県交通019-662-2121／国際興業0570-048985
● 1日2便。池袋駅東口を経由する

大阪から

✈ 大阪(伊丹)→花巻
🕐 1時間20分　💴 4万460円(通常期)
♪ JAL 0570-025-071
● 1日4便。いわて花巻空港〜盛岡駅はバスで45分、1430円

秋田へ

東京から

✈ 羽田→秋田
🕐 1時間5分　💴 2万8390円(通常期)
♪ JAL 0570-025-071／ANA0570-029-222
● 1日9便。秋田空港〜秋田駅はバスで35分、950円

🚄 東京→秋田
秋田新幹線「こまち」　🕐 3時間42分〜4時間23分　💴 1万8460円〜　♪ JR東日本050-2016-1600
● 1日15本

🚌 新宿→秋田
「フローラ号」　🕐 9時間10分　💴 9700円
♪ 秋田中央交通018-823-4890／小田急バス03-5438-8511
● 1日1便。新宿駅西口(ハルク前)に着する

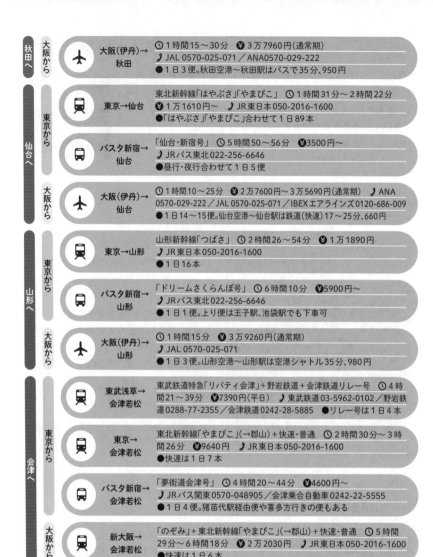

秋田へ

大阪から

大阪(伊丹)→秋田
- ① 1時間15〜30分　¥ 3万7960円(通常期)
- ♪ JAL 0570-025-071 ／ ANA0570-029-222
- ● 1日3便。秋田空港〜秋田駅はバスで35分、950円

仙台へ

東京から

東京→仙台
- 東北新幹線「はやぶさ」「やまびこ」　① 1時間31分〜2時間22分
- ¥ 1万1610円〜　♪ JR東日本 050-2016-1600
- ●「はやぶさ」「やまびこ」合わせて1日89本

バスタ新宿→仙台
- 「仙台・新宿号」　① 5時間50〜56分　¥3500円〜
- ♪ JRバス東北 022-256-6646
- ● 昼行・夜行合わせて1日5便

大阪から

大阪(伊丹)→仙台
- ① 1時間10〜25分　¥ 2万7600円〜3万5690円(通常期)　♪ ANA
- 0570-029-222／JAL 0570-025-071／IBEXエアラインズ 0120-686-009
- ● 1日14〜15便。仙台空港〜仙台駅は鉄道(快速)17〜25分、660円

山形へ

東京から

東京→山形
- 山形新幹線「つばさ」　① 2時間26〜54分　¥ 1万1890円
- ♪ JR東日本 050-2016-1600
- ● 1日16本

バスタ新宿→山形
- 「ドリームさくらんぼ号」　① 6時間10分　¥5900円〜
- ♪ JRバス東北 022-256-6646
- ● 1日1便。上り便は王子駅、池袋駅でも下車可

大阪から

大阪(伊丹)→山形
- ① 1時間15分　¥ 3万9260円(通常期)
- ♪ JAL 0570-025-071
- ● 1日3便。山形空港〜山形駅は空港シャトル35分、980円

会津へ

東京から

東武浅草→会津若松
- 東武鉄道特急「リバティ会津」＋野岩鉄道＋会津鉄道リレー号　① 4時間21〜39分　¥7390円(平日)　♪ 東武鉄道 03-5962-0102／野岩鉄道0288-77-2355／会津鉄道 0242-28-5885　● リレー号は1日4本

東京→会津若松
- 東北新幹線「やまびこ」(→郡山)＋快速・普通　① 2時間30分〜3時間26分　¥9640円　♪ JR東日本 050-2016-1600
- ● 快速は1日7本

バスタ新宿→会津若松
- 「夢街道会津号」　① 4時間20〜44分　¥4600円〜
- ♪ JRバス関東 0570-048905／会津乗合自動車 0242-22-5555
- ● 1日4便。猪苗代駅経由便や喜多方行きの便もある

大阪から

新大阪→会津若松
- 「のぞみ」＋東北新幹線「やまびこ」(→郡山)＋快速・普通　① 5時間29分〜6時間18分　¥ 2万2030円　♪ JR東日本 050-2016-1600
- ● 快速は1日6本

※航空運賃はノーマル正規運賃

旅の準備のアドバイス

●夜行バスで東北へ

バス名 ルート	経由地	所要時間	運賃 （往復）	運行会社
パンダ号 上野←→青森	弘前	10時間20分	5000円〜	弘南バス ♪0172-37-0022
ノクターン号 品川←→弘前	浜松町	9時間15分	1万1200円 （2万円）	弘南バス ♪0172-37-0022 京浜急行バス ♪03-3743-0022
シリウス号 東京←→七戸十和田	池袋・八戸	11時間10分	7800円〜	国際興業 ♪0570-048985 十和田観光 ♪0178-43-4521
イーハトーブ 池袋←→花巻（運休中）	大宮・北上	9時間50分	7500円〜	国際興業 ♪0570-048985 岩手県交通 ♪0197-66-7799
けせんライナー 池袋←→釜石	一ノ関・気仙沼	9時間	9400円〜	国際興業 ♪0570-048985 岩手県交通 ♪0193-25-2525

トクトクきっぷを活用しよう

指定区間の鉄道が乗り放題のフリーきっぷや往復割引のきっぷ、その2つが一緒になったきっぷなど、JRではお得なきっぷ（特別企画乗車券）を販売している。旅行のルートやコースによっては、大幅に交通費を節約できる優れものだ。

ただし、一定期間だけ販売するきっぷや利用日が限られているきっぷもあるので注意しよう。

週末パス

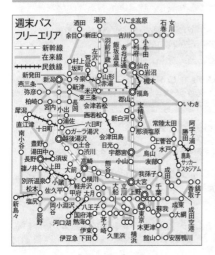

週末の土・日曜に限り、JR東日本管内のフリーエリアが乗り放題となる切符。エリア内のJR線のほか、会津鉄道線（西若松〜会津田島間）をはじめ、14の鉄道会社線の普通列車（快速含む）の普通車自由席が、乗り降り自由となる。新幹線や特急を利用する場合、別途特急券などを購入すれば乗車できる。ほか、駅レンタカーのSクラス及びAクラスが特別料金で利用できる。

🕐 土曜・休日の連続する2日間
※発売期間はJR東日本に要問合せ
💰 8800円
発売場所…フリーエリア内の主なみどりの窓口、びゅうプラザ、主な旅行会社

小さな旅ホリデーパス

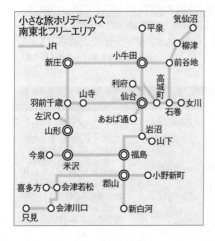

土曜・休日及び4月29日〜5月5日、7月20日〜8月31日、12月23日〜1月7日の毎日の1日間、各フリーエリア内の普通列車（快速含む）の普通車自由席が乗り降り自由。特急券を買えば、特急、山形新幹線の福島〜新庄間も利用OK。ただし、東北新幹線は利用できない。いわてホリデーパス、あおもりホリデーパスも同様。

🕐 1日間
💰 南東北フリーエリア2720円／いわてホリデーパス2500円／あおもりホリデーパス2520円
発売場所…フリーエリア内の主な駅のみどりの窓口、びゅうプラザ、主な旅行会社。

津軽フリーパス

青森から碇ヶ関までと、五所川原経由で津軽鉄道の金木まで、弘前から弘南鉄道で黒石までなどの鉄道が乗り降り自由。また弘南バスの指定路線も乗り降り自由。

🕐 2日間 💰 2100円
発売場所…フリーエリア内及び秋田エリア内のみどりの窓口、びゅうプラザ、主な旅行会社。

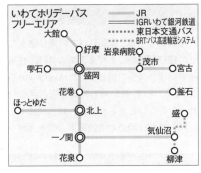

五能線フリーパス

指定の区間で普通列車（快速含む）の普通車自由席が乗り降り自由。特急券を購入すれば、特急にも乗車できる。「リゾートしらかみ」利用の場合は、事前に指定席券を購入する。

🕐 2日間 💰 3880円
発売場所…フリーエリア内及び秋田エリア内のみどりの窓口、びゅうプラザ、主な旅行会社。

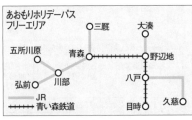

仙台まるごとパス

右下図のJR線普通列車（快速含む）の普通車自由席や、鉄道・バスの各社線（一部路線の場合あり）、るーぷる仙台が乗降り自由。

🕐 2日間 💰 2720円
発売場所…JR東日本の主な駅のみどりの窓口、びゅうプラザ、主な旅行会社。

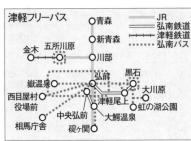

北東北発仙台週末フリー乗車券

東北三県から仙台への週末旅行に最適なきっぷ。往復の乗車券＋仙台フリーエリア区間（仙台駅～山寺駅、あおば通駅～松島海岸駅など）のJR線が乗り降り自由。GW、8/11～20、12/28～1/6は利用できない。

🕐 土曜・休日の連続する2日間
＊発売期間は2019年3月29日まで
💰 青森9010円、八戸7330円、秋田7650円、盛岡4610円など
発売場所…発駅周辺の主な駅、びゅうプラザ、主な旅行会社

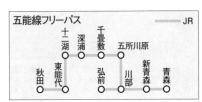

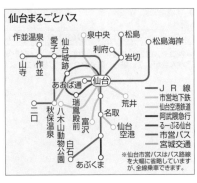

187

定期観光バスで効率よくめぐる

　東北エリアは、電車やバスの乗り継ぎなどの接続が悪いことがままある。特に、在来線や路線バスを利用しなければ行けない観光スポットは、長い待ち時間を過ごさなければならないことも多く、もったいない。

　限られた時間の中で効率よく観光スポッ

トを巡るなら、定期観光バスがおすすめだ。時間的にも実用的にもかなりお得で、コースによっては温泉まで堪能することも可能。以下、主なコースを紹介。事前予約が必要なコースもあるので要確認。

	コース名	所要時間・料金	主なコース
仙台	仙台お散歩号	3時間／2200円	仙台駅東口発9:20→瑞鳳殿→仙台城跡→大崎八幡宮→定禅寺通（車窓）→仙台駅東口着12:20　※毎日運行（12/26〜1/3、5/1〜5は除く）
	予約…JRバス東北 ☎022-256-6646		
松島	松島お散歩号	3時間30分／3300円	仙台駅東口発13:30→西行戻しの松公園→松島湾（車窓）→松島（観瀾亭・五大堂・瑞巌寺）→かまぼこの国笹かま館→仙台駅東口着17:30　※毎日運行（12/26〜1/3、5/1〜5は除く）
	予約…JRバス東北 ☎022-256-6646		
白神山地	白神山地展望と十二湖・不老ふ死温泉コース	7時間20分／8000円（弁当・山の案内人付き）	東能代駅発9:30→八森駅発9:50→白神山地展望（二ツ森入口付近で白神山地や日本海を一望）→県境（昼食）→十二湖（青池やブナ原生林散策）→不老ふ死温泉（温泉入浴、入浴料別途）→東能代駅16:50着　※6〜10月運行
	問合せ…第一観光バス ☎0185-73-3200		
尾花沢	市内観光めぐりとそば打ち体験・銀山温泉コース	4時間20分／4000円	大石田駅発11:00→尾花沢待合所発11:07→寒月堂（買物）→芭蕉・清風歴史資料館→徳良湖・花笠の湯（昼食・そば打ち見学・花笠踊り体験）→銀山温泉（散策）→大石田駅着15:20　※通年運行（水曜休）
	予約…はながさバス ☎0237-22-2206		
会津若松・大内宿	鶴ヶ城と大内宿	6時間35分／5000円	会津若松駅発11:10→鶴ヶ城（天守閣）→大内宿→山形屋（昼食）→芦ノ牧温泉→会津若松駅着15:45　※12/19〜3/28の毎日運行
	予約…会津乗合自動車 ☎0242-22-5555		
奥会津	撮り、乗り、地鶏、奥会津を巡る旅	8時間15分／5900円	東山温泉発9:35→会津若松駅発9:55→道の駅あいづ発10:20→生活工芸館→ソコカシコ（昼食 地鶏特別メニュー）→道の駅みしま＆撮影スポット「第一只見川橋梁」→道の駅 奥会津かねやま→会津川口駅（JR只見線乗車）→会津柳津駅（JR只見線下車）→道の駅あいづ着17:00（下車）→会津若松駅着17:35（下車）→東山温泉着17:50　※12/28〜2/28の土・日・祝日運行
	予約…会津乗合自動車 ☎0242-22-5555		

＊各コースは2018年度のものです。変更になる場合がありますので、事前に予約先で確認してください。申し込み人数が少ない場合、観光タクシーとなるコースもあります。

●東北各地を結ぶ長距離バス

バス名 ルート	経由地	所要時間	運賃 （往復）	運行会社
あすなろ号 盛岡←→青森	碇ヶ関	2時間44分	3400円	弘南バス ☎017-726-7575 岩手県北バス ☎019-641-1212
ヨーデル号 盛岡←→弘前	——	2時間15分	3200円 （5700円）	弘南・岩手県北バスなど 岩手県交通バス ☎019-697-6761
八盛号 盛岡←→八戸	——	2時間25分	2100円	岩手県北バス ☎019-641-1212
106急行バス 盛岡←→宮古	——	2時間15～17分	2070円 （3700円）	岩手県北バス ☎019-641-1212
ブルーシティ号 仙台←→青森	——	4時間50分	4100円～6200円	宮城交通・弘南バス ☎0172-37-0022（弘南バス）
仙台←→釜石 （運休中）	遠野	3時間44分	3400円 （5800円）	宮城交通 ☎022-261-5333 岩手県交通バス ☎0193-25-2525
キャッスル号 仙台←→弘前	——	4時間20～30分	5700円 （9400円）	宮城交通・JR東北バスなど 弘南バス ☎0172-37-0022
仙秋号 仙台←→秋田	——	3時間35分	4300円 （7800円）	宮城交通 ☎022-261-5333 秋田中央交通 ☎018-823-4890
けんじライナー 仙台←→花巻温泉	花巻	2時間45分	2900円 （5200円）	岩手県交通バス ☎0198-23-1020
SSライナー・夕陽号 仙台←→酒田	鶴岡	3時間35分	3400円 （6200円）	宮城交通・山交バスなど ☎022-261-5333（宮城交通）

HINT

レンタカー情報

　下北半島や津軽半島、三陸海岸など交通の便が良くないエリアでは、レンタカーの利用も考慮してみよう。

●JRレール＆レンタカーきっぷを利用する

　レンタカーを利用するなら、JRの「レール＆レンタカーきっぷ」を購入しよう。JR線を営業キロ201km以上と駅レンタカーを同一行程で利用する場合、乗車券とレンタカーを一緒に予約すると、同乗者全員の運賃が2割引、特急料金が1割引になる（GW、お盆、正月を除く）。周遊きっぷでも利用できる。駅レンタカーも、インターネット予約なら全クラス1割引になる。

レール＆レンタカー料金

車種 時間	Kクラス （ムーブ、ワゴンRなど）	Sクラス （フィット、マーチなど）	Aクラス （カローラ、ティーダなど）	EAクラス （プリウス1800など）	MVクラス （ウィッシュ、ストリームなど）	WAクラス （ノア、セレナなど）
24時間 まで	6700円	7540円	1万560円	1万3200円	1万2650円	2万1010円

●レンタカー会社の乗り捨てサービスを利用する

　レンタカー会社でも豊富な割引サービスがあるので、選択肢として考えたい。乗り捨てサービスは各社によって多少異なるが、50km以内は無料や、同一県内の営業所なら無料の場合もある（事前に要確認）。提携しているホテルに宿泊するとレンタカー、宿泊料とも割引になるところもある。なお、クルマを利用する場合、奥入瀬渓流の紅葉期間など通行制限があることや、八幡平アスピーテラインなど山間部の道路は冬期閉鎖期間があることを覚えておこう。

レンタカー会社の連絡先

ニッポンレンタカー
☎0800-500-0919
トヨタレンタカー
☎0800-7000-111
日産レンタカー
☎0120-00-4123
オリックスレンタカー
☎0120-30-5543

交通の便がよくない下北半島ではレンタカーの利用が便利

さくいん

さくいん

ブルーガイド
31
てくてく
歩き

制作スタッフ

取材・執筆・編集	石井智秋　小山内美貴子　内田恵美 青柳智規　大海渡宏美　加藤桐子 今田 壮 (以上、株式会社 風来堂) 有限会社 クロッシング
編集協力	株式会社 千秋社 舟橋新作 高砂雄吾 (有限会社ハイフォン)
写真	千葉克介(p.24、86、89の花、p.97) 長谷川勝一　Atelier K2 小池 聡　小原信好 森田健史　黒原範夫(p.170) 林 澄里(旅音)　山本直洋 株式会社 四国フォトサービス
カバーデザイン	寄藤文平＋鈴木千佳子(文平銀座)
イラスト (カバー＋てくちゃん)	鈴木千佳子
本文デザイン設計	浜名信次(BEACH)
本文デザイン	国井 潤
地図制作	株式会社 千秋社
Special Thanks to	青森県東京観光案内所 遠野市観光交流課 遠野ふるさと村 宮城県東京事務所 宮城県観光課 山形県観光振興課 米沢市観光課 尾花沢市 会津若松市役所

ブルーガイド てくてく歩き 31
東北

2021年3月20日 第8版第1刷発行(B)

編集	ブルーガイド編集部
発行者	岩野裕一
印刷・製本所	大日本印刷株式会社
DTP	株式会社 千秋社
発行所	株式会社 実業之日本社 〒107-0062 東京都港区南青山6-6-22 emergence 2
電話	編集・広告 03-6809-0473 販売 03-6809-0495 https://www.j-n.co.jp/